김영미 지음

e-영어그림책 쓰기

디지털 그림책 창작 입문서

KM 경문사

머리말

Preface

매체의 발달로 인해 아이들이 스마트폰이나 아이패드로 책을 읽고 게임을 하는 것은 이미 일상이 되었다. 아이들은 이제 종이책의 한계에서 벗어나 다양한 모드(mode) - 텍스트, 그림, 동영상, 음향, 증강현실 그리고 링크 - 를 활용한 멀티미디어를 통해 그림책을 만난다.

매체의 발달은 우리 모두를 문화 소비자에서 문화 생산자의 위치로 바꾸어 놓았다. 즉, 누구나 컴퓨터 기술에 약간의 관심만 있으면 문화 콘텐츠를 생성하고 소비하는 역할을 겸하는 것은 어려운 일이 아니다. 특히, 영어 콘텐츠 제작자 입장에서 보면, 시시각각으로 변하는 우리 아이들의 요구와 특성에 맞는 맞춤형 학습내용을 누구나 쉽게 만들 수 있게 된 것이다. 그러나 아직까지도 우리 주변에서 흔히 보는 영어동화는 수입서적에 의존하는 편이다. 이것은 물론 외국 작가들의 이야기를 접할 수 있는 좋은 기회이기도 하지만 한편으로는 문화적 사대주의에 빠지게 할 수 있는 위험성을 갖고 있다. 그러므로 EFL(외국어로 영어를 학습) 학습 교재를 위해서는 우리에게 맞는 우리만의 정체성이 포함된 학습자료(glocalized materials) 개발이 필수적이다.

'e-영어 그림책 쓰기: 디지털 그림책 창작 입문서'는 영어교육에 관심이 있고, 글쓰기에 관심이 있는 사람들이 영어로 동화 및 그림책 이야기를 쓸 때 필요한 지식과 노하우를 제공하는 안내서라고 할 수 있다. 아이를 가르치면서 혹은 아이들에게 한글 및 영어 동화를 읽어주면서 동화 창작을 꿈꿔본 사람, 특히 영어를 좋아하거나 잘해서 영어로 그림책을 써보고 싶었던 사람들을 위한 영어 그림책 창작 입문서라고 할 수 있다. 더 전문적으로 예비 영어교사 혹은 예비 영어 교재 개발자들이 그림책 혹은 동화를 사용하여 아이들에게 영어를 교육시킬 수 있는 방법과 'e-영어 그림책'을 개발할 수 있는 방법을 소개하고 있다.

그림동화를 창작하려고 할 때 많은 사람들이 고민하는 것은, 글을 잘 쓰더라도 그림을 못 그린다거나 컴퓨터 사용에 미숙하여 디지털 동화는 엄두를 못낸다는 것이다. 혹은 그 반대로 그림에는 소질이 있지만 구체적으로 그림책의 글을 쓰기가 힘든 사람들이 있을 것이다. 이 책에서는 쉽게 글을 쓸 수 있는 전략에서 시작하여 어떻게 간단한 삽화를 제작하고 컴퓨터 응용 프로그램을 활용하여 전자책으로 완성시킬 수 있는지에 대한 로드맵을 제공하고 있다. 우리나라 작가들이 영어 그림책을 창작하여 우리의 문화와 사고방식을 세계로 알릴 수 있고, 엄마표 영어를 진행하는 엄마들이나 초·중등 영어 교사들이 자신만의 학생을 위한 책을 만들 때 도움이 될 수 있기를 희망한다.

덕성여대

김영미

차례

Contents

Chapter

01 e-영어 그림책으로의 전환

밀레니엄 시대를 대표하는 신조어 중 하나가 '웹 키즈'란 용어다. 웹 키즈란 인터넷을 이용하는 3세에서 5세 유아들을 일컫는다. 스마트폰이 대중화되면서 길에서도 유모차를 탄 웹 키즈들이 스마트폰이나 태블릿 PC를 통해 동화를 읽고 게임을 하는 것을 볼 수 있다. 아이들은 이제 알록달록 원색 그림과 글자가 있고, 에나멜 처리된 두꺼운 종이 그림책이 아니라 버튼 하나만 누르면 영화처럼 이야기가 전개되고, 이야기 줄거리를 활용한 게임을 통해서 동화를 체험하는 시대에 살고 있다.

그림 1 • 웹 키즈들이 보는 스마트폰 게임

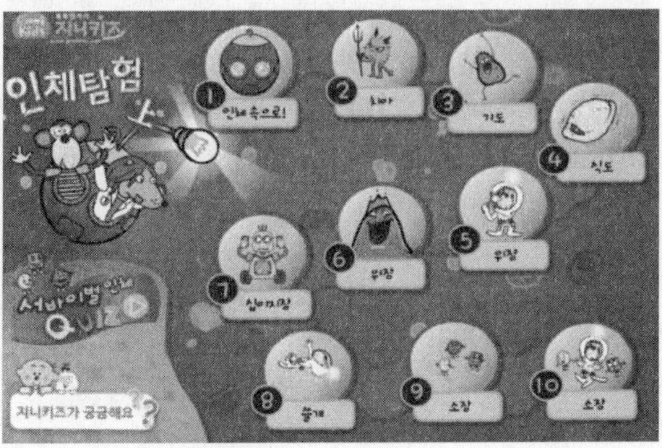

2010년 미국에서 열린 제1회 '전자책 학술대회'(The first annual virtual e-Book Summit)에 약 이천 여명의 사서 및 출판사 직원 그리고 콘텐츠 관련 종사자들이 모여 도서 및 출판업계의 새로운 화두

로 떠오르고 있는 전자책에 대해 논의하였다. 2011년에 열린 제2회 학술대회 제목인 '전자책: 새로운 평범함(eBook: The New Normal)'에서 알 수 있듯이 전자책은 이제 더 이상 새로운 것이 아니라 '평범한 것'이 되었다(Yokota와 Teale, 2014).

그림 2 • 전자책으로의 변화를 반영한 광고의 예

인터넷 강국으로 자리매김한 한국은 이와 같은 새로운 물결에 빠르게 대처하고 있다. 2011년 7월 방송통신위원회와 한국인터넷진흥원이 약 7만 명을 대상으로 실시한 '인터넷 이용 실태조사'에서 만 3세에서 9세 유아의 인터넷 이용률은 86.2%가 넘는 것으로 나타났다. 만 3세에서 5세 유아의 인터넷 이용률 66.2%는 전년대비 3.2% 증가한 수치이다(한국인터넷진흥원, 2012). 스마트 기기의 대중화가 급속하게 이루어지면서 현재 웹 키즈의 수는 더욱 증가하고 있으며,

그림 3 • 만 3–5세 유아의 인터넷이용률 및 이용자수
한국인터넷 진흥원, 2012. p.23.

(단위: %, 천 명)

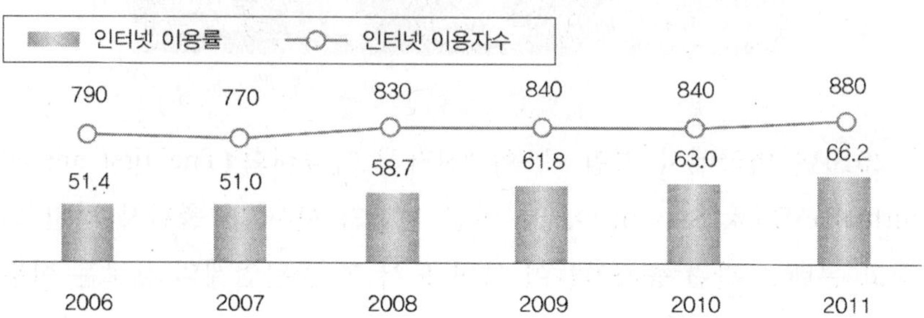

앞으로 스마트 기기를 사용하는 연령은 더 낮아질 것이므로 스마트 기기를 사용한 아동의 놀이와 학습 콘텐츠 개발이 중요한 시점이다.

이런 매체의 변화는 마셜 맥루한(Marshall McLuhan, 1964)이 《미디어의 이해》라는 책에서 '매체는 곧 메시지이다'라고 말한 것처럼, 우리의 사고 방법까지 바꾸고 있기 때문에 새 시대에 맞는 콘텐츠 개발이 필요한 것이다. 예를 들어, 정보를 인식하는 매체에 따라 세상에 대한 관심이 달라진다는 것이다. 시각 매체인 책으로만 세상을 접하는 청각 장애자와, 청각 매체인 라디오로만 세상을 접하는 시각 장애자가 세상을 인식하는 방법은 크게 달라질 수밖에 없다. 장님 코끼리 만지기 이야기와 같이 시각 장애자와 청각 장애자는 같은 코끼리라도 서로 다르게 인식할 것이다. 청각 장애자는 시각에만 의존하므로 코끼리에 대한 개념이 실물과 비슷할 것이고, 청각과 촉각에만 의존하는 시각 장애자의 코끼리는 실물과 거리가 있을 수 있다. 바로 이것이 의미를 생성하는 매체가 곧 개인의 사고방식을 좌우할 수 있다는 의미이다.

웹 키즈들에게 책을 읽는다는 것은 더 이상 눈으로 텍스트를 읽고 종이에 쓰인 글자의 의미를 파악하는 것이 아니다. 멀티미디어가 보편화되면서 책은 유형에서 무형의 형태로 변화되고 있으며, 아이들은 글에 의존하기보다는 그림과 동영상 그리고 음향 등 멀티미디어 기능에 더 많은 무게 중심을 두고 의미를 형성하는 편이다(노정민, 2013). 의미 형성 및 의미 표현 방법이 텍스트 중심의 단일 매체(modal)에서 다중매체(multimodal)로 전환됨에 따라 글을 읽고 이해할 수 있다는 '문해(literacy)'의 개념도 다중문해능력(Multiliteracy)으로 확장되고 있다 (Luke, 2011).

1. e-영어 그림책의 등장

전자책이 등장한 것은 1970년대로서, 구텐베르크 프로젝트(Project Gutenberg)에 의해 '종이책의 디지털화'가 진행되면서이다. 2000년대 이후부터는 모바일 인터넷 기술이 더욱 발전하면서 전자책은 우리 아이들에게까지도 보편화되었다. 산업혁명 이후 등장한 지식사회에서, 책은 지식과 정보력을 획득할 수 있는 중요한 수단으로 인식되었다. 최근 종이책 출판시장의 규모가 차츰 줄고 있기는 하지만 전자책의 수요가 꾸준히 상승하고 있는 것을 보면, 이것은 책의 유형이 바뀌었을 뿐 책에 대한 수요는 여전하다는 것을 증명하며, 미래의 출판의 형태는 전자책으로 전환될 것임을 시사해 주고 있다.

전자책이 보편화되어가는 미국을 고찰해 보면, '아마존' 및 '반즈 앤 노블'이 전자책 시장의 대부분을 점유하고 있다. 애플의 'iBookstore', 'Kobo', Google의 'eBook' 등 세계적인 대기업들이 전자책 시장에

그림 4 • 전 세계 도서출판 시장 규모 추이 및 전망(2008~2017) 이주영(2014). p.2

(단위: 백만 달러)

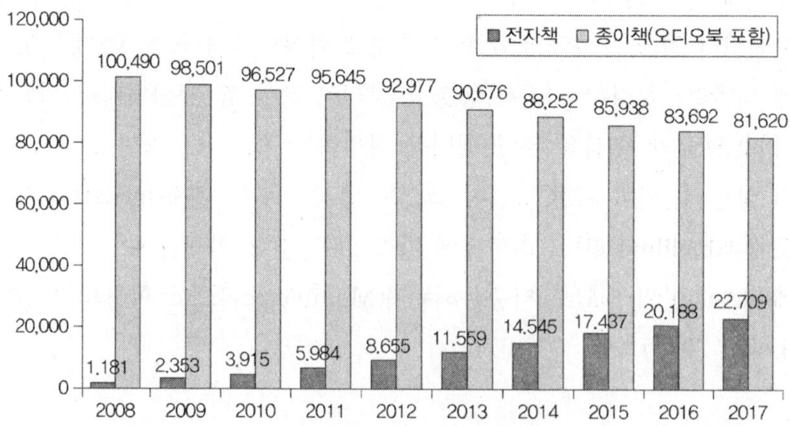

주: 2013~2017년은 pwc 전망치임 자료: pwc(2013)

투자하고 있는 모습을 쉽게 확인할 수 있다. 그 결과 '반즈 앤 노블'에서 엄마는 커피를 마시면서 다른 사람들과 대화를 나눌 때, 아이들은 전자책 전용 단말기인 킨들(Kindle)을 통해서 디지털 동화를 읽고 있다.

우리나라의 전자책은 학술도서 및 사전에서부터 시작했기 때문에 아직까지 전자책의 양은 많지 않다. 그러므로 우리나라의 전자책 활용 유형은 미국과 달리 단말기를 통한 독서보다는 현재 개인이 가지고 있는 스마트폰이나, 데스크톱 혹은 노트북을 활용하여 전자책을 읽는 형태이다(STRABASE, 2013). 그러나 애플사가 다른 단말기 없이 아이폰이나 아이패드를 활용하여 전자책을 읽을 수 있는 정책을 펴가고 있는 것을 보면, 미래의 전자책 읽기의 형태는 전자책 전용 단말기보다는 스마트폰을 활용하는 쪽으로 변화될 것으로 예측된다(이주영, 2014).

세계적인 흐름이 종이책에서 전자책으로 전환되는 것은 영어교육 종사자에게 많은 전환점을 제공해 준다. 우선적으로 영어교육 자료 개발자 및 영어교사는 '전자책 개발의 과정'에서 능동적인 입장을 취할 수 있다는 것이다. 간단한 편집 프로그램을 활용한 전자책 제작 과정은 종이책 제작과 달리 '일인 출판'도 가능할 정도로 교재 개발자의 위상을 높여 주었다. 이는 또한 교재의 소량 생산을 가능하게 해 주기 때문에 개발자 및 독자에게 다양한 선택권을 부여해 준다.

기존의 교재 개발자들은 내용과 관련하여 텍스트를 작성하는 것이고, 내용 배열 및 배치는 편집자의 권한이었지만 전자책 출판이 가능해지면서, 교재 개발자들은 개방된 플랫폼을 사용하여 손쉽게 콘텐츠를 배열하고 배치할 수 있기 때문에 편집에 대한 전문성 없이도 자신이 가르치고 있는 학생들의 특성을 고려하여 다양한 도서를 소량 생산할 수 있게 되었다. 그 결과 학습자는 다양해진 교재를 접할 수 있고, 그중에서 자신에게 맞는 교재를 선택할 수 있으므로 학습의 수월성과 적합성을 제공받을 수 있게 되었다.

그림 5 • 전자책 시장의 가치사슬 구조 및 주요 특징 이주영(2014). p.5

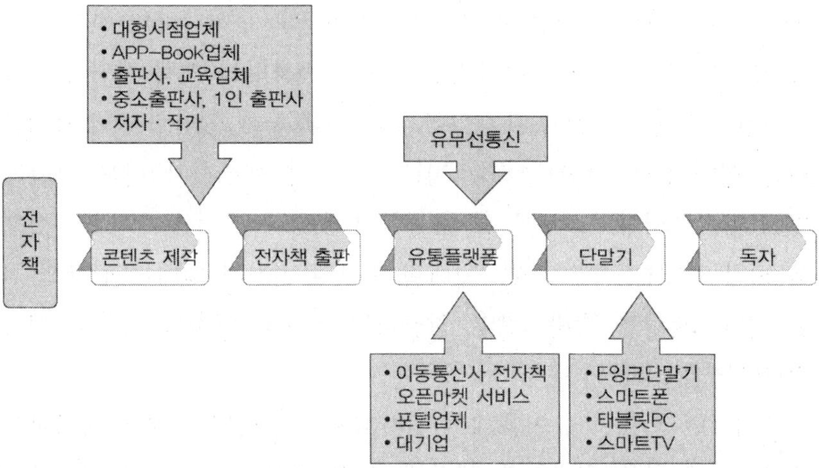

영어교육에서 사용할 수 있는 전자책의 가장 큰 장점은 사실적 영어사용 환경을 전달해 준다는 것이다. 동영상 자료와 사진들이 실제적 언어 환경을 그대로 옮겨줄 수 있기 때문에 살아 있는 영어표현들을 접하기 쉬워진다. 이와 함께 방대한 양의 사실적 자료를 가볍게 휴대할 수 있으므로 시간과 공간을 초월한 언어학습 환경에 노출될 수 있다는 것이다. 가벼운 휴대용 단말기에 수천 권의 책을 저장할 수 있으며, 필요한 내용이 담긴 부분을 언제든지 쉽게 검색하여 읽을 수 있다. 텍스트를 넘어 이미지나 배경음악 및 동영상을 제공하여 학습의 효율성을 높이는 것 이외에도 사전과 같은 추가정보 기능으로 학습 내용에 대한 이해력 및 자기 주도적 학습역량을 높여준다.

미국의 인터넷 사이트에는 디지털 그림책을 무료로 제공하는 학습 사이트들이 늘어나고 있다. 아직까지는 낱권의 전자책 판매보다는 인터넷 사이트에서 무료로 제공되는 유형의 전자책이 많은데 이것은 시판에 앞서 전자책의 장점을 충분히 경험해 보고 전자책의 용이성과 우월성을 맛보게 하려는 목적이 있다.

초등의 무상교육 학습 사이트로는 스타폴(http://www.starfall.com), 스토리라인 온라인(http://www.storylineonline.net), 스토리 플레이스(http://www.storyplace.org), 스토리노리(http://storynory.com) 등이 있다.

표 1 외국의 전자책 공급 사이트

<table>
<tr>
<td>
</td>
<td>• 스타폴(Starfall)의 경우, 미국에서 유치원생이나 초등학생에게 필요한 파닉스와 같은 홈스쿨 학습내용이 제공되고 있다.
• 다양한 읽기 자료들이 수록되어 있고, 게임으로 읽기와 파닉스를 학습할 수 있는 사이트다.
• 전자책 및 인터넷 상에서 제공하는 다양한 교육용 게임을 통해서 기본적인 발음, 파닉스, 어휘 및 읽기를 학습할 수 있다.</td>
</tr>
<tr>
<td>
</td>
<td>• 스토리라인 온라인(Storyline Online)은 이미 종이책으로 시판되는 책들을 스캔하거나 간단한 플래시를 추가한 후, 이야기를 소리 내어 읽어준다.
• Entertainment Industry Foundation에서 운영하는 것으로 무료로 제공된다.</td>
</tr>
</table>

- 스토리 플레이스는 학습용 사이트로 Charlotte Mecklenburg Library에서 운영하고 있다.
- 어린이 전자책관의 형태로 전자책과 함께 이야기와 연관된 학습활동을 제공한다.

- 스토리노리(Storynory)는 동영상보다는 오디오 책으로 챕터 북과 같은 긴 책들을 음향과 함께 제공하는 곳이다.

2. e-영어 그림책의 국내시장 동향

아동 대상의 e-영어 그림책은 전자책 시장에서도 가장 빠르게 성장하고 있는 분야이다. 태어나면서부터 멀티미디어를 사용하는 Z세대에게는 다양한 멀티미디어 기능이 추가된 흥미 있는 전자책이 종이책을 넘기는 것처럼 쉽기 때문이다.

전자책 시장이 국내에 형성된 지는 오래되지 않았지만 벌써 다양한 업체에서 많은 관심을 보이고 있다. 현재 국내 전자책 선구적 기업으로는 '로북', 유페이퍼, 교보문고, 조은커뮤니티, 누리미디어, 리틀 팍스, 시공미디어, 북큐브'를 꼽고 있으며, 후발 기업체로는 '디북스, 인터파크, 예스24, 알라딘, 반디앤 루니스, 리브로, 영풍문고, 대교'와 같은 기업들이 투자를 하고 있다(이주영, 2014).

그림 6 • 국내 전자책 시장규모 추이

이주영(2014). p.10
(단위: 억 원)

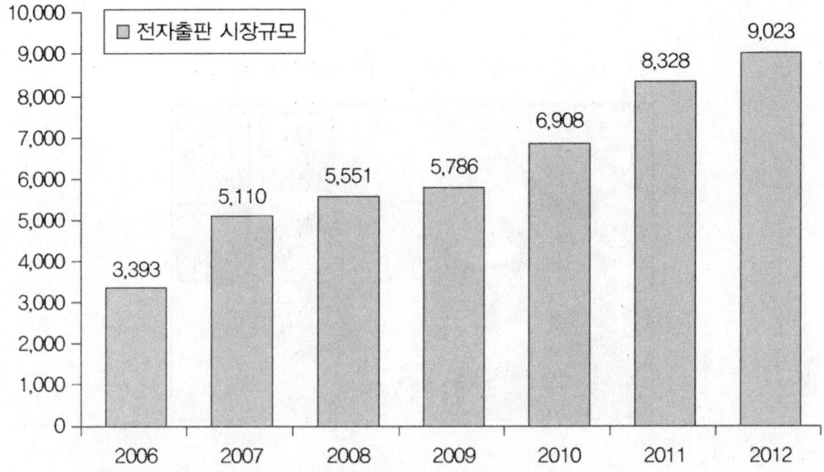

주: 전자책, 전자사전, 모바일북, 전문지식, 학술논문, 도서본문 검색, 오디오북, 솔루션, 기타 디지털 출판 등으로 분류된 전체 전자 출판 시장의 매출액

자료: 문화체육관광부(2013)

한국에서도 영어 전자책은 아직까지 종이 그림책처럼 낱권으로 판매되는 경우가 많지 않으며 영어 전자책으로 특성화된 기업은 많지 않다. 오히려 주니어 네이버의 영어동화(http://jr.naver.com/), EBS 유아 및 초등영어 사이트, 에듀넷 디지털 영어 사이트에서 무료로 제공하는 디지털 동화책처럼 무료 보급을 통해 전자책의 사용자층을 확보하기 위한 홍보 단계에 머물러 있다.

웅진 씽크빅 및 대교에서 전자책을 읽기 위한 기기를 제공하면서 'e-영어 동화'를 전집으로 판매하기 시작했다. '스토리 빔'이라는 작은 프로젝터를 활용하여 인터넷에서 전자책을 내려 받고, 벽에 빔을 쏘아 영화를 보듯이 그림책을 볼 수 있게 하였다. 이때 사용하는 전자책은 기존의 종이 그림책을 기반으로 애니메이션과 내레이션을 추가한 단방향 전자책으로 분류되지만, 적어도 아이들에게 영어에 대한 흥미를 부여할 수 있는 장점이 있기 때문에 초기 전자책의 목적을 달성하고 있다.

그림 7 • 어플 형식의 e-영어 동화책의 예

최근에는 스마트폰에서 어플 형식으로 전자책이 제공되는 경향이 높다. 재생, 녹음, 소리, 하이퍼링크(인터넷)연결, 챕터 북으로 각 목차를 선택할 수 있는 다양한 구성으로 이루어졌다. 스토리가 끝나면 퀴즈, 어휘, 퍼즐 등이 부가활동으로 나온다. 다중언어 지원으로 영어, 한국어, 중국어, 일본어 4개국의 언어를 선택할 수 있고, 이에 따른 자막을 볼 수 있다.

이처럼 전자책은 그 한계를 넘기 위해 스마트폰과 앱을 적극적으로 활용하고 있다. 인터넷 및 스마트 기기의 보급률이 높은 우리나라에서는 스마트폰과 앱을 활용한 전자책으로 발전시키는 것이 효율적일 수 있기 때문에 전자 출판업계가 통신사와 함께 전자책 제작 및 보급을 시도하고 있다.

현재 우리나라에서 무료 및 유료로 제공되고 있는 e-영어 그림책의 예를 다음과 같은 사이트에서 볼 수 있다.

표 2 우리나라 전자책 사이트의 예시

 http://study.jr.naver.com/english/	**1. 주니어 네이버 영어동화** 주니어 네이버는 영어 동화를 단계별, 연령별, 영역별, 주제별로 분류하여 원하는 동화를 보다 쉽게 찾을 수 있도록 구성하였다. 대부분 애니메이션 형태의 동화이며, 퀴즈나 게임 등의 활동을 추가한 것도 있다. Read 자동 기능이 있으며, 플래시를 사용한 화면과 페이지 자동 넘김이 가능하고, 한글과 영어의 자막 선택이 가능하고, 인기순 검색이 가능하며, 특히 단어장 기능을 포함하고 있다.
 http://www.ebse.co.kr/ebs/flz.AleFunReading.laf?	**2. EBS 유아 및 초등영어의 FUN Reading** EBS e-English는 TV로 방영했던 영어동화들을 포함해, 영어동화 3분 e-클립 등 유아 및 초등학생들을 위한 다양한 영어 그림책 자료들을 보유하고 있다. 또한 클립마다 수준별 단계와 듣기, 말하기 등 영역이 나누어져 있다. Read 자동 기능이 있으며, 페이지 넘기기 선택이 있고, 영어자막 선택 기능이 있다. 특히 각 동화의 학습 포인트에 대한 정보를 제공하며, 메모장 및 영어 사전 기능이 있어서 학습의 수월성을 제공하고 있다. '방과 후 영어'의 FUN Reading에서는 전자책으로 제작된 수입 동화책을 제공하고 있다. 학습 자료로 활용하기 쉽도록 책 내용 및 저자에 대한 상세한 정보를 제공하고 있다. 난이도에 따른 분류를 통해 학습의 수월성을 제공한다.
 http://www.childedu.net	**3. 차일드 에듀넷** 유아 영어교육 사이트로 영어 동화 및 게임 그리고 동요들을 포함하고 있으며, 학부모들을 위한 어린이 영어 교육자료 등을 제공하고 있다. Read 자동 기능이 있으며, 삽화로 화면이 구성되어 있고, 자막 음영처리 기능, 페이지 자동 넘김이 가능하다. 단계별로 책을 분류해 두어 학습의 수월성을 제공하고 있다.

4. 전자책 '웅진 스토리 빔'

흰 천이나 벽에 빔을 쏘아 화면을 동화를 보여주는 형태이다. 프로젝터 빔 기기 안에 디지털 동화 100편을 탑재한 것으로 아이들이 텔레비전을 보듯 동화를 상영할 수 있다. 한국어와 영어의 언어선택이 가능하며 DVD 형태의 전자책으로 분류된다.

5. 대교 스마트아이빔

손바닥 정도의 크기의 빔을 통해 디지털 동화를 상영할 수 있다. 동화가 제품에 내장되어 있지 않고 스마트폰과 연결해 원하는 동화를 앱에서 다운받아 사용할 수 있다.

이처럼 전자책 시장의 주요 고객인 아동을 위한 'e-영어 그림책 제작'에 대한 요구가 급속도로 증가하고 있으므로, e-영어 그림책을 개발할 수 있는 인재양성이 필요한 시점이다(유구종, 김민경, 이정순, 안명옥, 2013). 전자책이 처음 등장하면서 기존의 종이책은 모두 사라질 것이라는 예측이 지배적이었지만 종이책을 선호하는 층은 여전히 줄어들지 않고 있다. 전자책은 오히려 이런 점을 반영하여 종이 그림책의 아날로그적 감성까지 디지털로 표현하려고 한다. 이러한 변화는 창의적 방법으로 학습 콘텐츠를 전달할 수 있는 전자책 개발자를 필요로 하지만 아직까지 테크놀로지와 영어 콘텐츠를 통섭하여 상호작용적 전자책을 개발할 수 있는 인재가 부족한 편이다.

디지털 그림책을 펴면 그림이 현실이 되고, 그 현실 속에서 독자는 주인공이 된 듯 가상현실에 몰입하면서 내레이터와 독자가 함께 글을 창작하는 시대가 오고 있다. 그러므로 e-영어 그림책은 기존의 종이 그림책을 단순 스캔하여 디지털화하는 것과는 달리, 글과 그림 그리고 다양한 멀티미디어 기능을 통합하여 독자가 내레이터와 이야기를 만들어 갈 수 있는 상호작용적 요소를 포함하고 있어야 한다.

그러나 현재 보편화되어 있는 전자책의 유형은 기존의 종이 그림책에 몇 가지 멀티미디어 기능을 단순 추가한 형태에 머무는 경향이 있다. 디지털 그림책의 초기 형태는 종이 그림책을 단순 스캔하여 디지털화하는 것이고, 차츰 음향 및 애니메이션을 추가하는 쪽으로 발전하였다. 2000년대 이후, 우리나라에서는 초고속망 인터넷의 전국적인 보급으로 인터넷에서 다양한 플래시를 활용할 수 있게 되었다. 그 후, 플래시와 다양한 멀티미디어 솔루션 활용은 아이들이 영어에 좀더 흥미를 가질 수 있는 e-영어 동화 콘텐츠를 개발하는 데 박차를 가하기 시작했다.

그러나 아직도 일방적으로 보여주는 단방향 멀티미디어 기능을 — 애니메이션, 내레이션, 배경 음악, 효과음, 독자의 음성 녹음 — 활용할 뿐, 멀티미디어 기능들을 유기적으로 통합시킨 쌍방향적 상호작용적 활동이 부족한 편이다. 앞으로의 전자책은 단순히 아동의 흥미를 높이는 엔터테인먼트 차원에 그치는 것이 아니라 쌍방향적 상호작용이 가능한 e-그림책을 통해서 사고력 및 창의성을 높일 수 있는 에듀테인먼트적 전자책으로 제작되어야 할 필요가 있다(Yokota와 Teale, 2014).

3. 디지털 스토리텔링을 활용한 영어교육

빠르게 변화하는 시대에 발맞추어 최신 정보들을 쉽게 저장하고 활용할 수 있는 멀티미디어 활용 교육방법은 이미 일상적인 것이 되었다. 렐런과 길라니(Relan & Gillani, 1997)에 의하면 웹기반의 디지털 매체 활용 교육은 시간과 공간의 제약 없이 어느 곳에서나 교육이 다양한 멀티미디어 기능과 상호작용하여, 보다 사실적이고 생생한 학습을 제공할 수 있다고 하였다. 또한, 학생들은 웹상의 많은 자료를 선택적으로 사용할 수 있으며, 자신의 생각이나 정보를 쉽게 교환할 수 있기 때문에 창의적인 협력 학습을 할 수 있다고 한다.

우리나라는 2000년대 초부터 디지털 교과서에 대한 논의가 이루어지면서, 2011년에 '스마트 교육 추진 전략'을 통해 디지털 교과서 적용을 구체화시켰다. 2014년 교육부의 '디지털 교과서 시범학교 운영현황'에 의하면, 교육부는 미래창조과학부와 함께 2014년 1학기부터 시·도교육청이 지정한 약 160개 초등학교와 중학교에 디지털 교과서를 보급하였다.

그림 8 • 디지털 교과서 개념도(교육부, 2014)

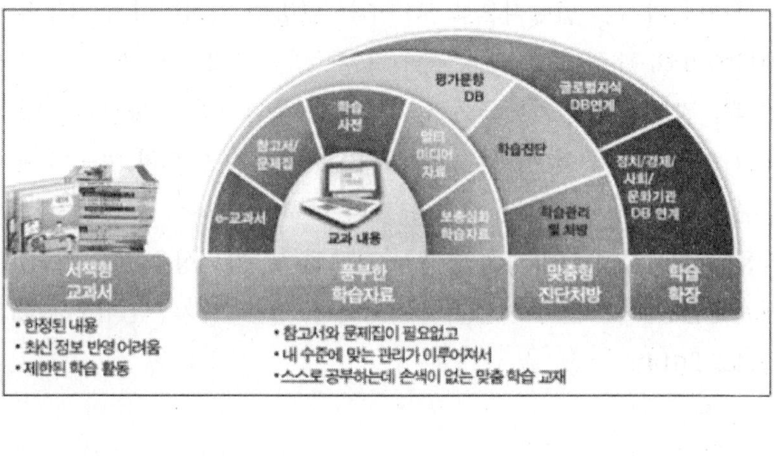

우리나라에서 현재 사용하고 있는 디지털 교과서는 온라인 전송 방식으로 보급되며, 개인용 컴퓨터, 노트북, 휴대전화, 스마트 패드 등의 기기에서 디지털 교과서 뷰어나 디지털 교과서 앱을 설치한 후, 디지털 교과서를 다운받아 사용할 수 있는 형태이다. 또한 참고서, 문제집, 학습 사전 등과 같은 부수적 학습 자료를 포함하며, 멀티미디어 자료와 하이퍼링크 기능의 장점을 살려서 관련 학습 자료의 폭을 넓혀주었다. 학습자들은 자신의 수준에 맞는 내용을 선택할 수 있기 때문에 일괄적 수준으로 제공되는 학교 학습과 달리, 자신에게 맞는 학습 수준 및 진도를 선택하여 사용할 수 있게 되었다(노정민, 2013).

디지털 교과서에 대한 관심이 고조되면서, 초·중등 저학년에서는 디지털 그림책 활용 수업이 영어 학습에 긍정적 영향을 미친다는 다양한 연구가 나타나기 시작했다. 김동현(2000)은 멀티미디어 저작도구를 사용하여 종이 그림책을 디지털화하고, 컴퓨터를 활용하여 영어교육을 실시함으로 영어에 대한 아동의 흥미를 높여 영어 학습효과를 증대시키는 연구를 실시하였다.

차츰 멀티미디어를 활용한 영어교육에 대한 연구는 단순한 CD-ROM 활용에서 벗어나 인터넷 활용 쪽으로 발전하였다. 앞서 살펴본 것과 같이, 다양한 인터넷 사이트에서 방대한 양의 디지털 동화를 제공하고 있기 때문에 교사가 개인적으로 멀티미디어를 제작할 필요가 없으며, 이미 제작된 디지털 동화를 어떻게 사용할 것인가에 대한 연구가 활성화되었다(고난영, 2001). 인터넷에 수록된 영어동화를 수업에 활용하면 영어수업에 대한 아동의 흥미가 높아지고, 그로 인해 영어 능력을 향상시킬 수 있다는 연구결과도 나타났다(김현숙과 권청자, 2006). 자연스럽게 영어실력을 높이기 위해서는 영어동화를 많이 읽히는 것이 좋다는 다독이론을 바탕으로 인터넷의 무료 디지털 동화를 활용하여 다독 학습을 시킨 결과 초등학생의 영어 능력이 향상되었다는 결과도 있다(박선희와 최희경, 2014).

이처럼 다양한 연구들에서 디지털 동화를 활용하는 것이 초등 영어교육에 긍정적 영향을 미친다는 것을 보여주고 있다. 디지털 그림책을 활용한 일반적 교육방법에서 얻을 수 있는 장점을 정리해 보면, 멀티미어에 익숙한 학생들의 호기심을 끌어내기 위해서는 현재 아동이 흥미로워하는 멀티미디어 환경을 최대한 활용하는 것이 효율적이라는 것이다. 다양하고 신기한 음향효과 및 화려한 그림, 흥미로운 애니메이션과 더불어 원어민 발음으로 연극을 보듯 혹은 영화를 보듯 동화를 재미있게 제시한다면 아동의 영어에 대한 흥미와 지속적 관심을 유지하는 데 매우 효율적이라는 것이다. 또한 e-영어 그림책에서는 동화내용에 대한 이해 및 확장적 사고를 위한 연계 학습활동을 다양하게 — 연극, 게임, 노래, 프로젝트 — 제시하고 있기 때문에 창의적 영어 학습에도 도움을 준다고 하였다. 특히, 어휘학습과 학습내용 이해에 긍정적 효과를 보였고, 특히 학업 성취가 낮은 집단에서 높은 학업 성취를 보여주었다고 한다.

그러나 아직까지는 일선 영어교육에서 디지털 교과서 및 도서 활용에 많은 시행착오를 겪고 있는 것으로 보인다. 특히 디지털 교과서의 특징을 내용과 매체의 통합보다는 기술적 기능을 중심으로 그 우월성을 강조하고 있기 때문에, 효율적인 운용 차원에서 효과를 거두기 힘든 현상을 보이고 있다. 디지털 교과서 장점을 기술하고 있는 초기의 문서들을 보면 '다양한 멀티미디어 교육용 자료 사용과 하이퍼텍스트와 하이퍼링크 활용은 다양한 자료를 쉽게 검색할 수 있게 하며, 인터넷상에서 다른 학습자와 상호작용할 수 있다'는 것을 강조하였으나, 실제 멀티미디어 기능을 어떻게 학습 내용과 통합시켜야 효율적인지 그리고 학습자와 어떤 유의미한 상호작용 어떻게 할 수 있는지에 대한 언급이 없기 때문에, 기술과 내용을 유기적으로 통합한 학습활동이 미비하다는 한계점을 갖고 있었다.

학습자와 교사가 영어지식과 테크놀로지 기술을 통합할 수 있는 전략들을 가지고 있다면 문제가 없지만 이제까지 사용하지 않았던 기술과 전략을 예시 없이 새로운 환경에서 사용한다는 것은 쉬운 일이 아니었다. 그러므로 전자책의 효과를 극대화시키기 위해서는 도서 개발자들이 멀티미디어 기능과 학습 내용이 유기적으로 통합된 학습활동을 개발하여 제시해 줄 수 있어야 한다.

미래 지향적 전자책은 종이 그림책을 통해 전달하는 것과는 매우 다른 방식으로 학습 내용을 전달하게 된다. 즉, 글과 그림만을 통해서 이야기를 전달했던 종이 그림책과 달리 글, 음성, 사운드, 음악, 비디오, 애니메이션 등이 어우러져 이야기를 전달하는 종합적 의미형성체계를 사용한다. 그러므로 글을 읽는 독자 또한 이전의 다른 의미형성체계를 통해 글을 이해하게 된다. 이는 앞에서 매체가 인식체계를 바꾸고 의미형성과정을 바꾼다고 언급했던 것처럼 전자책으로 전달되는 이야기를 이해하기 위한 학습활동 구성도 바뀌어야 한다는 것을 시사한다. e-영어 그림책은 다중 이야기 구조(multi-plot structure)를 바탕으로 학습자의 상호작용 유형에 따라 이야기가 다르게 전개될 것이며, 학습활동 또한 상호작용적 활동들이 상당부분을 차지할 것이기 때문에 이야기 맥락 속에서 나타나는 문제해결에 참여해 가면서 학습자가 이야기를 형성해 가는 쌍방향적 구성주의 학습활동으로 변화되어야 한다.

이처럼 디지털 스토리텔링은 단순히 기존의 매체에 멀티미디어적 기술을 추가하는 것에 그치는 것이 아니라, 새로운 매체에 내용을 통합하여 새로운 메시지를 전달하는 새로운 의사소통방식을 요구할 것이다. 그러므로 단순히 종이책을 디지털화하여 컴퓨터를 통해 교과서를 언제 어디서나 볼 수 있다는 것만 강조하는 것은 매우 제한적이다. 새로운 매체를 활용한 e-영어 그림책을 제작하기 위해서는 기존의 내용을 그대로 새로운 매체로 옮겨오는 것을 넘어서 매체의 변화에 따라 내용구성 및 제시방법이 달라져야 한다는 것을 인식해야 한다.

예를 들면, 발전된 전자책은 에듀테인먼트에서 강조하는 '재미있는 상호작용 활동'을 많이 포함하고 있어야 한다(손병길, 2005). 전자책은 인쇄 매체의 한계로 인하여 수록할 수 없는 내용들을 수록할 수 있기 때문에 이를 활용하여 학습자의 학습 흥미를 고조시킬 수 있어야 한다. 특정 문화 및 사회적 사건에 대한 내용을 모두 종이 그림책에 담는 것이 무리이지만 전자책에서는 박물관과 연계하여 유적 및 유물들에 대한 추가적인 정보를 사진과 동영상 혹은 증강현실로 제시할 수 있다. 전자책은 디지털 포맷에 맞게 터치, 녹음, 3D 기능들을 활용하여 다양한 상호작용적 활동을 제공해야 한다. 그 결과 학습자는 객관적 지식을 일방적으로 제공받는 기존의 학습 자료 유형과 달리, 학습자는 전자책에 모듈적으로 수록된 지식들을 자신의 수준에 맞는 것으로 재구성하여 자신만의 새로운 지식을 창출할 수 있게 된다. 제4장의 다중 이야기 구조(Multi-plot structure)에서처럼 학습자 스스로 이야기를 읽으면서 동시에 이야기를 창작할 수 있는 기회가 주어져야 한다. 또한 학습자는 이러한 지식을 사용하여 다양한 문제를 해결할 수 있는 능력을 신장시킬 수 있는 도구로서 전자책을 활용할 수 있어야 한다.

참고문헌

Relan, A. & Gillani, B. J. (1997). Web-based instruction and the traditional classroom: Similarities and differences. In Khan, B. (Ed.), *Web-based instruction* (pp. 25-37). New Jersey: Educational Technology Publications.

Yokota, Junko. & Teale, W. H. (2014). Picture books and digital world: Educators making informed choices. *The Reading Teacher Vol. 67* (8).

Kim. J. Y. & Lee, J. O. (2014). The aspect and prospect of e-book industry in Korea. *International Journal of Software Engineering and Its Applications. 8*(7). 177-184.

Luke, Allan, Iyer, Radha, & Doherty, Catherine. (2011). Literacy education in the context of globalization. In Lapp, Diane & Fisher, Douglas (Eds.) *Handbook of Research on Teaching of English Language Arts*, 3rd. Ed. New York: Routledge.

McLuhan, M. & Lewis H. Lapham. (1994). *Understanding Media: The Extensions of Man*. Massachusetts: Corinne McLuhan.

STRABASE. (2013). 2012년 전자책 독서 실태조사를 통해 살펴본 국내 e-Book 이용자 행태.

고난영. (2001). 인터넷을 활용한 영어동화학습이 초등영어의 듣기 및 읽기의 능력 향상에 미치는 효과. 부산교육대학교 교육대학원 석사학위논문.

교과부. (2011). 스마트 교육 추진전략. 교육과학기술부.

교과부. (2014). 디지털 교과서 시범학교 운영현황. 교육과학기술부.

김동현. (2000). 동화를 활용한 초등학교 영어 멀티미디어 CD-ROM 타이틀 개발 및 적용에 관한연구. 한국교원대학교 대학원 석사학위논문.

김현숙, 권청자. (2006). 초등학교에서 인터넷을 활용한 영어동화의 효과성 연구. 멀티미디어 언어교육. 7(3), 99-126.

노정민. (2013). 디지털교과서의 실제. 한국열린교육학회 학술대회 논문집 한국교육학술정보원 2013(1). pp.25~32.

박선희, 최희경. (2014). 인터넷 영어 동화를 활용한 다독 활동 모형 개발 및 적용 효과. *Multimedia Assisted Language Learning. 15*(3). 57-82.

손병길. (2005). 에듀테인먼트 콘텐츠 시범 개발 및 현장 적용 연구. 한국교육학술정보원.

유구종, 김민경, 이정순, 한명옥. (2013). 디지털기기, 스마트기기, 스마트 전자책에 대한 유아교사의 인식 및 현황, 열린 유아교육 연구. 18 (2). 389-413.

이주영. (2014). 전자책 시장현황 및 전망과 도서출판 시장의 가치사슬 구조변화. 초점. 26(8). 1-21.

한성원. (2001). 토론촉진 전략유형에 따른 웹기반 온라인 토론수업의 효과 비교. 이화여자대학교 교육대학원 학위논문.

Chapter

02 e-영어 그림책의 이해

전통적으로 그림책은 언어와 그림을 통해서 허구적 혹은 사실적 경험과 관련된 이야기를 수록하고 있다. 언어적 경험이 적은 아동의 이해를 높이기 위해서 언어에 그림을 추가하여 이야기를 창작한다. 아동들은 그림이 수록된 이야기를 통해서 개인과 집단의 삶의 모습과 사건들을 간접적으로 경험하면서 세상을 알아가게 된다.

이처럼 종이 그림책은 아동의 언어발달 이외에도 인지 및 정서발달 기능을 가지고 있다. 시대와 기술의 발전은 이야기를 전달하고자 하는 그림과 글의 표현 방법을 바꾸었지만 그림책이 갖고 있는 목적은 동일하다. e-영어 그림책은 종이 그림책을 바탕으로 발전된 것이기 때문에 컴퓨터 기술 범주를 벗어나면 내용적으로는 기존의 그림책 장르를 따르고 있다.

한편, 'e-영어 그림책'은 다양한 매체를 활용하여 창작되므로 아동들에게 기존의 기능 이외에도 다양한 매체를 통해 창의적 사고력 증진을 목적으로 하는 다중문해능력에 대한 개념을 전달해 줄 수 있다. e-영어 그림책은 멀티미디어의 활용 및 통합 정도에 따라 단순한 단일방향에서 쌍방향적인 복잡한 것으로 분류될 수 있다.

우선은 종이 그림책에서 어떤 방식으로 장르를 분류하는지 고찰한 후, 최근 언급되고 있는 'e-그림책의 기술 통합에 의한 분류'를 고찰하는 것이 그림책을 이해하는 순서일 것이다. 장르는 오랜 기간에 거쳐 정립된 이론적 틀이므로 이것에 대한 이해가 수반되어야 창작하기가 쉬워지기 때문에 예비 작가라면, 특정 분야의 기술자가 그 분야의 도구를 이해하듯 이야기 창작에 앞서 다양한 장르를 이해해야 할 필요가 있다.

종이 그림책 장르는 분류 기준에 따라 상당히 다양하게 분류될 수 있으나, 여기서는 김혜리(2013)가 제시한 것처럼 영어교육의 목적으로 활용할 수 있는 그림책 분류를 따르고 있으며, 이러한 분류는 앞으로 'e-영어 그림책 창작'을 위한 내용적 장르의 기준으로 사용될 것이다. 물론, e-영어 그림책에서는 다중 이야기 구조를 취할 수 있는데, 이때는 한 권의 책에 여러 개의 이야기가 들어가고, 그 이야기들이 서로 다른 장르를 취할 수는 있지만 기본적 장르의 흐름을 깨는 것은 아니기 때문에 기존의 장르 분류를 사용할 수 있다.

1. 전통적 종이 그림책 장르

김혜리(2013)는 그림책을 '글 없는 그림책', '예측 가능한 이야기 그림책', '초기 학습용 그림책', '전래동화 패러디', '판타지 그림책', '사실적 그림책', '다문화 그림책', '전기문학과 그림책', '정보가 있는 그림책'으로 분류하고 있다. 다음은 김혜리의 분류를 바탕으로 정리하였지만 초기 학습용 그림책은 '개념 책'이 아니라 초기 학습자를 위한 '챕터 북'의 개념으로 재설정하여 기술하였다.

1) 글 없는 그림책

- 글이 없이 그림으로만 이야기를 전개.
- 세심하게 계획된 그림은 글이 없이도 이야기의 전개를 파악할 수 있도록 고안되었음.
- 영어 교육에서는 주로 학습자가 그림을 보며 설명하는 말하기 및 듣기 활동에서 사용 가능함.
- 문화를 소개할 수 있음.
- 그림을 보고 글을 쓰는 활동에 활용.
- 글이 없더라도 좋은 그림책은 영어교육에 좋은 교육 자료로 활용 가능함.
- *Snowman*. (1978). by Raymond Briggs
- *A Boy, A Dog And A Frog*. (1967). by Mercer Mayer

2) 예측 가능한 이야기 그림책

- 예측 가능한 한두 개의 언어 패턴을 중심으로 이야기가 전개됨.
- 반복적 패턴이 제시되어 자연스럽게 반복학습을 할 수 있는 기회를 제공함.
- 패턴이 있는 구문을 하나의 언어적 표현으로 받아들이며, 쉽고 재미있게 따라 말하거나 읽을 수 있음.
- 반복에 의한 다음 내용에 대한 예측이 높은 책은 초보 학습자에게 학습에 대한 자신감을 증진시켜 학습 동기를 부여함.
- *Brown Bear, Brown Bear, What Do You See?* (1967). by Bill Martin Jr./ Eric Carle
- *Today Is Monday*. (1997). by Eric Carle

3) 초기 학습용 그림책

- 동화작가가 초기 읽기 학습자를 염두에 두고 아동문학의 장점과 언어 학습서의 장점을 조화시켜 만든 것임.
- 언어 수준별로 어휘와 문장의 난이도를 고려하여 아동에게 흥미로운 이야기를 소개하므로 아동에게 자신감 및 동기를 잘 부여함.
- 보통 시리즈로 제공되어, 연속성 있는 학습을 할 수 있게 함.
- *Frog And Toad Are Friends*. (2003). by Arnold Lobel
- *Green Eggs And Ham*. (1960). by Dr. Seuss

4) 전래동화 패러디

- 각 나라의 역사와 전래 문화를 쓴 문학, 동화, 신화, 전설, 전래 동시를 포함.
- 영어 학습 자료로 사용되는 전래동화는 학습을 위해서 현대적으로 패러디한 경우가 많음.
- 초기 외국어 학습자에게 전래동화는 이미 내용적으로 익숙한 것이기 때문에 언어적인 면만 집중하면 되는 장점을 제공.
- 반복적인 어구와 예측 가능한 글의 구조상 기억하기 쉽고, 단순해서 학습의 수월성을 제공.
- *Little Red Riding Hood*. (1987). by Trina Schart Hyman
- *Goldilocks And The Three Bears*. (1998). by James Marshall

5) 판타지 그림책

- 일반적인 이야기에 초자연적인 힘이나 마법과 같은 판타지 요소를 가미하여 이야기를 전개.
- 아동의 호기심과 창의성을 만족시켜 줄 수 있는 이야기 장르.
- 독자는 판타지 세계에 적용된 특정 규칙을 파악하고 그것에 따라 글을 읽게 됨.
- *A Bad Case of Stripes*. (2004). by David Shannon
- *Where The Wild Things Are*. (1988). by Maurice Sendak

6) 사실적 그림책

- 사실적 동화는 특정 시대와 배경에서 실제로 일어날 수 있는 이야기들을 사실적으로 묘사.
- 주로 주인공이 성장하는 글, 가족 이야기, 혹은 학교 이야기가 중심을 이룸.
- *Love You Forever*. (1995). by Robert Munsch

7) 다문화 그림책

- 다양한 문화에서 일어나는 삶의 모습을 기술.
- 멜팅 팟보다는 샐러드 볼 문화이론이 강조되면서 다문화적 동화가 강조됨.
- 다문화적 동화를 접하므로 선입견이나 고정관념을 깨고 다양성을 키울 수 있는 기회 제공.
- *Pepita Talks Twice*. (1995). by Ofelia Dumas Lachtman

8) 정보가 있는 그림책

- 정보가 있는 그림책은 과학, 수학, 사회 등 교과 관련 내용을 시각적으로 흥미롭게 제시.
- 통합학습을 위해서 사용되는 경우가 많음.
- 지식 중심의 내용들이 주로 설명문체로 기술되거나 혹은 이야기체와 함께 혼용되므로 다양한 문체를 접할 수 있음.
- *Stars! Stars! Stars!* (2002). by Bob Barner

2. e-영어 그림책 분류

전자책은 전통적 그림책의 장르에 기술적 기준을 추가하여 새로운 분류를 시도하고 있다. 요코타와 틸(Yokota & Teale, 2014)은 디지털 그림책을 만드는 데 사용한 테크놀로지의 융합 정도 및 난이도에 따라 4단계로 분류하였다. 그러나 여기서는 요코타와 틸(2014)과 달리 3단계로 분류하였는데 그 이유는 요코타와 틸(2014)의 1·2단계 구분이 모두 단일방향에 속하며, 구분의 의의가 모호하기 때문이다.

첫째 단계는, 단순히 종이책을 스캔하여 인터넷에 수록한 내용을 컴퓨터나 스마트폰으로 볼 수 있는 e-영어 그림책을 말한다. 둘째 단계는, 종이책을 스캔하여 등장인물 및 배경에 애니메이션 기능과 음향을 추가하지만 자료 제공이 단방향적인 e-영어 그림책을 일컫는다. 셋째 단계는, 좀더 고도의 기술이 가미되어 글과 그림에 상호작용 기능을 첨가하여 쌍방향으로 자료를 활용할 수 있다. 즉, 동영상 및 링크 기능을 삽입하여 독자에 따라 선택적으로 내용의 정도를 구성하면서 볼 수 있는 상호작용적 e-영어 그림책을 일컫는다.

현재 인터넷 사이트에서 볼 수 있거나, 개별 출판사에 의해 시판되는 e-영어 그림책은 대부분 첫째와 둘째 단계에 머물고 있으며 앱

표 1 기술의 반영 정도에 따른 e-영어 그림책의 분류

	e-영어 그림책 분류	설명
1단계	종이 그림책을 단순 스캔한 유형	종이책을 스캔하거나 애니메이션 처리하여 디지털화한 것
2단계	단방향적 디지털 그림책 유형	등장인물 및 배경에 애니메이션 기능과 음향을 추가
3단계	상호작용적 디지털 그림책 유형	동영상 및 링크기능을 삽입하여 독자에 따라 선택적으로 내용 구성이 가능

으로 개발된 몇몇 e-영어 그림책만이 셋째 단계 유형으로 발전해 가고 있다.

1) 종이 그림책을 단순 스캔한 유형

종이 그림책을 단순 스캔한 유형은 이미 종이로 출판된 그림책을 그대로 스캔하여 인터넷에 자료를 올려둔 것으로 컴퓨터 및 스마트 기기를 활용하여 방대한 양의 그림책을 손쉽게 볼 수 있다는 장점만을 갖는다. 멀티미디어의 다양한 기술의 반영 정도가 매우 미비하여 내용의 전달 방식이 종이 그림책과 별 차이가 없지만 종이책이 제시한 그림과 글의 위치 등을 수정하지 않고 그대로 스캔해서 전달해 주기 때문에 기존 종이책의 특징을 그대로 살릴 수 있다는 장점도 있다.

구텐베르크 프로젝트에(http://www.gutenberg.org/wiki/Main_Page) 의해 도서관과 여러 온라인 출판사에서 기부 받은 다양한 e-도서들이 미국의 어린이 전자 도서관(children's library internet archive)에 수록되어 있다. 약 6만 권의 무료 e-도서를 보유하고 있는 Freebook Shifter와 같은 사이트(http://www.freebooksifter.com/) 및 'Open Library (https://openlibrary.org/)에서는 기존의 종이 그림책과 챕터북을 디지털화하여 컴퓨터에서 그림책을 읽을 수 있도록 다양한 전자책을 제공하고 있다. Open Library는 무료로 제공되며, 위키피디아처럼 다양한 사람들이 함께 만들어가는 웹 사이트로 여기에는 무려 천만 개의 책이 PDF파일로 제공되고 있다.

여기에는 동화를 좀더 다양한 아이들이게 널리 보급하기 위해 그림책에서 글을 삭제하고 내레이션 처리하여 만화로 만든 DVD 유형도 포함된다. 예를 들면, 스콜라스틱이라는 출판사에서 Weston Woods Film으로 다양한 동화책을 영상으로 만들어 보급한 것이 여기에 속한다. 칼데콧 수상작 등을 포함한 다양한 작품들을 애니메이션으로 전환시켰는데 아동의 청각 및 시각적 감각을 좀더 자극하여 다양한 주제의 도서에 흥미를 가지게 하기 위해서 시작된 프로젝트였다. 이 경우, 텍스트는 없지만 이미 영상제작자의 관점에서 영상과 텍스트의 관계를 설정하여 카메라 각도를 잡기 때문에 영상제작자의 글과 그림에 대한 해석에 영향을 받을 수 있다.

이 두 유형은 그림책을 그대로 스캔하거나, 전체적으로 영상화한 것으로 부분적 내용에 대한 강조 및 상호작용이 허락되지 않는다.

그림 1 • 종이 그림책 단순 스캔형 예시

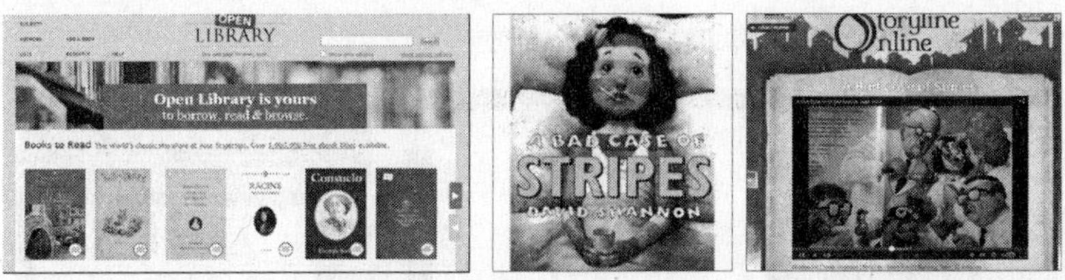

https://openlibrary.org www.storylineonline.net

2) 단방향적 디지털 그림책 유형

단방향적 디지털 그림책 유형은 기존의 종이 그림책 혹은 e-그림책의 주인공과 배경화면의 일부를 애니메이션 처리하고 배경음악을 추가하는 등 종이 그림책을 단순 스캔한 유형보다는 다양한 멀티미디어 기능과 좀더 복잡한 테크놀로지를 사용하여 e-그림책을 제작한 것이다. 동화의 내용과 레이아웃 그리고 글자체의 모양에 변화를 주기는 했지만 역시 일방적으로 학습 자료를 제시하는 것에서 그치는 단방향 형태를 취하고 있다.

'Storyline Online'에서 제공하는 책들을 보면, 대부분 종이 그림책을 단순 스캔한 유형이거나 혹은 간단 애니메이션 및 음향효과를 좀더 추가한 형태인 단방향적 디지털 그림책이 주류를 이룬다. 주로 서사적 배경이 없이 단순히 주인공들 중심으로 이루어진 그림책에서 멀티미디어 기술을 사용하여 주인공에게 간단한 움직임을 부여한다.

예를 들어, [그림 2]의 e-영어 그림책 *Guji Guji*(2004)에서 Zebra라는 이름을 가진 등장인물이 자신의 이름을 소개하는 장면을 애니메이션으로 처리하고 글을 읽어주는 오디오 음향 효과와 Zebra의 철자가 하나씩 제시되는 동영상 효과를 추가하여 전자책을 제작하였다.

그림 2 • 애니메이션이 추가된 디지털 그림책

Gugi Gugi (2004) by Chen Chih Y.

Raz-Kids.com에서는 종이 그림책을 단순 스캔하여 수록하였지만, 단방향적 디지털 그림책으로 분류했다. 겉으로 보기에는 단계별 챕터 북을 단순 스캔하여 제시하고 있고 종이책 뒤에 함께 오는 독해 연습문제까지 탑재하여 종이책을 읽는 때와 똑같이 책을 읽고 독해 연습문제를 풀 수 있도록 했다. 언어 수준에 따라 A부터 Z까지의 도서를 수준별로 분류하여 제공하고 있기 때문에 학습자는 자신에게 맞는 수준을 선택하여 독서를 시작할 수 있고, 점진적으로 높은 단계로 올라갈 수 있게 되어 있다. 그러나 Raz-Kids에 수록된 책들이 단방향적 디지털 그림책으로 분류되는 이유는 그림책을 독자가 클릭하여 오디오 음성파일로 책의 내용을 들을 수 있고, 자신의 목소리를 녹음할 수 있으며, 원하는 부분을 선택하여 들을 수 있기 때문이다. 이것은 읽기와 듣기 학습에 유용하며 모국어로 혹은 외국어로 영어를 학습하는 데 유용한 학습자료로 활용된다.

그림 3 • 단방향 디지털 그림책 제공 사이트

www.raz-kids.com

한국에서도 전자책에 대한 선호도에 의해 무료 디지털 동화를 인터넷 학습 사이트에 탑재하는 경향이 생겼지만 아직까지는 미국과 유럽 중심으로 개발된 도서를 단순 스캔한 전자책을 한국 인터넷 학습사이트에서 사용하는 것은 저작권과 관련하여 많은 제약을 받는다. 그러므로 한국에서는 서구 도서를 스캔하기보다는 저작권에 제약을 적게 받는 전래동화를 중심으로 각색을 하거나 만화로 구성하여 디지털 자료로 사용하는 경향이 높다.

이 단계의 e-영어 그림책은 독자와의 상호작용 없는 단방향적인 자료 제시에 머물고 있다. 그러나 독자의 입장에서 보면, 애니메이션 기능 추가 및 간단한 반복 재생, 하이라이트 기능 추가로 인해, 한

편의 만화를 보는 듯 동화책을 감상할 수 있기 때문에 첫 번째 유형인 단순 스캔한 유형과는 매우 다른 학습효과를 갖는다. 그러나 여전히 단방향이라는 제한된 기술을 사용하고 있으므로 쌍방향 즉, 상호작용적 디지털 유형으로 제시될 e-영어 그림책과 달리 많은 한계점을 갖는다. 예를 들어, 학습자가 동화책의 주인공을 터치하면 대화문이 나오거나 특성이 설명되는 링크와 같은 기능이 포함되어 있지 않다.

[그림 4]는 리틀 팍스(Little Fox)에서 제공하는 동화이다. 여기서 제공하는 동화는 두 번째 유형인 단방향적 디지털 그림책에 속하지만, 학습자 관리 및 확장된 학습자료 제공이 가능하다는 면에서 보면, 두 번째 단계보다는 좀더 진보한 면을 갖고 있다.

리틀 팍스(Little Fox) 사이트는 독자가 동화를 읽으면서 읽기에 필요한 정보를 활용할 수 있도록 디자인되어 있다는 것이 특징이다. 이와 같이 동화 수준, 동화의 종류, 동화를 이해하는 데 필요한 단어장, 녹음 기능, 원문보기, 해석보기와 같은 부수적 기능들이 함께 연

그림 4 • 링크 및 학습관리가 추가된 디지털 그림책 사이트

결되어 있는 것은 상호작용적 기능으로 평가할 수 있다. 학습내용 제시 면에서는 단방향적이지만, 쌍방향 상호작용적 기능을 활용하여 학습자의 학습 관리를 해 줄 수 있으므로 학습자는 스스로 학습 진도를 계획하고, 학습한 동화를 기록하며 관리할 수 있기 때문에 지속적이고 단계적인 학습을 통해 학습의 효과를 극대화시킬 수 있다.

3) 상호작용적 디지털 그림책 유형

상호작용적 디지털 그림책 유형은 기존의 종이 그림책과 여러 가지 멀티미디어 기능을 연결 및 통합시켜 독자와 쌍방향적 상호작용을 유도한다. 독자는 쌍방향적 상호작용 과정 속에서 함께 그림책을 읽거나 글을 구성할 수 있으므로 단방향적 디지털 그림책을 읽을 때와는 매우 다른 의미형성 체계를 사용한다. Time4learning.com에서 제공하는 그림책과 활동들을 고찰해보면, 그림책 내용이 만화 및 영화를 보는 것 같지만, 학습자가 원하는 곳이면 언제 어디에서든지 정지하거나 재생할 수 있는 기능이 있고, 정지 상태에서는 주인공 및 등장인물 혹은 배경을 터치하여 다양한 부수적 정보를 얻을 수 있도록 링크 장치가 되어 있기 때문에 학습자 중심의 능동적 학습을 유도할 수 있다. 또한 모든 후속 활동들이 문제해결 유형으로 동화책에서 읽은 내용을 중심으로 추론과 응용을 통해 문제를 해결해야만 하며, 활동의 결과도 이미 설정된 정답을 원하는 것이 아니라 학습자에 따라 다르게 도출될 수 있음을 허용하고 있다.

아래의 예처럼 학습자가 매번 클릭을 하여 다음 페이지를 볼 수 있어서 학습자의 참여를 유도하며 'Sandwich'라는 단어를 모를 경우, 그 단어를 클릭을 하면 화면에서 샌드위치 그림이 팝업으로 튀어나오면서 어휘의 개념을 알려준다. 즉, 상호작용을 통해 학습자에게 어휘의 개념을 학습하게 하며 돌발적인 화면의 움직임이 학습자의 흥미를 유발시킨다.

그림 5 • 상호작용이 있는 그림책 유형

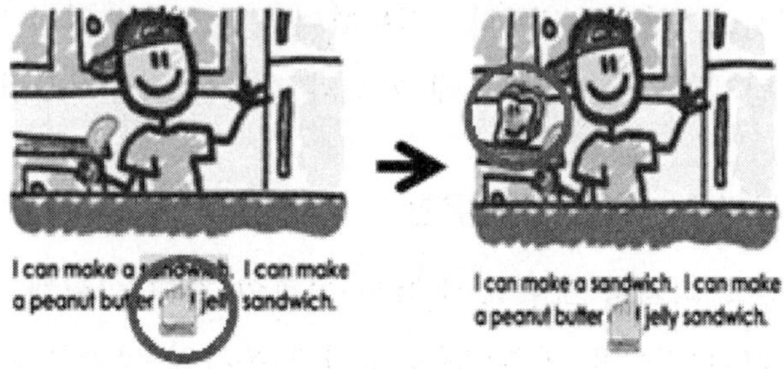

상호작용적 그림책 유형에 속하는 것들은 대부분 에듀테인먼트에 중점을 둔 학습 게임들을 제공한다. 여기서 에듀테인먼트 학습활동이란 [그림 6]의 첫 번째 그림에서처럼 따분한 어휘학습에서 벗어나 마치 컴퓨터 게임을 하듯 어휘학습을 구성하면 학습자는 쉽게 학습에 몰입할 수 있으면서도 그 결과는 단순 게임이 아니라 도달하고자 하는 학습목표를 성취하게 되는 것이다. 즉, 세 번째 유형인 상호작용적 e-영어 그림책 유형은 그림책과 학습활동이 상호작용할 수 있도록 구성된 에듀테인먼트의 기능을 포함하고 있는 것이다.

[그림 6]의 두 번째와 세 번째 그림에서는 아동에게 요약(summary)하는 것을 가르치기 위해 상호작용적 디지털 동화를 사용하고 있다. 학습 만화에서 부엉이 교사가 등장하여 대화하듯 학습자에게 질문하고, [그림 6]의 마지막 그림에서처럼 글로 답을 화면에 제시하면 학습자가 답을 선택한다. 이처럼 학습자는 컴퓨터와의 끊임없는 상호작용을 통해 동화를 읽고 결국에는 요약을 할 수 있는 능력을 기를 수 있게 된다.

그림 6 • 학습 게임 및 대화체 상호작용 기능의 예

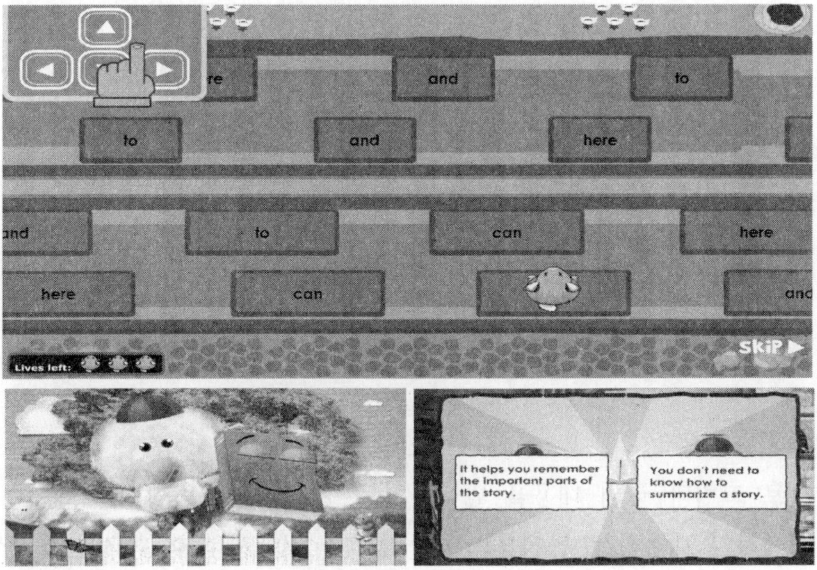

최근, 동화보다는 디지털 게임에서 볼 수 있는 형태로 다중 이야기 구조(Multi-plot structure)를 활용하여 이야기 전개과정에서 독자가 주인공이 되거나, 독자가 주인공의 성격을 선택하여 글의 전개를 독자가 구성할 수 있는 경우를 볼 수 있다. [그림 7]처럼 독자가 이야기 과정에서 주어지는 선택의 종류에 따라서 나비의 결에 해당하는 수십 개의 다른 이야기로 다르게 전개될 수 있다는 것이다. 예를 들면, 신데렐라의 성격을 두세 가지로 제시해 주고 독자가 어떤 성격을 신데렐라에게 부여하느냐에 따라 이야기의 흐름과 결과가 달라질 수 있고, 혹은 신데렐라에서 요정의 질문에 독자가 어떻게 답하는가에 따라 이야기가 달라질 수 있는 다중 이야기 구조를 활용할 경우는 학습자의 창의성과 사고력 신장에 많은 도움을 줄 수 있다.

실제 책을 읽거나 내용을 전달받는 데 있어서 첫 번째 및 두 번째 유형에서는 미디어가 내용을 일방적으로 제시하고 학습자는 수동적

그림 7 • 다중 이야기 구조를 가진 게임의 예

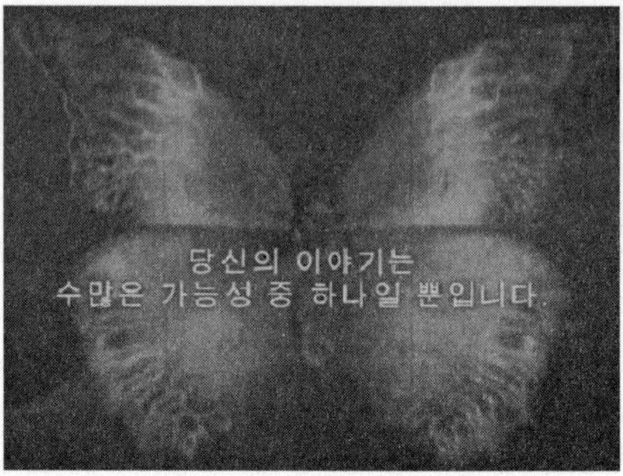

Until Dawn 게임

으로 그림과 글의 내용을 받아들였다. 그러나 세 번째 유형에서는 학습자가 내용을 수동적으로 받아들이는 것에서 벗어나 자신이 학습할 내용을 선택하고 이끌어가는 능동적 위치에 있다. 최근 앱에서 제공되는 다양한 e-그림책에는 유아 및 저학년 아동의 특성을 반영하여 보고, 듣고, 더 나아가 만지고, 실험할 수 있는 다양한 상호작용적 디지털 기능들이 삽입되어 있는 것을 쉽게 확인할 수 있다.

3. e-영어 그림책의 발전방향

e-영어 그림책은 기존의 종이 그림책처럼 아동의 언어, 인지 및 정서발달을 목적으로 한다. 기존의 종이 그림책과 달리 e-영어 그림책은 스마트 기기의 발달과 함께 학습자가 그림책을 만지고 조작하는 등 멀티미디어와 상호작용하면서 능동적이고 창의적으로 영어 그림책을 읽을 수 있는 기회를 제공하므로 다중문해능력과 창의 및 비평적 사고력을 함께 발달시킬 수 있다.

그러나 차이와 유(Tsai & You, 2013)의 연구에서 의하면 대만의 경우, 아직까지 대부분의 e-영어 그림책들은 종이 그림책을 스캔한 정도이거나 그림을 선택하면 그림이 움직이는 정도이며, 그림을 크게 하거나 작게 만드는 '축소(Zoom in)'와 '확대(Zoom-out)' 기능이 추가된 정도라고 언급하였다. 즉, 단방향 디지털 그림책 유형으로 확대되고 있기는 하지만 그 이상을 넘어서지 못한다는 것이다. 그러나 소비자들은 상호작용적 이야기 전개 및 학습활동이 들어간 것과 다중언어 자막과 음성 지원이 가능한 상호작용적 디지털 그림책을 원하는 것으로 보고하고 있다. 즉, 통합 지향적 그림책 플랫폼이 나오기를 기대하고 있다는 것이다.

표 2 대만의 e-영어 그림책 [차이와 유(Tsai & You, 2013)]

Story Name	The Little Snail	One Pizza, One Penny	Just Grandma and Me	Bedtime Monster	The Three Little Pigs	Snow White - 3D Pop-up Book
Publisher	Rye Studio	Apple Tree & Guru Bear	Oceanhouse Media	Siena Entertainment, LLC	Nosy Crow	lee hee suck
Illustration Design	2D	2D	2D	2D	3D	3D
Language (Text)	English, Traditional Chinese, Simplified Chinese, Japanese, French, German, Spanish	English, Traditional Chinese, Simplified Chinese	English	English Spanish	English	English
Language (Voice)	English, Chinese, Japanese, French, German, Spanish	English, Chinese	English	English Spanish	English	English
Sleeping Mode (voice only)	✓	✓	×	×	×	×
Record	✓	✓	×	×	×	×
Flip Mode	1.Auto 2.Manual (click on last/next page button to turn)	1. Auto 2.Manual (click on bottom left/right corner to turn)	1. Auto 2. Manual (roll over the page to turn)	1. Auto 2.Manual (click on last/next page button to turn)	1. Auto 2.Manual (click on last/next page button to turn)	1. Auto 2.Manual (click on last/next page button to turn)
Page Index	×	×	×	✓	×	×
Bookmark	×	✓	✓	✓	×	×
Operating Instructions	✓	×	×	✓	✓	×
Story Scenes Content Clicking	×	×	✓	×	✓	✓
Simple Animation	×	×	✓	×	✓	×

위의 차이와 유(2013)가 분석한 대만의 e-영어 그림책을 구체적으로 고찰해 보면 동화 내용이 단일 언어인 영어로만 제공된다. 즉, e-그림책에서 지향하는 다중언어 지원 기능이 아직까지는 미흡한 것으로 보인다. 또한 스토리의 내용을 클릭하면 추가적인 링크가 제공되는 쌍방향 상호작용 기능이 매우 미흡한 것으로 고찰되었다.

앞으로 개발될 쌍방향 상호작용적 e-영어 그림책은 동화에 사용된 모든 문장과 그림들이 모듈 형식으로 저장되어 학습자가 손쉽게 이야기를 재구성해 볼 수 있으며, 학습자의 능동적 선택에 의해 학습자 자신만의 동화를 만들면서 창의성 및 종합적 사고능력을 기를 수 있는 기능이 추가되어야 한다.

또한, 종이 그림책에서 찾아볼 수 없는 수준의 후속활동 개발을 통해서 창의력과 문제해결력 신장 및 아동의 인지발달에 더 큰 영향을 미칠 수 있어야 한다. 그러므로 아동은 e-영어 그림책을 통해 언어를 배운다기보다는 가지고 놀면서 혹은 체험하면서 자신을 둘러싸고 있는 세상이 어떻게 돌아가고 있는지를 깨달으면서 자연스럽게 영어실력을 증진시킬 수 있게 된다. 과거에는 글로 표현하기 힘든 것을 그림으로 표현하여 어린이들의 상상력을 자극해 주는 종이 그림책이 대세였다면, 지금은 e-영어 그림책이 글 그리고 그림과 더불어 다양한 매체가 자아내는 복합 예술 혹은 종합예술을 사용하여 아동의 인지발달을 돕는다. 아동들은 단순히 언어와 인지뿐만 아니라 종합예술 하는 방법을 배우면서 즐거움을 느낄 수 있게 된다.

4. 앱을 활용한 e-영어 그림책

우리나라의 스마트폰을 활용한 앱 동화를 비교해 보면, 우리나라도 대만과 비슷한 실정이다. 스마트폰의 앱으로 더 간편하고 손쉽게 영어 e-그림책을 읽을 수 있게 되었다. 시중에 나와 있는 e-영어 그림책 관련 앱들을 살펴보면 대부분이 무료로 제공되고 있으며 스마트폰의 간편성을 활용하여 다양한 후속활동을 할 수 있게 설계되어 있다. 하지만 대부분의 삽화는 2D이며 상호작용적이기보다는 일방적인 읽어주기 형식의 동화가 많다. 예를 들어, 녹음기능과 앱 터치기능 정도를 포함할 뿐 학습자가 능동적으로 참여할 수 있는 쌍방향적 상호작용 활동이 미비한 편이다.

표 3 우리나라의 앱 유형 e-영어 그림책 분석

제목	Cinderella	The little three pig	Mother Thunder and Little Lightning	Pinocchio	A Golden Ax and a Silver Ax
출판사	cluepoint co.	digo 디지믹스	nanum english	EzNet soft	layon studio
삽화 디자인	3D	2D	2D	2D	2D
언어 (글)	English	English	English	English Korean	English Korean Japanese
언어 (소리)	English	English	English	English	English Korean
녹음기능	x	x	x	o	x
클릭 가능여부	o	o	o	x	x
색인	o	x	x	x	x
사용방법	x	x	x	o	o
추가 활동	x	x	flash game story Quiz	words Quiz	puzzle

표 3은 우리나라에서 무료로 제공되는 앱 유형의 e-영어 그림책 몇 권을 소개하고 있다. 위에서 '*Pinocchio*'의 경우, 동화에 활용된 주요 단어를 퀴즈 게임을 통해 학습할 수 있도록 디지털 게임 형식의 학습활동을 포함하고 있다. 또한 학습자가 자신의 목소리로 이야기를 녹음할 수 있는 기능이 있어서 학습자 자신이 동화 해설자가 된 것과 같은 효과를 주고 있으며, 자신의 목소리를 확인할 수 있기 때문에 발음 및 듣기 말하기 수업을 활성화시킬 수 있다. 그러나 여전히 쌍방향 상호작용 즉, 학습자의 선택에 대한 특정반응을 보여주는 기능이 매우 미비한 수준이다.

그림 8 • 앱 동화의 상호작용활동 예

Pinocchio–퀴즈기능

Pinocchio–녹음기능

그림 9 • 앱 동화의 다중언어 지원의 예

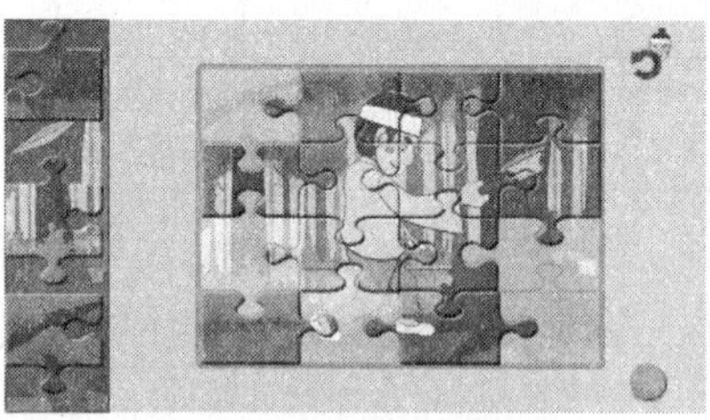

A Golden Ax and a Silver Ax
–퍼즐기능

A Golden Ax and a Silver Ax
–다중언어기능

'*A Golden Ax And A Silver Ax*'는 동화의 맥락을 이해하도록 퍼즐 활동을 제공하여 어린 학습자들의 흥미를 끌 수 있도록 하였다. 이 앱은 전래 동화를 다중언어로 지원하는데 영어와 한국어뿐만 아니라 일본어도 학습할 수 있게 되어 있다.

'*Cinderella*'의 경우 일반적인 2D 화면과는 다르게 3D 화면을 보여주고 있는 것이 특징이다. 또한 스마트폰을 움직일 때마다 3D 입체 화면이 같이 움직인다. 학습자들이 글을 듣는 도중에도 화면을 움직여볼 수 있게 하여 학습자의 흥미를 유발하고 있다. '*Mother Thunder And Little Lightning*'도 동화의 내용 이해를 위해서 에듀테인먼트 학습활동을 고안하여 게임을 진행하면서 단어를 습득하도록 구성되었다. 게임의 진행에 따라 동화의 내용이 전개되기 때문에 학습자와의 상호작용이 잘 드러나는 앱 동화의 예라고 할 수 있다.

그림 10 • 앱 동화의 에듀테인먼트적 상호작용 활용의 예

Cinderella- 3D 활용

Mother Thunder and Little Lightning - Flash Game 활용

우리나라 또한 아직까지는 Until Dawn과 같은 디지털 게임이 보여주는 다중 이야기 구조를 반영하는 e-영어 그림책이 부족한 편이다. 사실, 다중 이야기 구조는 전자책 등장 이후 나타난 기술이 아닌데도 불구하고 아직까지 이런 기능을 반영한 e-영어 그림책을 찾기 힘든 편이다. 그러나 다중 이야기 구조가 쌍방향 디지털 그림책을

위해 새롭게 등장한 이야기 구조는 아니다. 다중 이야기 구조는 '*Choose Your Own Adventure*'라고 하는 1990년대 발전된 종이책에서도 찾아볼 수 있다. 독자가 자신의 상상력을 사용하여 이야기에 나타나는 사건의 결말이나 진행과정을 예측해 보고, 그에 따른 페이지로 이동하여 책을 읽어가는 형식을 갖고 있다.

독자는 다중 이야기 구조로 이루어진 책읽기를 통해 자신의 선택에 따라서 비극으로 끝내거나 코미디로 끝내는 등 약 40개의 다른 결과를 맛볼 수 있다. 또한 앞뒤 페이지로 옮겨 가면서 글을 읽으므로 예상할 수 없는 이야기 전개에 강한 흥미를 느끼게 된다. 쌍방향

그림 11 • 다중 이야기 구조를 갖는 종이도서의 예

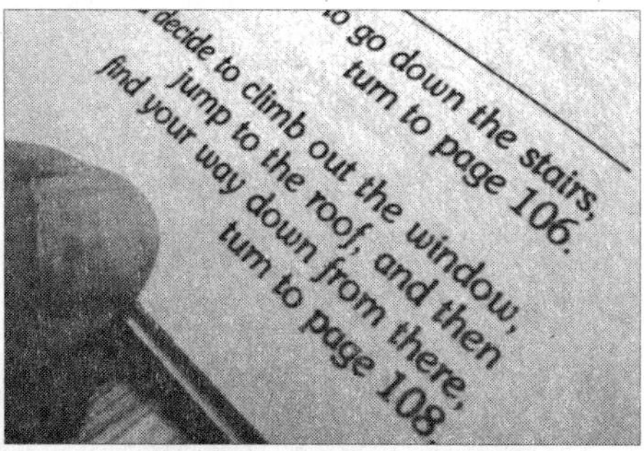

BEWARE and WARNING!

This book is different from other books.

You and YOU ALONE are in charge of what happens in this story.

There are dangers, choices, adventures and consequences. YOU must use all of your numerous talents and much of your enormous intelligence. The wrong decision could end in disaster—even death. But, don't despair. At anytime, YOU can go back and make another choice, alter the path of your story, and change its result.

적 디지털 그림책은 이러한 상호작용적 종이책을 어려움 없이 구별할 수 있게 되었다. 그러므로 앞으로는 독자들이 요구하는 상호작용적 활동과 쌍방향적 요소가 많이 가미된 이야기 구성형식을 갖춘 e-영어 그림책으로의 발전이 필요하다.

참고문헌

Packard, E. (1998). *Choose Your own Adventure : The Cave of time.* Bantam Books.

Pei-shiuan Tsai & Manlai You. (2013). Usability Analysis of Children's iPad Electronic Picture books. *ACHI 2013 : The Sixth International Conference on Advances in Computer- Human Interactions.*

Yokota, J. & Teale, W. H. (2014). Picture books and digital world: Educators making informed choices. *The Reading Teacher Vol. 67* Issue 8 May 2014.

김혜리. (2013). 그림책을 활용한 영어교육. 교육과학사.

Chapter
03 e-영어 그림책 개발의 원리 및 주의사항

e-영어 그림책 또한 영어 학습교재의 일부이므로 영어 학습교재 개발의 원리에 기반을 두고 제작한다. 학습교재 개발을 위해서는 첫째, 학습교재의 개발 목적, 둘째, 학습자에 대한 이해, 셋째, 학습교재의 개발 시 주의해야 할 점들에 대해 알고 있어야 한다. e-영어 그림책은 영어교재 개발자와 컴퓨터 프로그램이 함께 공동 작업을 해야 하는 면이 있는데, 이때 너무 기술적인 것에만 치우치다 보면 교육보다는 오락, 즉 엔터테인먼트로 전락할 수 있으므로 영어교재 개발을 위한 철학적 배경 및 영어교재 개발의 원리에 대한 이해가 함께 수반되어야 한다.

1. 학습교재 개발의 철학적 배경

e-영어 그림책은 단순히 아동의 영어실력 증진만을 목적으로 하는 것이 아니라 아동의 인성 및 인지발달과 더불어 모국어와 외국어 발달을 함께 도모하고 있기 때문에 교재개발에 대한 분명한 철학이 필요하다. 아동은 깨끗한 백지 같아서 어떤 방향으로 인도하느냐에 따라 그 가능성이 달라지기 때문에 학습교재를 개발할 때는 매우 신중하게 접근해야 한다.

교육계에서는 오랫동안 객관적 지식에 기반을 두는, 즉, 인지발달을 위한 교육철학이 강조되었다. 그러나 Howard Gardner(1983)는 다중지능이론을 제시하면서 객관적 교육관에 치중된 교육적 폐단을 비판하였다. 인지 발달에만 치중하다보면 인간적인 면이 떨어지기 때문에 건전한 사회를 유지하기 힘들게 된다는 것이다. 또한 컴퓨터가 발달하면서 인지적 정보라는 것은 언제든 컴퓨터를 통해 확인할 수 있는 것이므로 인지적 지능만 너무 강조할 필요가 없다는 것이다. 즉, 인간의 지능은 인지적 지능만이 아니라 다양한 지능들로 구성되어 있으며, 주어진 정보를 잘 활용하여 새로운 것을 창작하고 비평적으로 판단하기 위해서는 단순한 인지적 지능만이 아니라 다양한 지능이 조화를 이루면서 성장해야 한다는 전인적 교육을 바탕으로 다중지능을 골고루 개발시켜야 한다고 주장하였다.

그림 1 • 하워드 가드너의 다중지능이론

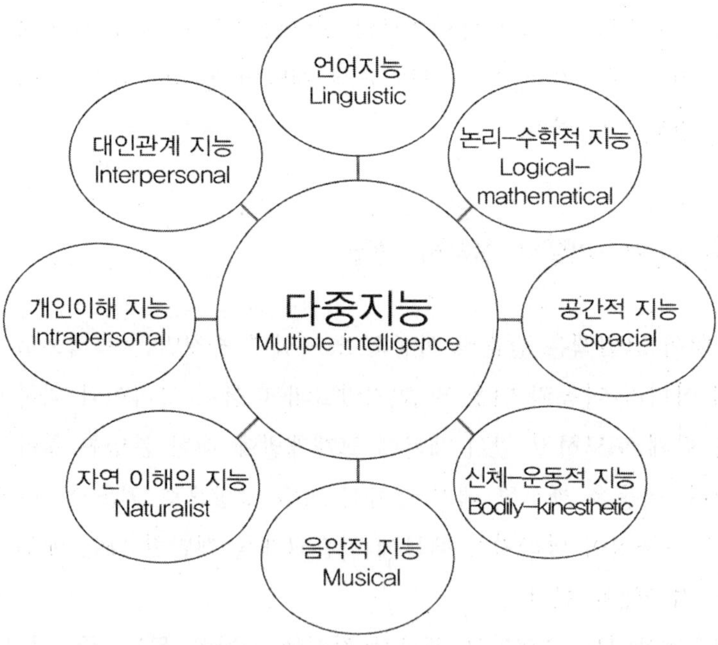

가드너(Gardner)는 '지능'을 생활 속에서 다양한 방식으로 나타날 수 있는 '기능적인 개념'으로 보았으며, [그림1]에서와 같은 여덟 가

지 지능으로 정의하고 있다. 아동을 대상으로 개발되는 e-영어 그림책은 한 가지 지능개발에 치우치기보다는 전인교육 및 다중지능 발달을 그 목적으로 하기 때문에 소재와 주제선택에 있어서 다중 지능을 개발시켜줄 수 있는 것인지를 고려해야 한다.

'e-영어 그림책' 개발의 목적은 어린 학습자들의 언어, 정서, 그리고 인지 발달에 있으므로, 디지털 그림책 개발의 철학은 균형 잡힌 전인적 인간상을 지향하는 가드너(Gardner)의 다중지능 이론과 부합된다. 특히, 상호작용적 디지털 그림책 유형은 기존의 종이 그림책보다 가드너의 다중지능을 구현하는 데 매우 용이한 편이다. 여기서 가드너의 여덟 가지 지능의 특징을 구체적으로 고찰하고 e-영어 그림책으로 구현할 수 있는 방법을 살펴본다.

1) 언어적 지능(Linguistic intelligence)

언어적 지능은 올바른 언어사용을 분석하고 기억하는 능력, 사물을 자유롭게 표현할 수 있는 능력, 뛰어난 유머감각으로 사물과 사건을 비유적으로 표현할 수 있는 능력을 말한다. 언어지능이 높은 학습자는 구어와 문어에 대한 민감성이 높기 때문에 의미이해가 빠르며, 높은 언어 활용 능력과 사실 전달력으로 사람들을 잘 설득할 수 있다.

그림 2 • 언어적 지능

아동들은 e-영어 그림책에서 제공하는 다양한 소재 및 주제와 관련된 글 속에서 비유법 및 직유법과 같은 다양한 수사법과 문학적 문체를 접할 기회를 가질 수 있다. 어떤 그림책이건 언어적 지능 개발을 위해 용이하게 사용할 수 있는데 특히 상호작용적 활동이 포함

된 e-영어 그림책의 경우에는 독자가 글과 그림 혹은 글들을 연결시켜보거나 재배열하는 과정에서 창의성과 함께 언어지능을 배양할 수 있는 장점을 갖는다.

2) 논리-수학적 지능(Logical-mathematical intelligence)

논리-수학적 지능이 높은 학습자는 문제를 고찰하는 방법이 논리적이고, 분석적이며, 수학 및 과학적 개념을 활용하여 문제를 탐구하는 능력을 갖고 있다. 논리-수학적 지능이 높은 학습자는 특히, 논리적 패턴과 관계에 민감하여 추론 및 분류능력이 높고 명제를 쉽게 진술할 수 있다.

그림 3 • 논리-수학적 지능

e-영어 그림책의 소재 및 주제 중 정보 동화에 해당하는 것들은 특히 수학이나 과학적 개념들을 소개하고 있기 때문에, 이러한 정보를 제공할 때에도 논리적이고 분석적으로 제시하여 학습자가 논리적 능력을 향상시킬 수 있도록 고안해야 한다. 특히 논리와 수학적 문제들을 해결하는 방법은 한 가지가 아니라 여러 가지 방법들이 사용될 수 있는데, e-영어 그림책의 상호작용적 기능은 학습자들에게 여러 가지 해결방법을 시도해 볼 수 있는 기회를 제공할 수 있다. 학습자들은 여러 번의 시뮬레이션을 시도해보면서 정답을 찾을 수 있고 정답을 찾는 방법이 다양하다는 것을 인식할 수 있기 때문에 창의적이며 폭넓은 사고력을 배양할 수 있다.

3) 공간적 지능(Spacial intelligence)

공간적 지능이 높은 학습자는 색깔, 선, 모양, 형태, 공간 등 시각적인 것을 잘 인식할 수 있기 때문에 좁은 공간뿐만 아니라 드넓은 바다와 광활한 우주와 같은 공간을 다른 사람보다 좀더 쉽게 인지하고 고찰할 수 있는 능력이 있다.

그림 4 • 공간적 지능

특히, e-영어 그림책은 종이 그림책과 달리 3D를 사용할 수 있기 때문에 공간적 지능 개발을 위한 활동을 고안하는 데 많은 장점을 갖는다. 우선, 컴퓨터의 멀티미디어 기능을 활용하면 그림책에 사용된 색깔, 모양, 형태를 쉽게 변형시킬 수 있기 때문에 학습자는 자신이 원하는 색깔과 모양으로 그림책을 바꿔 보고, 그 결과를 고찰할 수 있는 장점을 갖는다. e-영어 그림책에서는 이런 것을 상호작용적 활동으로 제안하여 학습자가 내레이터와 함께 그림책에서 사용한 색, 선, 모양, 형태를 주체적으로 활용하여 독자 자신만의 창의적 이야기를 창작할 수 있는 기회를 제공할 수도 있다.

4) 신체-운동적 지능(Bodily-kinesthetic intelligence)

신체-운동적 지능이 높은 학습자는 신체의 움직임을 통해서 문제를 해결하고자 하는 경향을 갖는다. 신체의 움직임 즉, 춤과 스포츠 등을 통해서 아름다움을 표현하거나 자신의 도전 한계를 경험한다. 신체 움직임은 아동의 인지 발달을 돕는 촉진제 역할을 하며, 특히 신체가 어떻게 기능하고, 반응하는지 등에 민감하게 반응한다.

그림 5 • 신체-운동적 지능

일반적으로 책을 읽는다는 것은 정적인 활동으로 간주되었다. 그러나 e-영어 그림책을 통해서는 읽기가 동적인 신체-운동적 지능까지도 향상시킬 수 있다는 장점을 갖는다. 예를 들면, 상호작용적 활동으로 아바타 기능을 추가한 활동을 하게 되면 학습자는 주인공이 되어 자신의 움직임으로 이야기를 창작해갈 수 있다. 학습자가 이야기의 주인공이 되어 컴퓨터 시뮬레이션을 통해 춤을 추는 역할극을 실시하는 등 다양한 신체-운동적 지능을 개발시킬 수 있다.

5) 음악적 지능(Musical intelligence)

음악적 지능이 높은 학습자는 음의 변화 및 형태를 지각하고, 변별하고, 변형하고, 표현하는 데 민감함을 보인다. 특히 청각이 발달되어 있어서 곡의 리듬, 음의 고·저, 멜로디 등에 잘 반응할 수 있으므로 세상의 이치나 아름다움을 청각적으로 이해하고 표현하고자 하는 경향을 갖는다.

그림 6 • 음악적 지능

e-영어 그림책의 멀티미디어 기능은 그림책에 배경음악을 삽입시킬 수도 있고, 각 주인공들의 목소리 그리고 사건에 대한 배경 음향을 삽입할 수 있기 때문에 학습자들은 이것을 통해 언어 및 음악적 지능을 함께 증진시킬 수 있다. 또한 글의 맥락에 맞는 언어 및 음악을 선정하여 조합할 수 있는 활동을 통해 종합 예술성과 창의력 그리고 응용력을 함께 개발시킬 수 있다. 요즘 강조하는 미디어 리터러시에서는 자신의 글에 어떤 이미지와 음향을 삽입하여 효과적으로 전달할 수 있는지까지 가르치고 있기 때문에 이때 필요한 음악적 지능을 기를 수 있는 기회를 제공한다.

6) 대인관계 지능(Interpersonal intelligence)

대인관계 지능이 높은 학습자는 다른 사람들의 기분을 빨리 파악할 수 있고, 그들의 행동이 무엇을 의도하는지 쉽게 알아챌 수 있다. 즉, 타인의 기분, 의도, 얼굴표정, 음성, 몸짓에 대한 분석 및 반응이 빠르게 나타난다. 건전하고 아름다운 사회를 운영해야 할 미래의 일꾼들이 사회 구성원들과 친화적인 관계를 맺고 즐겁게 살아가기 위해서는 대인관계 지능 개발이 필수적이다.

e-영어 그림책에서 제시할 수 있는 다양한 상호작용 기능은 글 속의 주인공이 되거나 아바타가 되어 실제 대인관계에서 일어날 수 있는 상황에서 대처하는 능력을 기를 수 있다. 디지털 그림책의 상호작용적 활동은 매우 다양하고 실전과 같은 상황들을 제시하여 연습시킬 수 있기 때문에 직접 경험한 것 같은 효과를 누릴 수 있다.

그림 7 • 대인관계 지능

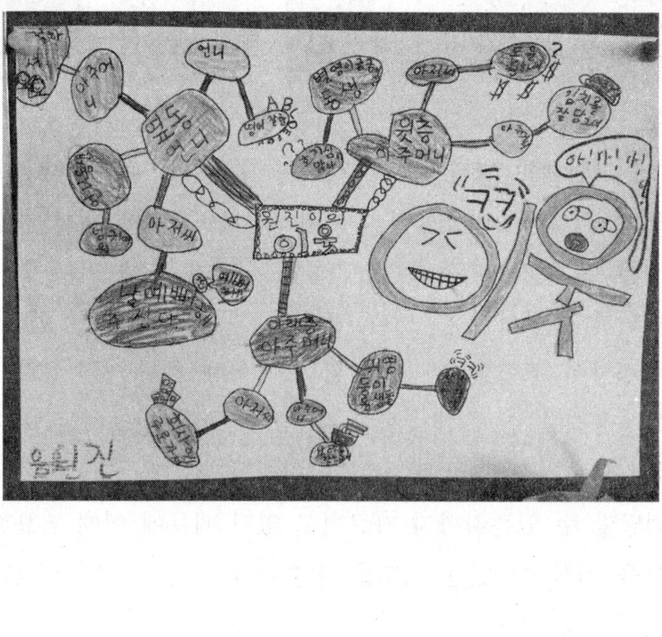

7) 개인이해 지능(Intrapersonal intelligence)

개인이해 지능이 높은 학습자는 인간의 내면을 고찰하는 데 심취하거나 자신의 감정이 왜 그렇게 되었는지를 분석하고 분류할 수 있기 때문에, 자신의 행동을 이해하고 수정해가는 능력이 탁월하다. 이 지능에는 자신의 삶을 파악하는 능력, 감정을 구별 능력, 자신의 행동을 이해하는 수단으로서의 감정 묘사 능력 등이 포함된다.

e-영어 그림책을 통해 학습자는 주인공과 하나가 되어 주인공의 삶을 성찰하고 고찰할 수 있는 기회를 가질 수 있는데 이것은 개인이해 지능 함양에 좋은 영향을 미칠 수 있다. 여러 가지 경우의 수를 모두 실험해보면서 좀더 효과적인 자아 성찰 전략들을 개발할 수 있다.

그림 8 • 개인이해 지능

8) 자연 이해의 지능(Naturalist intelligence)

자연 이해의 지능은 자연계의 여러 특성을 인식하는 능력을 말한다. 특히 자연에 대한 고찰력이 높으며, 자연에서 찾을 수 있는 다양한 패턴을 구분하고 분석할 수 있는 능력이 있다.

그림 9 • 자연 이해의 지능

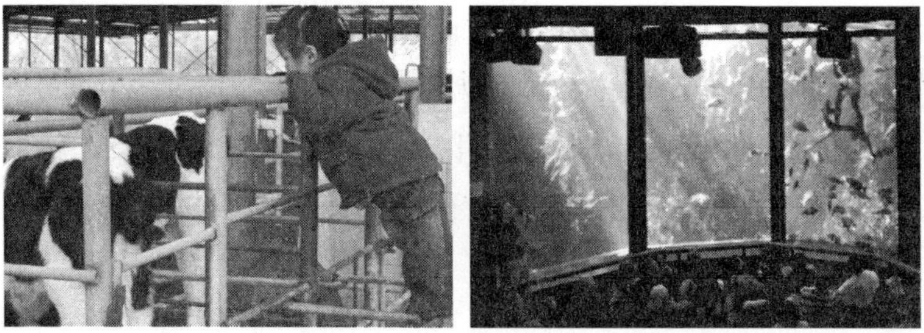

e-그림책은 가상공간을 통해서 우주를 포함한 모든 자연현상을 경험하게 해줄 수 있으므로 실제적 제약에서 벗어나 자연계를 고찰하고 분석할 수 있는 기회를 제공한다. 예를 들어, 자신이 직접 몸의 위와 장을 돌아다니며 신체의 내부구조를 관찰할 수 있으며, 시뮬레이션을 통해서 우주를 관찰할 수 있다.

가드너(Gardner)에 의하면 모든 아동들이 다중지능을 갖고 있기는 하지만 다양한 지능이 골고루 발달되어 있는 것이 아니라 특정 지능에 치우쳐 있는 경향이 있다고 한다. 어떤 아동은 특히 언어적인 지능이 발달했을 수 있고, 또 어떤 아동은 다른 지능들보다는 대인관계 지능이 월등히 발달했을 수 있다는 것이다. 이와 같이 어떤 지능이 좀더 특별하게 발달했느냐에 따라서 학습자들이 선호하는 학습내용 및 학습방법과 학습전략들이 다르게 나타날 수 있다고 한다.

그러므로 아동의 다양한 지능을 자극할 수 있는 다양한 내용 구성과 더불어 다양한 학습방법에 대한 고찰은 필수적이라고 할 수 있다.

2. e-영어 그림책의 가상 독자에 대한 이해

e-영어 그림책을 읽는 것은 누구에게나 즐거운 일일 것이다. 그러나 좀더 구체적으로 e-영어 그림책의 가상 독자를 고려해 본다면, 그 대상은 유아 및 초등학생일 것이다. 좋은 e-영어 그림책 개발을 위해서는 누구를 위한 그림책인지 읽는 독자에 대한 정확한 이해가 있어야 한다.

일반적으로 그림책의 주요 독자층을 '아동'으로 설정할 때, '아동'의 범주를 몇 세에서 몇 세까지로 설정할 것인가를 질문해 볼 수 있다. 지금까지 사용하고 있는 일반적인 아동의 개념은 너무 포괄적이다. 유아, 초등 저학년, 초등 고학년이 모두 아동으로 분류될 수 있는데, 4세와 7세 그리고 12세의 아동은 매우 다른 특성을 가지고 있으며 이들의 언어발달 수준과 흥미의 대상은 매우 다르다. 그러므로 여기서는 좀더 세분화된 아동의 범주를 유아, 초등 저학년, 초등 고학년으로 나누고, 그 특징을 고찰하고자 한다.

1) 유아의 특징

유아는 입학 전 아동으로 주로 5세에서 7세 아동을 일컫는다. 피아제의 인지발달 이론에 따르면 유아는 자신의 신체를 조절하는 것 정도는 가능하지만 두 가지 과업이 섞여 있는 복합적 활동을 하는 것에 어려움을 느낀다고 한다. 예를 들면, 특정 동물의 색깔과 모양을 물어볼 때, 각각 물어 보면 그에 대한 답할 수 있지만, 한꺼번에 물어보면 답을 하는 데 어려움을 느낀다는 것이다. 그러므로 학습활동을 개발할 때에는 이와 같은 유아의 특징을 반영하여 쉽고 단계적이며 시청각적인 활동 개발에 중점을 두어야 한다.

유아들은 체험활동을 통해서 학습하는 것을 선호하는데 이것은 유아들이 문제를 해결할 때 추상적 사고보다는 직접적인 신체 움직임을 사용하는 경향이 있기 때문이다. 유아의 지능발달은 개인차를 보이는데, 비고츠키(Vygotsky)에 의하면 자신의 수준보다도 약간 높은 수준의 활동도 주변의 도움이나 명확한 예시와 활동방법을 제시하면 그 목표에 도달할 수 있다고 한다. 그러므로 자신의 나이보다 지능발달이 높은 학습자와 도전적 과제를 풀 준비가 되어 있는 학습자를 위해서는 다양한 도전적 학습활동을 제시해야 할 필요가 있다.

그림 10 • 유아의 다양한 학습활동

e-영어 그림책 제작에서는 다양한 멀티미디어 자료인 그림 및 동영상 예시 등을 활용하여 명확한 지시문과 예시를 보여줄 수 있기 때문에 특히 유아의 학습활동 개발에 용이한 편이다.

이 시기는 창의성이 매우 풍부하지만 움직임이 많고 참을성 및 집중력이 낮기 때문에 학습하는 데 많은 시간이 걸린다. 아직까지는 자아 중심적 성향이 강하게 나타나므로 모둠활동보다는 짝 활동이나 개인 활동을 하는 것이 효과적이라고 한다. 학습활동은 개별 활동 유형을 취할 수 있지만, 그 내용은 사회성 발달을 돕는 것으로 제시해야만 균형 있는 활동이 될 수 있으며, 창의적 사고력 신장을 위한 열린 유형의 질문들을 많이 수록하는 것이 좋다.

이 시기의 유아들이 즐기는 학습놀이는 퍼즐, 인형 놀이, 블록 쌓기 등과 같은 놀이 유형이 많으므로 e-그림책에 제시되는 디지털 학습활동도 학습자들에게 친근한 기존의 놀이 활동과 연계된 활동을 개발하여 학습의 연계성을 높이는 것이 좋다.

2) 초등 저학년의 특징

초등 저학년은 8세에서 10세 정도로 3학년까지를 일컫는데 학교생활을 시작하는 나이이며 사고와 언어가 급격히 발달되는 시기이다. 구체적 개념을 통해서 추상적인 개념을 증진시키는 시기이다.

초등 저학년부터는 그림으로 개념을 설명해주는 것보다는 말로 설명하거나 지문을 제시하는 것이 언어 발달에 좋으며 스스로 도전할 수 있는 학습 활동유형을 사용하는 것이 좋다. 예를 들면, 유아기에 했던 단순 색칠하기, 그림 퍼즐 맞추기보다 보드게임, 문장으로 제시된 직소 퍼즐 및 실험과 같은 재미있으면서도 사고를 통해 문제를 해결해야 하는 학습활동 유형으로 발전되어야 한다. 약간은 복잡한 지시문을 읽고 지시에 따라 실험을 행할 수 있으므로, 단계별 지시로 문제가 해결되는 유형의 학습활동을 제시하면 학습자의 호기심을 유지하는 데에 도움이 된다.

그림 11 • 초등 저학년 학습활동 – 개념 및 실험

신체적 발달 측면에서도 대근육에 이어 각 부분의 소근육 발달을 도모하는 시기이므로 마우스나 펜으로 정교하게 그림 그리기 및 아바타 기능을 활용한 신체적 움직임이 포함된 활동 그리고 집중력을 기를 수 있는 활동을 고안해 보는 것이 좋다.

학습내용적인 면에서는 사회성에 민감하게 반응하는 연령대이므로 성역할, 인간차별, 빈부격차에 대한 고정 관념을 언급할 때 세심하게 고려해야 한다. 특히, 영어 교육에서는 무비판적으로 서구 문화를 소개하거나 무의식적으로 서구문화에 대한 선호도를 보일 수 있는데, 이러한 것은 오히려 학습자의 자아 정체성 형성에 나쁜 영향을 미칠 수 있으므로 다양한 문화적 소재와 주제를 활용하는 것이 다문화 개발 및 이해에 도움이 된다.

3) 초등 고학년의 특징

초등 고학년은 11세에서 13세로 보통 4학년에서 6학년을 일컫는다. 피아제의 인지 발달론에 의하면 이 시기의 아동들은 성인과 같은 인지체계를 갖게 되며, 추상적·논리적 사고를 할 수 있다고 한다. 모국어의 언어적 능력은 거의 성인 같은 최고 단계까지 발전한다.

이 시기에는 모국어를 학습하기 위해서 그림책을 보는 경향은 적지만 영어 학습을 위해서 e-영어 그림책을 활용하고자 하는 독자층이라면, 앞에서 언급했던 활동들을 난이도에 따라 적절하게 사용할 수 있다. 추가적으로 이 시기 아동의 특성을 반영하여, 논리적이며

그림 12 • 초등 고학년 학습활동 – 프로젝트 학습

추상적인 개념을 사용할 수 있는 그래프, 차트 등을 활용한 학습활동을 고려하거나, 구체적 자료를 제시해주고 추론과 논리를 통해 문제를 해결할 수 있는 학습활동을 고안하여 학습자의 인지적 요구를 충족시킬 수 있어야 한다.

이미 모국어 학습을 통해 습득된 읽기 및 쓰기 전략들을 활용하는 영어 학습활동을 고안하면 좋다. 이와 더불어 링크를 통해 가공되지 않은 전문 분야의 사실적 글들을 접할 수 있는 기회를 제공하며 특정 주제에 대한 배경적 지식을 높일 수 있다. 최근 미디어 리터러시가 중요하게 부각되고 있는 시점이므로 시각적, 청각적 멀티미디어 기능을 활용하여 자신만의 프로젝트를 완성시키는 활동을 제시하는 것도 좋은 방법이다. 포트폴리오 형식으로 작성된 프로젝트 결과물을 다른 사람들과 공유하면서 사회적 자아 및 학업에 대한 자아를 발전시킬 수 있다.

3. 아동의 학습전략과 학습스타일에 대한 이해

가드너(Gardner)가 인간의 다중지능을 언급한 것처럼 아동은 자신의 성격과 인지 유형에 따라 세상을 다르게 인식하는 경향이 있다고 한다. e-영어 그림책 개발자로서 학습자의 연령과 특성만이 아니라 성격에 따라서도 학습자 개개인의 학습전략과 방법에 달라질 수 있음을 인식하고 이를 고려하여 특정 학습자에게 맞는 학습활동을 개발할 필요가 있으므로 학습자의 학습전략과 스타일을 고려하는 것은 중요한 일이다.

학습자 유형은 가장 대표적인 것이 좌뇌형과 우뇌형 학습자로 분류하는 것이다. 죄뇌형 학습자는 일반적으로 외향적 성격을 가지고 있으며, 좀더 경쟁적이고, 늘 자신감을 가지고 있는 것처럼 보인다.

문제해결을 위해서도 주로 좌뇌를 사용한다. 즉, 전체적인 맥락을 통해 사물과 사건을 인지하는 경향으로 분석적이고 논리적인 접근방법을 취하는데 이러한 방식은 다지 선다형과 같은 정형화된 문제해결 유형에 적합하므로 좌뇌형 학습자는 다지 선다형 문제를 선호한다.

반면, 우뇌형 학습자는 즉흥적이며 감성적이고 자유로운 사고를 더 많이 하는 학습자로 인식된다. 덜 조직적이기는 하지만 창의력과 상상력이 풍부하고, 기억력이 좋은 편이다. 주로 그림 그리기 및 만들기를 좋아하므로 주관적인 답을 허용하는 열린 유형(Open Questions)의 문제해결 방식을 선호한다.

이처럼 다양한 학습 스타일이 있다는 것을 인지하고는 있지만, 일반적인 학습활동 및 학습내용 제시 방법들을 고찰해보면, 좌뇌형 학습자들에 더 적합한 조직적·분석적 학습활동들로 구성되어 있기 때문에 좌뇌형 학습자들의 학업 성취도가 더 높이 나오는 것은 당연한 일이다. 안타깝게도 우뇌형 학습자들의 학습유형에 기반한 학습활동이 많지 않아서 그들의 능력을 향상시키기 어려운 실정이다.

그림 13 • 좌뇌형과 우뇌형 비교

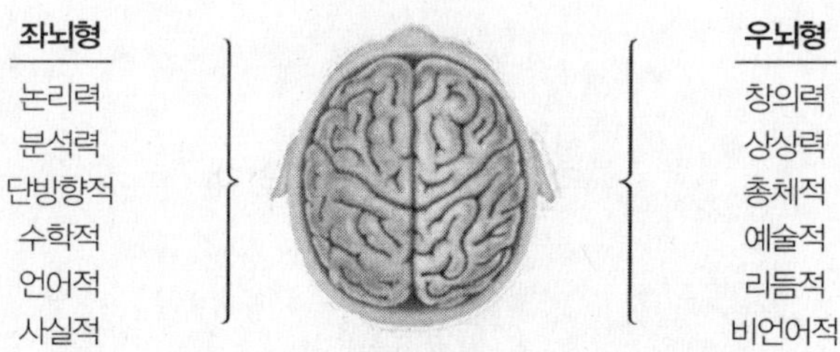

e-영어 그림책을 활용한 학습은 이러한 단점을 보완해줄 수 있다. 개별 학습이 가능하므로 아동 개인의 특정한 학습방법에 따라 학습자가 스스로의 학습과정을 선택할 수 있기 때문이다. 학습자가 학습

활동을 선택할 수 있게 하기 위해서는 다양한 학습활동 제시가 필요하다. 학습교재 개발자로서 e-영어 그림책을 제작할 때 다양한 아동들의 학습 스타일을 고려하여 다양한 활동을 디자인해야 하는 이유가 바로 이것이다.

특히, 아동의 다중지능을 고려하여 아동마다 특정하게 발달시켜온 지능의 부분이 다르다는 것을 고려하여 다양한 활동을 통해 특정 학습자에게 부족한 특정 지능들을 흥미롭게 개발할 수 있는 기회를 제공할 수 있어야 한다. 이것을 위해서는 아동 중심의 시각에서 다양한 아동의 요구가 무엇인가를 파악하고 각 아동에게 맞는 교수법 개발과 동기유발 방법을 모색하는 것이 중요하다.

학습자 유형을 분류하는 또 다른 대표적인 방법은 학습자의 정보인식 방법에 따른 것이다. 일반적으로 네 가지로 나누는데 시각적, 청각적, 읽기/쓰기, 체험학습 중심의 학습자로 분류된다.

학습자의 인지사용 방법에 따라 정보를 인식하는 방법이 다르

그림 14 • 네 가지 학습자 유형 비교

다는 이론으로 특정 학습자는 시각적인 방법으로 정보를 인식하려는 경향이 있기 때문에 주로 이미지 자료를 선호하며, 그래프와 같은 정보를 잘 활용한다. 한편, 듣기를 중심으로 정보를 인식하는 학습자들은 텍스트화된 자료보다는 이야기화된 자료들을 듣는 것을 선호한다. 오디오 프로그램으로 된 자료를 주더라도 무리 없이 정보를 잘 인식할 수 있다. 읽고 쓰기를 통해서 정보 인식하는 것을 선호하는 학습자들은 글로 쓰인 텍스트 읽기를 좋아한다. 즉, 무엇이건 기록하고 메모하는 것을 좋아하는 경향을 보인다. 다른 한 가지로는 실제 체험활동을 통해서 정보를 인식하는 학습자 유형이다. 학생들은 무엇인가를 만들거나 체험하는 과정 속에서 정보를 더 빨리 인식할 수 있는 편이다.

4. 영어 학습 자료로서 e-영어 그림책 개발의 특징 및 주의점

e-영어 그림책을 영어 학습 자료의 목적으로 개발할 경우, 여러 가지 멀티미디어 기능을 추가하고 게임을 삽입하여 아동의 흥미를 최대로 반영시킬 수 있다는 것은 전자책의 장점이라고 할 수 있다. 그러나 학습활동으로 제시된 멀티미디어 게임들이 학습으로 전환되지 못하고 단순 게임으로 끝날 때에는 학습 자료의 효과를 내지 못할 수 있으므로 학습게임 개발에 주의를 기울여야 한다. 그러므로 e-영어 그림책 개발자는 아동의 언어발달과 인지단계를 고려하여 언어발단 단계에 맞는 내용을 흥미롭게 제시한 것이라고 할 수 있다.

영어 학습 자료로서 e-영어 그림책이 갖는 장점들은 다음과 같은 것들이 있다.

첫째, e-영어 그림책에서 읽어주기 기능과 함께 작동하는 '하이라이트' 기능은 학습자가 파닉스에 대한 개념을 통해 음과 글자의 관계를 잘 이해할 수 있도록 도와준다. 원하는 구문 및 어휘에 대한 반복청취 또한 학습자의 수준에 맞는 언어 학습을 할 수 있도록 도와주며, 구어 및 문어의 연속적인 학습을 위한 동기를 제공할 수 있다.

둘째, 글과 함께 제공되는 애니메이션 및 동영상은 글의 이해를 돕는 데 도움을 주며, 아동의 주의를 빠르게 집중시키고, 흥미를 높일 수 있다. 학습자는 삽화 및 상호작용 링크를 클릭하며 학습에 대한 재미를 추구하게 된다. 결국은 쉽고 흥미로운 학습활동으로 무의식적 언어학습을 유도하는 에듀테인먼트의 기능을 제공할 수 있는 것이다.

셋째, e-영어 그림책에서 제공되는 내레이터와의 상호작용은 읽기 및 쓰기를 통한 글의 의미를 파악하는 것이 수동적인 것이 아니라 능동적인 것이며 학습자가 주도하는 것임을 상기시켜준다. 이것은 과거 읽기에 대한 개념을 바꾸어 놓을 수 있는 계기를 마련해 주기도 한다. 내레이터가 제시하는 발문들은 학습자들이 창의적으로 글을 재구성할 수 있는 기회를 제공한다. 예를 들면, 학습자가 e-영어 그림책의 주인공이 되어 의견을 표현하거나 아이디어를 교환하면서 학습자의 사고력을 증진시킬 수 있기 때문이다.

넷째, e-영어 그림책을 통해서 제공되는 애니메이션 및 동영상은 종이 그림책보다 더 자연스럽게 사실적인 언어를 제공할 수 있다. 특히 자연스런 언어 표현들과 흥미로운 이야기 전개는 학습자의 이중 언어 발달뿐만 아니라 사실적이고 다양한 문화적 정보 제공을 통해 학습자의 인지발달에 도움을 줄 수 있다.

다섯째, 가상현실 혹은 아바타와 같은 기술들을 사용하여 이야기의 배경 시대와 사회를 여행해보고 자신의 나라와 비교해볼 수 있으므로 이야기를 삶에 적용하기가 쉬워진다.

여섯째, 정보화 사회에서 리터러시(literacy)의 개념은 단순히 읽고 쓰는 능력이 아니라 필요로 하는 정보를 잘 찾아서 활용하는 능력으로 확장되었는데, e-영어 그림책에서는 다양한 링크(link)를 활성화시켜 그림책의 주제와 관련된 사실적 자료들을 접목시킬 수 있다. 예를 들면 사회과학, 지리, 역사, 수학, 과학 등의 타 과목과 연결학습을 통해 이야기가 삶 전반에 걸쳐 연결되어 있음을 인식시킬 수 있다.

이처럼 다양한 e-영어 그림책의 기능들을 제대로 구현하여 그 효과를 높이기 위해서는 e-영어 그림책의 기능들을 잘 디자인하는 것도 중요하지만 학습자의 입장에서 사용하기가 쉬어야만 한다. 한 번 사용하면 그 사용법을 쉽게 기억하여 한동안 프로그램을 접하지 않더라도 쉽게 기억할 수 있는 사용자 친화적인 디자인이 필수적이다. 패션도 고객의 취향에 따라 다르게 디자인하듯 e-영어 그림책 제작에서도 사용자가 누구인지 어떤 기기들을 사용하고 있는지를 우선적으로 파악해야 한다. 웹 키즈들이 태어날 때부터 컴퓨터나 스마트폰에 익숙해 있다고는 하지만 그래도 웹 키즈들의 선호하는 것을 파악하여 e-영어 그림책을 활용하면서 즐거움을 느낄 수 있는 내용 및 방법이 무엇인지를 고민한 후 활동을 제작하는 것이 중요하다.

이를 위해서 e-영어 그림책의 가상 독자가 누구인지, 그들이 알고 있는 것과 배울 수 있는 개념들은 어떤 것인지를 고찰해 본다. 좋은 e-영어 그림책을 개발하기 위해서는 학습자가 어떤 것을 좋아하고 필요로 하는지, 어떤 환경에 처해 있는지, 그리고 어떤 기기를 사용하는지를 고려하여 개발하는 것이 필요하다.

참고문헌

Gardner, H. & Moran, S. (2006). *Educational Psychologist, 41*(4), pp.227-232.

Yokota, J. & Teale, W. H. (2014). Picture books and digital world: Educators making informed choices. *The Reading Teacher Vol. 67*.

Nielsen. J. (2003). Usability 101: Introduction to Usability. http://www.useit.com/alertbox/20030825.html

Chapter

04 e-영어 그림책 쓰기 과정

e-영어 그림책 창작은 기존의 종이 그림책 창작보다 더 많은 단계를 밟아야 한다. 이야기를 구성하고, 그림 및 삽화를 고안하며, 더불어 기술적인 면까지 고려해야 하므로 종합예술처럼 여러 방면의 능력을 조화롭게 엮을 수 있어야 한다. 특히 초보 작가의 경우 즉흥적이고 창의적인 아이디어에 의존하기보다는 매우 섬세하게 계획된 단계를 하나하나 밟아가면서 글의 완성도를 높이는 것이 필요하다. 여기서는 e-영어 그림책을 쓰는 과정들을 단계별로 고찰하며, 제9장은 '그림책 제작과정 따라 하기'로 그림책 만드는 과정을 샘플과 함께 보여주므로 독자들도 그 과정을 따라가면서 자신만의 동화책을 완성할 수 있게 된다.

1. 주제 및 소재 정하기

e-영어 그림책 쓰기의 첫 단계는 그림책으로 만들고 싶었던 여러 가지 주제와 소재 중 몇 개를 선정하는 일이다. 작가가 풍부한 소재와 주제를 가지고 있어야만 독자의 인지발달수준, 연령, 흥미 등을 고려하여 학습자에게 알맞은 주제와 소재를 선정할 수 있다.

다양한 소재와 주제는 평소 영어 그림 동화책을 많이 읽거나, 전문서적을 통해서, 혹은 주변의 신변잡기, 그리고 다른 사람들을 통해 들은 이야기, 아이들을 관찰하면서 신기하게 생각한 것을 메모해 둔 메모장을 참고하면 좋다. 우리가 모두 알고 있듯이 창의성이란 무에서 유를 창출하는 것이 아니라 무수히 많은 경험과 반복을 통해 새로운 창의적 패턴을 만드는 것이므로 다독과 특히 아이들의 세심한 관찰을 통해서 참신한 주제와 소재를 찾아낼 수 있다.

신체적인 문제 즉, 장애가 있거나, 너무 뚱뚱하거나, 못생겼거나, 너무 작은 것처럼 신체로부터 받는 스트레스에 관한 것을 소재로 찾을 수 있고, 정신적인 갈등 즉, 친구들과의 관계가 원만하지 못하거나, 자신의 정체성을 찾는 데 문제가 있거나, 지적인 욕구를 만족시키지 못한다거나, 부모와의 갈등이 소재로 선정될 수 있으며, 환경의 변화 즉, 이사를 했거나, 자연재해로 인해 환경이 바뀌었거나, 경제적 결핍으로 오는 갈등과 혹은 가족관의 관계 즉, 조부모가 있어서 혹은 없어서, 부모가 다 있거나 혹은 둘 중 하나만 있거나, 형제가 있거나 혹은 없는 상황에서 글을 전개할 수 있다. 다양한 글을 읽는 것이 매우 중요하긴 하지만, 단순히 많은 작품들을 읽는 것뿐만 아니라 작품의 구조를 분석하고, 창작할 이야기와 기존의 이야기를 지속적으로 비교하면서 글을 써 보는 것이 좋다.

특히 상상력이 풍부한 아동을 독자로 갖고 있는 그림책은 사람들과 더불어 살아가면서 벌어지는 이야기뿐만 아니라 동·식물을 의인화하면 나타날 수 있는 재미있는 이야기, 더 나아가 무생물까지도 의인화하여 이야기를 만들 수 있으므로 소재와 주제는 무궁무진한 편이다. 단지, 소재 및 주제 선택에서 주의해야 할 점은 아동 대상의 책이므로 아동의 연령, 정서발달 과정, 인지 발달 과정과 맞지 않게 너무 잔인하거나, 상업적인 성과 사랑 이야기는 피하는 것이 좋다(이동렬, 2005).

저자가 쓴 *The Story Of Stars And The Moon*의 경우는 딸과 함께 달이 점점 작아지고 커져가는 것을 신기해하며 나누었던 대화를 바탕으로 쓴 글이며, *I Am Older Than You Are!*(1997)는 아이들끼리 자신의 것이 더 크거나 길다고 자랑하는 대화문을 듣고 힌트를 얻어 만든 것이다. '내 풍선이 더 커! 아니야, 내 풍선은 수박만 해! 내 건 풍선기구만 해! 흥! 내 건 달만 해!' 대화에서 보는 것처럼 끝없이 자신의 것이 더 크다고 주장하는 아이들의 대화에서 힌트를 얻고 비교급 문장을 활용하였으며, 마지막에 반전을 넣은 작품이다. 이처럼 그림책의 주제와 소재찾기는 늘 주변을 관찰하고 메모하는 데에서 시작할 수 있다.

그림 1 • 주제 및 소재 정하기의 예

The Story Of Stars And The Moon
by Young Mi Kim

I Am Older Than You Are !
(1997) by Young Mi Kim

2. 장르 정하기

e-영어 그림책 창작과정에서 주제가 정해지면, 이런 소재와 주제를 어떤 장르로 표현할 것인가를 고려해야 한다. 아동들이 좋아하는 그림책의 장르는 이미 앞에서 고찰한 것처럼 매우 다양하다. 글의 주제와 내용에 따라서 효과적인 장르를 선택해볼 수 있다. 여기서는 판타지 요소가 첨가된 판타지 창작동화, 자연의 섭리나 과학 지식 등을 알려주는 정보동화, 아이들의 일상생활을 다룬 생활동화, 이미 존재하는 전래동화 및 신화를 각색하는 각색 전래동화 등을 중심으

로 예를 소개한다.

1) 판타지 요소가 가미된 창작동화

상상력이 풍부한 아동 독자의 흥미를 끌고 관심을 지속시키기 위해 현실에서는 볼 수 없는 판타지 요소를 삽입하는 경우가 많은데 이 시기의 아이들은 판타지를 좋아하기 때문에 재미있는 글을 쓸 수 있는 장르이다.

'괴물이 사는 나라*(Where The Wild Things Are!)*'는 주인공 맥스가 엄마에게 반항하면서까지 놀고 싶은 욕구를 잘 담은 그림책이다. 출간연도를 확인하지 않는다면 지난해 정도에 출간되었다고 추측해도 될 만큼 일반적인 아이들의 놀고 싶어 하는 마음을 잘 반영하고 있다. 그러나 놀랍게도 이 책은 1963년 출간된 것이며, 그 이후 독자의 꾸준한 사랑 받고 있는 책이다. 맥스는 엄마의 꾸중을 듣고 저녁도 못 먹은 채 자기 방으로 들어간다. 항상 엄마의 힘에 쪼그라드는 자신이 아니라 자신이 왕이 될 수 있는 공간을 갈망한다. 순간 맥스는 자신의 상상력을 통해 서서히 숲으로 변해가는 자신의 방을 탈출한다. 배를 타고 몇 주 동안이나 항해를 하여 괴물이 사는 상상의 곳으로 가게 된다. 이처럼 현실에서는 불가능한 일을 미지의 힘을 빌려 주인공이 원하는 것을 해볼 수 있는 판타지적 요소가 가미되어 있다.

'탁탁 톡톡 음매: 젖소가 편지를 쓴대요*(Click, Clack, Moo: Cows That Type)*'는 도린 크로닌(Doreen Cronin)이 글을 쓰고, 벳시 르윈(Betsy Lewin)이 그림을 그린 1999년도 작품으로 농장 헛간에서 낡은 타자기를 발견한 젖소가 다른 동물과 함께 농장 주인에게 헛간의 환경을 개선해 달라는 요청서를 타이프로 작성하는 이야기다. 젖소를 의인화시키기보다는 글에서 나타나는 일들이 비현실적이라는 것

그림 2 • 판타지 동화의 예

Where The Wild Things Are! (1963)
by Maurice Sendak.

Click, Clack, Moo Cows That Type (1999)
by Doreen Cronin.

을 밝히기 위해 젖소가 타이프를 친다는 사실을 판타지적 요소로 처리하여 이야기를 더 흥미롭게 만든다. 이 책 또한 유아들에게 많은 사랑을 받는 책이며, 특히 초등학교 교사들이 '요청의 글' 쓰기 수업과 함께 사용할 수 있는 추천도서로 인기가 높다.

아래의 [그림 3]은 2014년 'e-영어 동화창작 수업'을 들은 대학생이 창작한 것이다. 사람들이 긴 여행 및 오지 여행에서 일상의 소중함을 깨닫듯이 아동들은 판타지의 세계인 'Tomorrow Land'를 경험하면서 '오늘의 일을 뒤로 미루는 것이 좋지 않다는 것'을 깨닫게 된다는 글이다.

그림 3 • 판타지 동화의 예

Tomorrow Land
by Ga Eul Ryu & Shin Won Lee

'*Tomorrow Land*'에서는 내일로 미루기를 좋아하는 주인공 'Tom'이 비현실적 세상인 Tomorrow Land에서 내일로 미루는 단점들을 경험하고 돌아옴으로써 현실에서 나타났던 문제점을 스스로 해결할 수 있는 계기를 마련한다.

2) 자연의 섭리나 과학 지식 등을 알려주는 정보동화

정보동화는 과학지식 및 사실적 사건 등을 아동의 눈높이에 맞춰 쉽게 기술한 장르로 주로 설명 문체를 사용하는 경우가 많다. 비소설 장르는 흥미가 다소 떨어질 수 있지만 아동에게 여러 종류의 문체가 있다는 것을 인식시킬 수 있는 좋은 장르이다. 특히, 시각 및 공감각적 지능이 발달된 아동들이 좋아할 수 있는 분야로서 글의 소재 및 주제에 따라 다양한 지식을 전달해 줄 수 있는 장르이다.

아동뿐만 아니라 그림책을 창작하고자 하는 저자의 성향에 의해서 글의 장르가 정해지기도 한다. 산문식 글쓰기를 선호하는 저자들이 있을 수 있고, 문학적 글쓰기를 선호하는 저자들이 있는데, 자신이 잘 쓸 수 있는 장르를 선택하여 창작하는 것도 좋은 글을 창작할 수 있는 하나의 전략이다.

영어를 모국어로 사용하는 아동들도 문학체의 그림책을 좋아하는 경향이 있고, 주로 초보자들은 문학체의 그림책을 읽는 경향이 있다. 그러나 초등학교를 들어가면 선생님들은 아이들의 편향된 독서 패턴을 조정하기 위해서 산문으로 쓰인 정보동화 읽기를 추천한다. 특히 고학년으로 올라갈수록 산문형의 글을 많이 읽어야 하기 때문에 산문형 글 읽기를 강조한다.

외국어로 영어를 배우는 경우, 정보동화는 통합수업이나 내용중심의 영어교육을 실시할 때 많이 사용된다. 예를 들면, 과학이나 수학을 영어로 가르치는 경우, 접근하기 쉬운 동화를 사용하여 쉽고 재미있게 과학적 지식을 영어로 전달하고자 하기 때문이다.

예를 들어, 물(*Water*, 2000)은 물의 흐름에 대한 정보를 간결하면서도 명확하게 알려줄 수 있는 책이다. 글의 길이가 매우 짧고 그림으로 자연과학에 대한 지식을 전달해 주기 때문에 아동들이 부담 없이 볼 수 있는 재미있는 정보동화이다. 배고픈 애벌레(*Hungry Caterpillar*, 1965)는 애벌레의 생활사에 대해 보여줄 수 있는 정보동화이지만 서술문체가 아니라 문학체를 사용하고 있기 때문에 정보동화로도 분류되고 창작동화로도 분류할 수 있다.

그림 4 • 정보동화의 예

Water (2000) by Frank Asch

Hungry Caterpillar (2009) by Eric Carle

표 1에 제시된 '밤과 낮(*Night And Day*)'에서는 자연에 관한 주제를 중심으로 'When-' 구문과 '현재 진행형' 구문을 가르치기 위해 쓰였다. '*Water*'와 같은 책에서는 자연배경이 모두 서구권의 지형을 바탕으로 하고 있기 때문에 우리나라 학생들은 이제까지 늘 보던 것과 다른 것을 접하므로 글의 배경에 대한 이해도가 떨어질 수 있다. 그러나 한국을 배경으로 한 '*Night And Day*'에서는 한국인이 주인공이고 한국을 배경으로 글이 전개된다. 서울을 중심으로 세계 시각이 어떻게 달라지는지를 학습할 수 있으므로 거부감 없이 편안하게 책을 읽을 수 있는 장점이 있으므로 한국 독자에 맞는 영어 정보동

화를 창작하는 것도 의미 있는 일이다.

표 1 *Night And Day* by Young Mi Kim

Night And Day

Young Mi Kim

Today my grandfather talked about day and night.

When the sun is shining, it is day time.
When the sun is not shining, it is night.

When the sun is shining in Seoul, it is daytime in Seoul.
When the sun is shining in Seoul, it is night in New York.

⋮

3) 아이들의 일상생활에서 사회적 규범을 제시할 수 있는 생활동화

생활동화는 아동의 삶 주변에서 일어나는 여러 가지 에피소드를 중심으로 이야기가 전개되며 아동들이 학교 및 가정에서 지켜야 할 규범 제시를 글의 목적으로 하는 경향이 많다. 아래에 예로 제시된 **'버클 경관과 글로리아***(Officer Buckle And Gloria)***'**는 학생들이 지켜야 할 안전수칙을 재미있는 이야기로 전달하고 있다. **'호기심 많은 조지***(Curious George)***'** 또한 작은 원숭이가 주인공으로 설정되어 있지만 자신을 잘 표현하기 힘들고 궁금증이 많은 어린이를 상징하고 있으며, 아동들이 궁금해 하는 일상적 생활에서 겪을 수 있는 사회규칙에 대해 소개하고 있다. '더러운 강아지 해리*(Harry The Dirty Dog)*'는 목욕하기 싫어하는 아이들의 심리를 어린 강아지에 빗대어 쓴 글이다.

그림 5 • 생활동화의 예

Officer Buckle And Gloria (1995) by Peggy Rathmann | *Harry The Dirty Dog* (1976) by Gene Zion | *Curious George* (2005) by REY, H. A.

표 2에 제시된 '명선이의 김치 만들기*(Mung-sun Makes Kim- Chi)*'는 한국의 대명사인 김치를 만드는 방법을 구체적으로 기술한 이야기책이다. 영어로 한국문화를 소개하고 이해하면서 자국 문화에 대한 자긍심이 높아질 수 있는 계기를 마련해 주는 책이다. 수입 그림책에 의존하게 되면, 한국을 배경으로 한 이야기가 거의 없기 때문에 문화적 이질감을 느낄 수도 있고 영어는 단지 서구문화를 접하는 도구로 인식될 수 있다. 그러나 한국 저자에 의한 한국문화를 담고 있는 e-영어 그림책은 이질감 없이 편안하게 이야기를 즐길 수 있으며 자아 정체감 고양과 더불어 자국의 문화를 영어로 표현할 수 있는 능력을 배양한다. 특히 활동하기를 좋아하는 연령대이므로 책을 읽고 김치를 만드는 후속 활동을 통해 자국문화에 대한 이해도를 높일 수 있다.

표 2 *Mung sun Makes Kim-Chi* by Young Mi Kim

Mung-sun Makes Kim Chi Young Mi Kim	
	I love Kim-Chi. Yesterday I was so happy. My mother taught me how to make Kim-Chi together. To make Kim-Chi, we need garlic, green onion, ginger, cabbage, hot peppers, and fish sauce. ⋮

4) 전래동화 및 신화를 각색한 각색 전래동화

전래동화 및 신화는 구전되는 것으로 원작자가 있는 것이 아니기 때문에 시대에 맞게 각색된다. 특히 영어교육 분야에서는 학습자의 특성을 고려한 언어 학습 자료로서 새롭게 각색되는 경우가 많다. 각색의 정도에 따라 원본과 유사한 경우도 있고, 많은 부분이 각색되는 경우도 있다.

'일곱 마리의 장님 쥐*(Seven Blind Mice)*'의 경우는 동양에서 구전되는 '장님과 코끼리' 이야기를 일곱 마리 쥐로 각색하였는데 삽화가 매우 독특하고 간결하다. 일곱 마리 쥐의 색을 조화롭게 사용하여 색, 서수, 기수, 동물, 요일 등 다양한 언어표현들을 함께 배울 수 있도록 했다. 아이들의 흥미를 높이기 위해서 일곱 번째 쥐는 꼬리만 표시해 두는 등, 아동의 인지와 흥미를 자극시키며 이야기에 몰입할 수 있게 만든 책이다. '헤니 페니*(Henny Penny)*' 및 '고딜락과 곰 세 마리*(Goldilocks And The Three Bear)*'의 경우 이야기의 줄거리는 거의 비슷하지만 서로 다른 삽화가가 다른 버전의 삽화로 등장인물을 묘사하여 색다르게 각색한 책이 많다.

그림 6 • 전래동화 각색의 예

Seven Blind Mice (1992)
by Ed Young

Henny Penny (1996)
by H. Werner Zimmermann

Goldilocks And The Tree bears (1998)
by James Marshall

전래동화 개작 샘플인 '하멜른의 피리 부는 사나이*(The Pied Piper Of Hamelin)*'는 원래 *Pen Piper*라는 제목으로 중세 시대부터 독일

표 3 전래동화 각색의 예

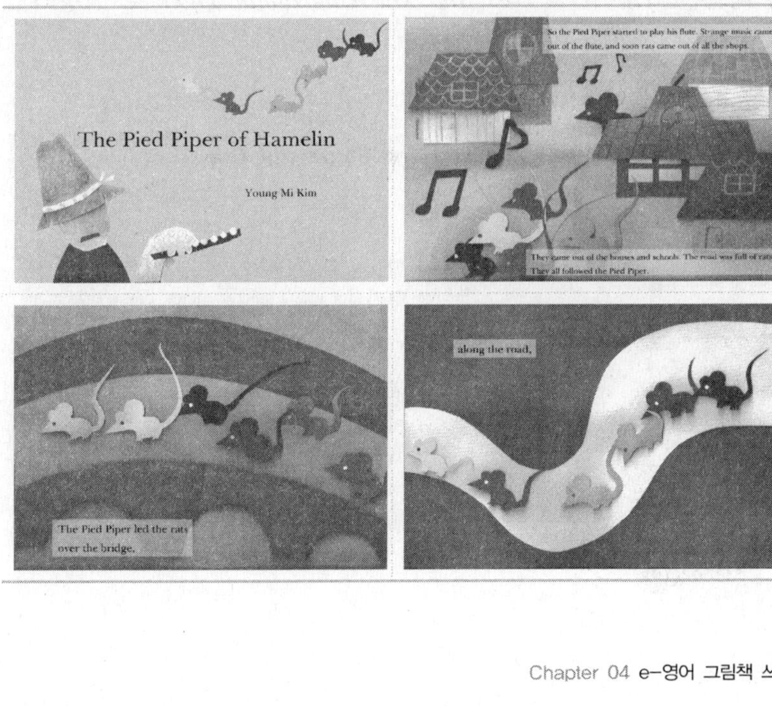

하멜른이라는 마을에서부터 구전되는 이야기였다. 그 마을에 갑자기 쥐 떼가 나타나 마을의 모든 곡식을 먹어치우자 쥐를 없애주는 사람에게는 큰 상금을 내리겠다고 했는데, 어디서 피리 부는 사나이가 나타나 쥐를 강으로 몰고 가서 모두 물에 빠져 죽게 한다. 그런데 약속했던 돈을 주지 않자, 피리 부는 사나이는 이에 대한 복수로 그 마을의 아이들을 모두 데리고 어디론가 사라진다는 슬픈 이야기이다. 그러나 개작한 이야기에서는 언어학습 중에서 '전치사'에 강조를 두어 '다시 쓰기'를 한 것으로 애물단지였던 쥐만 없애주는 것으로 이야기를 마치며 특정 구문 학습에 유용하게 고쳤다.

e-영어 그림책 창작을 위해서는 외국 전래 동화만을 각색하는 것이 아니라 한국의 전래동화를 각색하여 영어로 우리나라의 이야기를 소개할 수도 있다. 다음은 우리나라 전래 동화인 '토끼의 재판'을 각색한 것이다. 여기서 토끼를 여인으로 각색하여 기존의 남존여비의 사상에서 벗어나 21세기 여성의 현명함을 보여주는 이야기로 각색하였으며 제목은 '*The Wise Girl And The Ungrateful Tiger*'로 설정되었

표 4 한국 전래동화 각색의 예

The Wise Girl And The Ungrateful Tiger Young Mi Kim	
	"Help me. I can't get out," a tiger yelled. "How can I help you?" the passing man asked. "Give me a long stick," said the tiger. The man gave the tiger a long stick, and the tiger came out. ⋮

다. 역시, 한국을 대표하는 동물인 호랑이가 등장하고 한국인 나무꾼이 등장하면서 학습자들은 문화적 안정감을 느끼고, 자신의 할머니가 해주셨던 이야기를 영어로 표현해볼 수 있는 기회를 갖게 된다. 학습자는 이미 한국의 전래동화를 잘 알고 있기 때문에 영어 표현에만 집중할 수 있으므로 영어학습의 부담을 줄일 수도 있는 장점도 있다.

3. 언어수준 결정하기

창작하고자 하는 소재와 주제 그리고 장르까지 정해지면 가상 독자의 연령 및 인지수준에 따라 이야기의 전개방법과 언어수준을 결정해야 한다. 그림책 창작에 사용될 언어의 수준은 그림책의 최종 페이지 수를 좌우할 수도 있기 때문에 글을 전개하기 이전에 설정하는 것이 좋다. 특히, e-영어 그림책을 창작하는 경우 아동의 연령과 인지수준뿐만 아니라 가상 독자의 영어수준을 선정하는 것이 매우 중요하다. 독자의 연령, 인지 그리고 영어수준에 맞는 작품의 수준을 결정하고 그에 부합하는 어휘와 어휘 수, 문법 구조의 복잡성, 문체의 종류를 고려해야 하기 때문이다.

특히 e-영어 그림책은 영어교육이라는 추가적인 목적이 있기 때문에 수준에 맞는 어휘 사용이 매우 중요한 요소로 고려된다. 즉, 아동의 영어 어휘력 향상을 위해 너무 어렵거나 전문적인 어휘는 피해야 하며, 독자의 연령과 수준에 맞는 어휘와 문구를 사용하는 것을 권장한다. e-영어 그림책은 그림과 함께 글이 제시되므로 챕터 북과 달리, 일정 수준을 넘지 않는데 그림책에서 사용할 수 있는 언어수준은 표 7에 제시된 4단계 분류를 참고할 수 있다.

일반적으로 그림책의 언어수준 측량 지표는 렉슬 기준표(Lexile

Measure)와 렉슬 척도(Lexile scale)를 사용한다. LFR(Lexile Framework for Reading)는 1984년 설립되어 텍스트의 내용 이해를 위한 난이도를 제시해주기 위해 이에 대한 기준을 개발하였다. 렉슬 기준표에서 제시하는 글의 난이도는 단순히 어휘력에 의존하는 것이 아니라 의미론적 난이도(언어빈도)와 함께 의미론적 복잡성(문장길이)이 함께 고려된 것이다.

1) Lexile Measure: 'L'로 표시되는 읽기능력, 혹은 텍스트 난이도 점수
2) Lexile Scale: 처음 읽기를 시작하는 초보 단계인 200L부터 수준이 점점 높아져 1700L까지의 읽기 범위를 설정

영어 교육 자료를 목적으로 e-영어 그림책을 개발할 경우에는 우리나라 교육과정에서 제시하는 기준을 고찰할 필요가 있다. 우리나라에서도 학년별 영어교과의 수준을 결정하기 위해서 어휘 수 및 문장의 길이를 제한하고 있다. 수정된 제8차 교육과정에서는 초등 어휘가 520개로 설정되어 있으며, 학년별 사용 어휘 수는 다음과 같다.

표 5 초등영어 사용 어휘 수 및 문장 길이

학년	어휘 수	문장 길이
3	120	7 단어
4	120	9 단어
5	140	12 단어
6	140	15 단어
계	520 낱말 내외	

우리에게 익숙한 기존 동화의 언어수준을 고찰하면 다음과 같다(서현주, 2007).

표 6 영어동화의 수준별 분류표

서현주(2007)

Title	Author	measure
We're Going on a Bear Hunt	Rosen, Michael	Beginning Reading
Willy the Dreamer	Brown, Anthony	50L
Madlenka	Sis, Peter	AD 110L
Gruffalo	Donaldson, Julia	AD 200L
King Bidgood's in the Bathtub	Wood, Audrey	AD 310L
Curious George	Rey, H. A.	400L
Officer Buckle and Gloria	Rathmann, Peggy	510L
Chair for My Mother, A	Williams, Vera	640L
Sylvester and the Magic Pebble	Steig, William	AD 700L

*AD(Adult-Directed Text): 학습자 스스로 읽기 위한 책이라기보다 어른이 읽어줌으로써 듣기능력을 향상시키는, 어른과 학습자가 함께 읽도록 고안된 책

e-영어 그림책 제작을 위한 단계 분류는 위의 렉슬 기준표와 우리나라의 교육과정에서 제시하는 기준을 조합하여 다음의 4단계로 제시해보았다. 렉슬 기준표에서 제시하는 BR(Beginning Reading)은 그림이 거의 대부분을 차지하므로 e-영어 그림책 창작을 위해서는 제외시킨다. 본 단계는 렉슬 기준표의 AD 110L부터 시작하여 4단계는 AD 700L정도의 난이도를 포함하고 있다.

표 7 영어 난이도에 따른 단계별 영어수준과 내용 예시

단계	기준	예시
L1	- 단순한 언어형태 사용을 권장함. - 시제는 현재형을 사용을 권장함. - 접속사 'and'를 사용할 수 있음. - 단순 어휘 7단어 미만으로 구성함.	"It is a very busy city." "The old man waits too." "The bag is full of money!" "They see the red light."
L2	- 단순한 언어형태를 취하지만 시제 면에서 과거형 첨가 혹은 현재 진행형 첨가. - 접속사의 경우도 유사 내용이 열거될 수 있는 'and'와 함께 상반될 수 있는 'but'과 같은 등위 접속사 사용. - 평서문과 함께 의문문까지 확대하여 사용. - 2단계의 경우는 단순어휘 9단어 미만으로 문장을 구성함.	"He danced and he sang." "Harry wagged his tail and was very, very happy." from *Harry The Dirty Dog (HDD)* "Owen had a fuzzy yellow blanket." from Owen
L3	- 시제 사용의 범위를 미래형으로 확대시키며, 이유를 설명할 수 있는 접속사 'because', 'so', 시간과 장소에 대한 부대설명을 할 수 있도록 'when', 'where'구문을 사용할 수 있음. - 특히 부사를 사용하여 등장인물의 묘사가 좀 더 세밀해질 수 있음. - 시제는 조동사까지 사용 가능함. - 한 문장의 길이가 최대 12단어를 포함할 수 있음.	SMP: "When he was awake, he was only hopeless and unhappy." from Sylvester And The Magic Pebble*(SMP)* HDD: "Harry gave up and walked slowly toward the gate, but suddenly he stopped."
L4	- 그림책의 최고 수준인 단계로 관계사절, 종속절, 최상급 등의 고급 언어 구문을 사용할 수 있음. - 주인공 및 등장인물의 내적 사고까지 표현할 수 있는 내적 독백 표현이 가능함. - 최대 15단어를 사용하여 한 문장을 구성할 수 있음.	SMP: "What a lucky day this is!" thought Sylvester. HDD: "Harry was a white dog with black spots **who** liked everything except … getting a bath."

4. 글의 전개과정 구성하기

e-영어 그림책을 제작하기 위해 주제와 소재를 선택하고 글을 읽을 가상 독자의 연령 및 영어 표현 수준을 선정한 다음에는 구체적으로 글의 전개를 고민해야 한다. 바인-스톡(Bine-Stock, 2006)은 *How to write a children's picture book: Volume III figure of speech*에서 글의 구성과정이 갈등의 유형과 갈등 제시 시점에 따라 달라질 수 있다고 하였다. 다음에서는 바인-스톡(2006)이 제시하는 전통적인 이야기 구조를 소개한 후, e-영어 그림책을 창작하기 위한 다중 이야기 구조(Multi-plot sturcture)를 제시한다. 이야기 전개를 위한 갈등유형은 바인-스톡(2006)의 제안을 중심으로 요약·정리한 것이다.

1) 이야기 구조

(1) 전통적 세 단계 이야기 구조(Tree Act Structure)

모든 이야기는 우리가 잘 알고 있는 것처럼 세 단계의 구조(Three Act Structure)로 되어 있다. 우선은 이야기가 전개될 배경에 대한 설명이 글의 첫 부분에 제시된다. 대부분 글이 전개되는 시간적 공간적 배경과 주인공들에 대한 정보를 얻을 수 있는 부분이다. 주인공에게 사건이 일어나며 그 사건의 문제가 절정에 다다르면 차츰 문제에 대한 해결점이 제시되고 글이 마무리되는 이야기의 흐름을 갖는다.

예를 들면, 신데렐라에서 글의 처음에는 어떻게 신데렐라가 새어머니를 맞이하게 되었는지에 대해 설명을 하고, 이어서 신데렐라가 새어머니에게 구박을 받는 사건들이 전개되고, 사건의 절정은 무도회에 참석하고 싶으나 참석할 때 입을 옷과 마차가 없다는 문제에 직면하게 된다. 그 후, 요정의 도움으로 궁정무도회에 참석할 수 있

그림 7 • 이야기 그림책의 구성

바인-스톡(Bine-Stock, 2006)

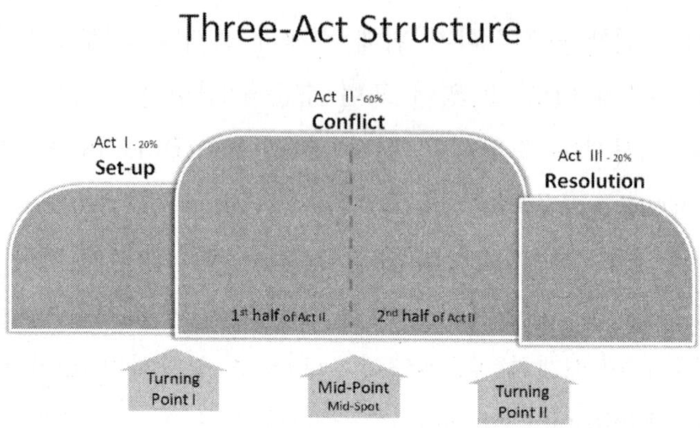

게 되면서 문제는 해결되고, 나중에 유리 구두를 계기로 왕과 결혼한다는 결말을 맺게 된다.

[그림 7]의 이야기책의 구성을 통해 글의 구조를 구체적으로 분석해 보면 다음과 같다. 글의 구조는 '1막(Act 1) - 제1전환점(turning point 1) - 2막 1부(1st half Act2) - 정점(midpoint) - 2막 2부(2nd half Act2) - 제2전환점(turning point 2) - 3막(Act3)'으로 이루어진다.

이야기를 전개할 때 각 막의 비중을 어떻게 둘 것인가가 고민일 것이다. 즉, 신데렐라 이야기에서 신데렐라에 대한 소개를 어느 정도 길게 할 것이며, 새어머니에게 구박을 받는 장면을 어디까지 늘려서 쓸 것이며, 정점에 이른 후 왕자가 신데렐라를 찾는 과정은 얼마큼 구체적으로 쓸 것인지에 대한 것이다. 각 막을 어느 정도로 쓸 것인지에 대한 글의 비중을 고려하지 않고 이야기를 전개하다 보면 쓸데없는 특정부분이 늘어지는 경우가 있다.

시중에 나와 있는 그림책을 몇 권 분석해 보면, 신기하게도 대부분의 책들은 1막이 20%, 2막이 60%, 3막이 20%로 구성되어 있는 것을 발견할 것이다. 보통 그림책은 30쪽 분량이 보편적인데, 위에서 언급한 글의 비중에 따라서 페이지 분량을 분배해보면, 1막에서 3막까지는 각각 6쪽, 18쪽, 6쪽 정도로 구성된다. 보통 이야기의 전개과정을 곡선으로 나타냈을 때, 한가운데의 정점(mid point)을 중심으로 양 옆이 대칭을 이루며 내려간다. *Harry The Dirty Dog*에서도 정점에 이르면, Harry가 밖에서 먼지를 뒤집어쓰고 놀다가, 잠시 집 걱정을 하면서 집으로 돌아와본다. 이처럼 정점에서는 화면 전환이 일어나는데 장소의 전환이나 사건의 전환 등 어떤 전환이건 전환이 일어난다.

처음의 1쪽과 2쪽은 제목을 위한 부분이므로 제목과 목차를 포함한 모든 페이지를 고려하면 32쪽 정도가 된다. 페이지의 분배를 잘하려면 가제본 책(Dummy Book)을 만들어 보는 것이 좋다. 제6장에서 가제본 만들기 과정을 제시해 보았는데, 가제본은 최종적으로 그림책이 어떤 형태의 모습으로 구현될 것인지를 예측하게 해준다. 그러므로 전체적 분위기 속에서 약간씩 어긋나 있는 점들을 수정할 수 있는 기회를 제공해준다.

(2) 다중 이야기 구조(Multi-plot structure)

다중 이야기 구조는 이야기가 진행될 때 여러 개의 선택이 주어지고, 그 선택에 따라서 이야기가 다르게 진행되는 체제이다. 선택의 폭에 따라서 2개에서 100개 혹은 몇백 개의 이야기로 나뉘기도 한다. 한 책에 수록된 여러 개의 이야기는 각각 세 단계 이야기 구조(three act structure)로 구성되어 있으며, 어디에서 선택을 하게 하느냐에 따라 처음부터 이야기가 달라지기도 하고, 거의 같다가 결말이 달라지기도 하는 등 다양하게 구안할 수 있다.

예를 들면, 표 8에서처럼 이야기의 배경과 기본 등장인물이 소개된 후, 각각의 선택이 주어지면서 거의 서로 다른 이야기처럼 전개될 수 있다.

표 8 다중 이야기 구조에서 페이지 전개

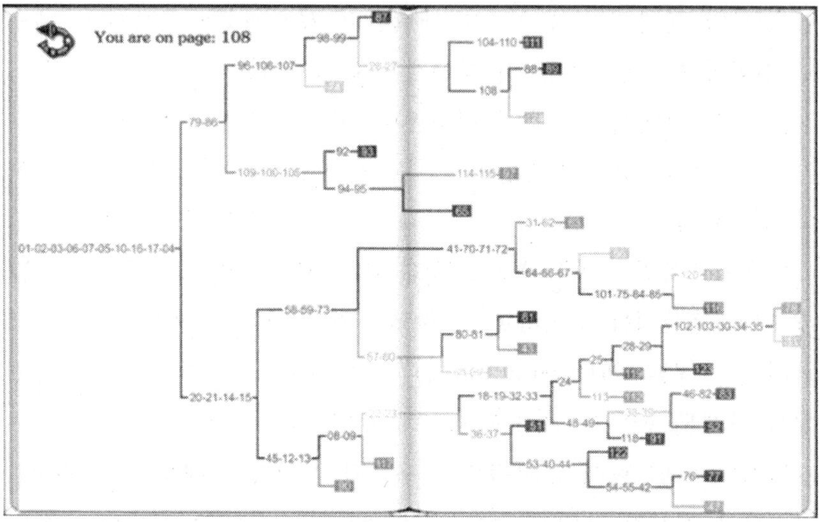

다중 이야기 구조 창작과정에서 중요한 점은 어디에서 선택의 기회를 제공해야 하는가이다. 처음부터 선택하게 할 수도 있지만 공통 등장인물과 배경이 설정된 후인 1막 후반이나 2막의 정점에서, 혹은 2막의 끝에 제시하면 자연스럽다. 이곳에서 서너 개씩의 선택이 주어진다면 서로 다른 이야기가 적어도 열 개 이상은 나올 것이다.

선택을 제시할 때에 주인공의 나이와 성별 그리고 성격을 선택하도록 해 전개를 다르게 할 수도 있으며, 주인공은 동일하지만 사건이 진행되는 시간과 공간 등 이야기의 배경을 달리 설정하여 다른 내용을 만들어갈 수도 있다. 혹은 이야기의 내레이터를 변경하여 사건을 다른 시각에서 풀어나가면 전혀 다른 이야기로 발전시킬 수 있다. 결말이 서로 다른 네 개의 이야기로 전개되는 것을 예상해 보면 다음과 같은 이야기 구조를 생각해 볼 수 있다.

표 9 다중 이야기 구조의 탬플릿

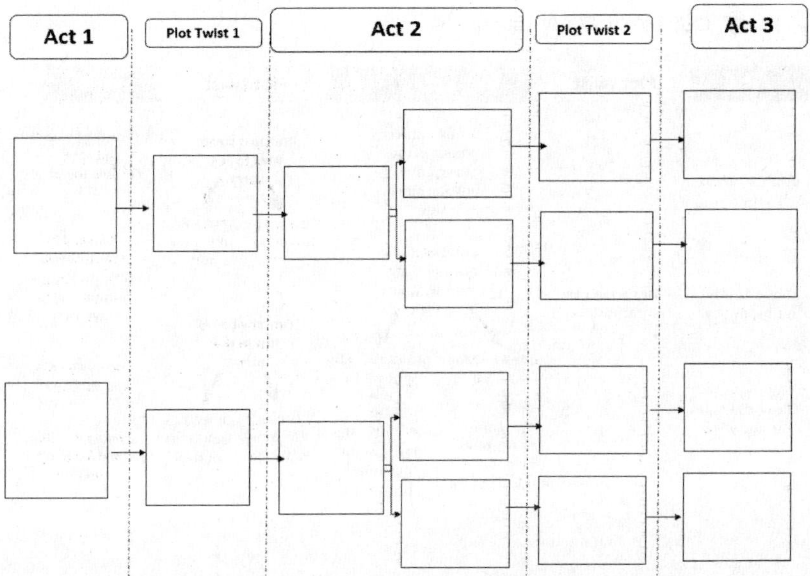

표 9에 이야기를 삽입시켜 보면, 표 10과 같다. 1막에서 독자는 주인공의 성격을 선택하며 이야기를 능동적으로 전개할 수 있다. 그러나 Max가 어떤 성격이든 2막의 시작에서는 동일한 배경의 학교로 등교한다. 2막의 전개에서는 Max가 쉬는 시간에 자신보다 덩치가 큰 친구에게 놀림감이 되면서 선택이 주어진다. 여기서 덩치가 큰 친구에게 도전하다가 교장실로 모두 끌려갈 것인지 혹은 자신이 갖고 있는 과자로 아부를 하여 그 위기를 모면할 것인지를 선택할 수 있다. 여기서부터는 각각의 선택에 따라 이야기가 다르게 전개되고 다른 결말 혹은 같은 결말로 마무리된다. 예시에서는 교장실에 불려간 두 사람이 서로 화해한 후 좋은 친구가 되는 것으로 끝난다.

또 다른 결말은 교장실에서조차 화해가 안 되어 결국 두 사람의 부모님을 호출하게 되고, 부모의 도움으로 갈등을 해결하는 것이다.

표 10 다중 이야기 구조의 이야기 지도

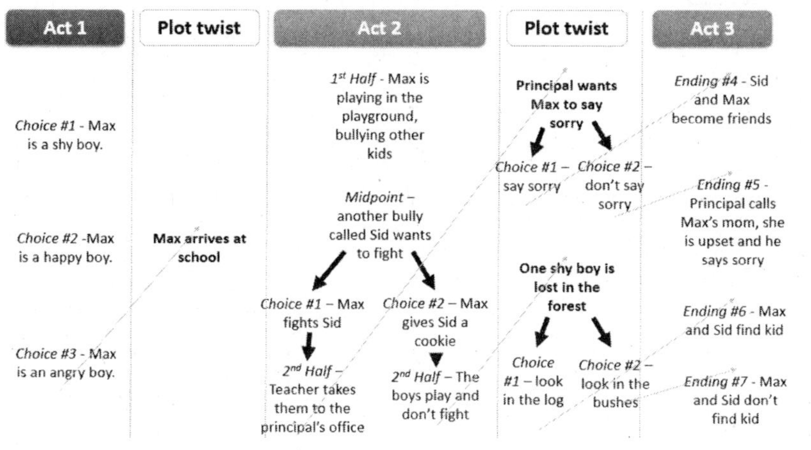

표 11은 위의 이야기 지도를 파워포인트 그림책으로 만들어본 것이다. 1막에서 주인공에게 다른 성격을 부여하므로 독자는 2쪽에 제시된 선택에 따라 e-그림책의 링크를 활용하여 9쪽으로 갈 수도 있다. 6쪽에서도 선택이 주어지는데 'Say Hi'를 선택하면 7쪽으로 이동하고 'Run Away'를 선택하면 8쪽으로 이동한다. 13쪽에서도, 'Fight Sid'를 선택하면 14쪽으로 가고, 'Give Sid a Cooky'를 선택하면 15쪽으로 이야기가 전개된다. 이처럼 e-그림책은 독자가 다양한 선택을 하면서 글을 읽고 전개시킬 수 있는 다중 이야기 구조를 구성하기에 유리한 기능을 갖고 있다.

표 11 표 10의 이야기 지도로 만든 그림책 가제본

1

2

3

4

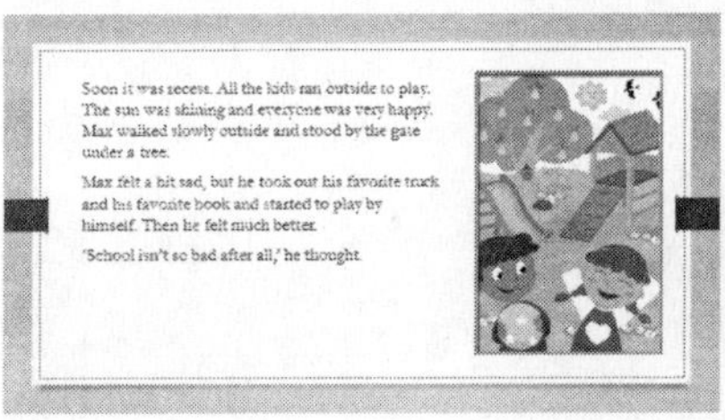

5

6

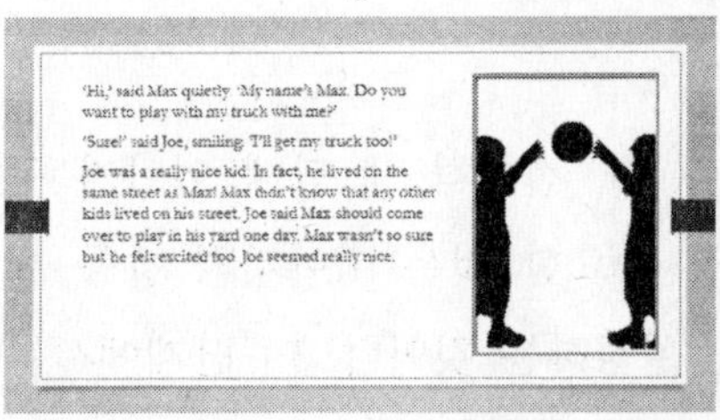

7

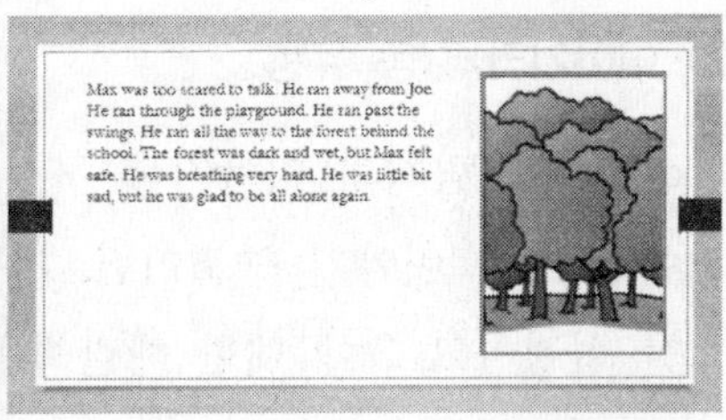

8

9

10

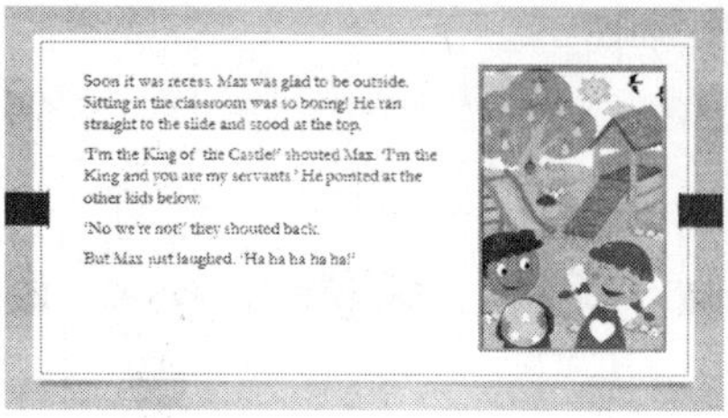

11

12

13

14

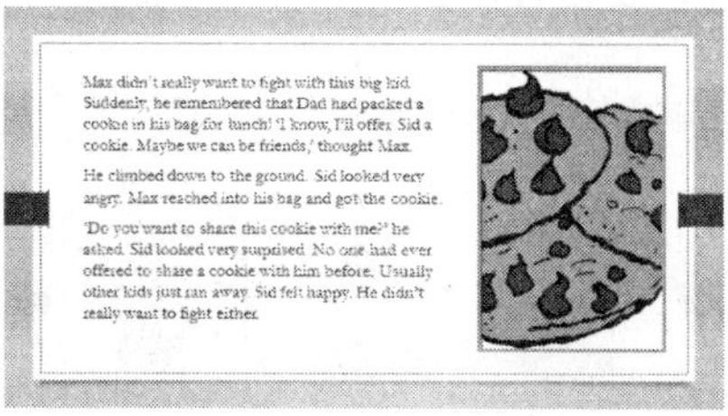

15

2) 이야기의 갈등 유형

e-영어 그림책의 이야기를 구성할 때, 전통적 세 단계 이야기 구조이건 다중 이야기 구조이건, 가장 중요한 것은 이야기의 갈등 요소를 설정하고 그에 대한 해결책을 설정하는 것이다. 이 단계에서는 이야기 속의 주인공이 겪게 될 갈등은 무엇이며, 어떤 방식으로 그 갈등을 해결해나갈 것인지를 구체적으로 제시해야 한다.

가장 기본적인 갈등의 유형은 개인과 개인의 갈등, 개인과 사회의 갈등, 개인과 자연의 갈등, 혹은 개인과 개인 자신과의 갈등이 있다. 아동이 겪게 될 갈등을 구체적으로 고려해보면, 다른 사람에게 인정

받는 것, 가족 구성원 간에 나타나는 갈등, 갑작스런 신체적 성장에 의한 놀람, 자신이 모르는 세계에 대한 공포감, 새로운 것을 배우는 것, 새로운 일을 경험하는 것, 새로운 장소를 가보는 것 혹은 자신이 가지고 있는 것에 대한 상실감 등이 있다.

이야기 속 갈등을 해결하는 유형과 갈등의 제시 시점 그리고 갈등의 종류에 따라서 글의 구성이 달라진다.

(1) 갈등해결 방법에 따른 분류: 외부의 조력 vs. 주인공의 내적 변화

이야기에서 주인공이 직면한 갈등의 실마리를 주인공 스스로 풀어가는지 혹은 제3자의 도움에 의해 갈등 혹은 문제를 해결하는지에 따라서 외부 조력형과 주인공의 내적 심리변화형으로 나뉜다.

A. 외부 조력형

외부의 조력에 의해 갈등을 해결하는 이야기에서는 주인공이 겪는 갈등을 다른 주변의 사람들이 해결해주거나 혹은 사물이 제공해주는 이야기이다. 예를 들면, *Owen*에서 주인공 Owen이 학교에 갈 나이가 되었지만 어려서부터 늘 지니고 다니던 작은 이불을 포기하지 못하는 문제가 있다. 이 문제를 해결해주는 사람은 Owen의 엄마로 작은 이불을 조각내어 작은 손수건으로 만들어준다. 그 결과 Owen은 자신이 좋아하는 작은 이불을 포기하지 않아도 된다. 손수건으로 변한 자신의 분신 같은 이불을 지니고 다니며 언제든지 냄새를 맡고 싶을 때 냄새를 맡고, 촉감을 느끼고 싶을 때 그 느낌을 느낄 수 있게 된다. *Sylvester And The Magic Pebble*에서도 돌로 변한 Sylvester를 원래의 모습으로 복귀시키는 것은 Sylvester 자신이 아니라 부모님의 도움으로 이루어진다.

그림 8 • 외부조력자의 도움으로 갈등이 해소되는 예

Owen (1993)
by Kevin Henkes

Sylvester And The Magic Pebble (1969) by William Steig

B. 주인공의 내적 심리변화형

이야기 속에서 전개된 갈등이 주인공의 내적 심리 변화를 통해 해결되는 경우이다. 예를 들면, *Where The Wild Things Are!*에서 Max가 엄마의 잔소리를 피해 자신만의 나라인 '괴물의 나라' 즉 판타지 세계로 여행을 한다. 그러나 여행하는 과정에서 주인공은 스스로 가족에 대한 그리움을 느끼고 집으로 돌아온다. *Harry The Dirty Dog*

그림 9 • 주인공의 내적 변화를 통해 갈등이 해결되는 예

Where The Wild Things Are! (1988) by Maurice Sendak

Harry The Dirty Dog (1976) by Gene Zion

에서도 목욕을 싫어하는 Harry가 목욕 솔을 땅에 묻고 밖에 나가 놀면서 먼지투성이가 되지만, 집에 돌아왔을 때 자신을 알아보지 못하는 주인을 설득하기 위해서는 목욕을 해서 자신의 진짜 모습을 보여줘야 한다는 것을 깨닫고 스스로 목욕을 한다.

(2) 갈등의 제시 시점에 따른 유형

이야기의 구조는 이야기 전개 과정에서 갈등을 제시하는 시점에 따라서도 달라진다. 첫째, 갈등이 이야기의 초반에 오는 경우, 둘째, 이야기의 중간에 오는 경우, 셋째, 갈등을 해결하기 위한 사건전개가 먼저 제시되고, 갈등의 원인이 나중에 제시되는 유형이 있다.

A. 갈등이 이야기의 초반에 제시되는 유형

이야기의 처음부터 갈등이 명확하게 제시되는 유형으로 갈등이 전개가 악화되느냐 호전되느냐에 따라서 두 가지로 나뉜다. 그 첫 유형은 갈등이 이야기의 정점까지 고조되다가 후반부에 갈등에 대한 해결책이 나타나는 '갈등 – 갈등의 발전 – 여타의 사건 – 갈등의 악화 – 갈등의 해결책 제시 – 갈등 해결 및 결론' 구조이다. 예를 들면, '늦깍이 레오(*Leo The Late Bloomer*)'에서 Leo가 정상적인 아이들과 비교하여 행동 및 언어발달이 느리다. Leo 아빠의 실망은 Leo의 엄마가 참고 기다려줘야 한다고 조언함에도 불구하고 시간이 갈수록 더 커져만 간다. 아빠가 더 이상 기다리지 못하고 포기한 시점에 이르러서야 Leo가 대기만성형으로 말과 행동에 대한 자신감을 갖는 구조를 보인다.

그림 10 • 갈등이 이야기의 초반에 제시되는 유형의 예

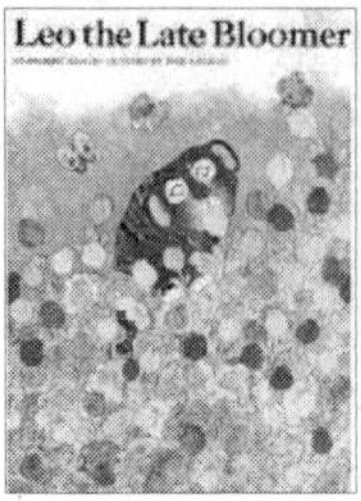

Leo The Late Bloomer (1994)
by Kraus, Robert

Millions Of Cats (1952)
by Gag, Wanda

The Wolf's Chicken Stew (1987)
by Keiko Kasza

두 번째 유형은 갈등이 주변의 사건들에 의해서 호전되면서 문제가 해결되는 '갈등 – 갈등의 발전 – 여타의 사건 – 갈등의 약화 – 갈등의 해결책 제시 – 갈등 해결 및 결말'의 구조이다. '늑대의 닭고기 스프(*The Wolf's Chicken Stew*)'에서 늑대는 지나가는 닭을 보고, 더 맛있는 닭고기 스프를 먹기 위해서 닭을 좀더 살찌울 생각으로 닭에게 맛있는 음식을 해 준다. 그럼에도 불구하고 닭이 좀처럼 살이 오르지 않자 닭을 살찌우는 것을 포기하고 당장 잡아먹으려고 닭집에 들어갔는데 그 곳에는 예쁜 병아리들이 가득했으며, 요리를 해 주셔서 고맙다는 감사의 인사를 받는다. 그리고 이야기는 다시 늑대가 요리를 하는 장면으로 전환되고 이번에는 병아리들을 위한 요리를 하는 것으로 끝이 난다.

B. 갈등이 이야기 중반에 제시되는 경우

이야기의 전반은 여러 가지 주인공 및 배경에 대한 설명이 나오면서 큰 갈등이나 사건 없이 이야기가 흘러간다. 그러다가 이야기 중반에서 갑자기 갈등이 나타난다. 예를 들면, '오웬(*Owen*)'에서 Owen은 평소의 어느 날처럼 자신의 분신으로 여기는 노란색의 아기이불

을 가지고 위층과 아래층을 오가면서 자기가 노란이불을 얼마나 좋아하는지 잘 보여준다. 그런데 어느 날, 옆집의 Mrs. Tweezer가 Owen이 아기이불을 가지고 다닐 나이가 지났다는 것을 언급하면서 갈등이 발생한다.

갈등의 요소가 중반에 제시되는 유형도 외부 조력형과 주인공의 내부 심정 변화 형태에 따라 글의 전개가 달라진다. 특히, 외부의 조력에 의해 해결되는 경우는 갈등보다 이야기에 대한 배경이 먼저 나타난다. 즉, **'배경설명 – 갈등의 발생 – 여타의 사건 – 갈등의 악화 – 조력자에 의한 갈등의 해결 – 결말'**의 유형으로 나타난다. 둘째는 갈등이 주인공의 내부적 변화에 의해 해결되는 경우는 **'배경 설명 – 등장인물의 특성 – 여타의 사건 – 이전의 평범했던 등장인물의 특성이 갈등의 요소로 전환 – 등장인물의 내적변화 – 갈등해소 및 결말'**로 전개될 수 있지만 좀 드물게 나타나는 유형이다.

C. 갈등의 해결방법이 먼저 제시되고 갈등의 원인이 나중에 제시되는 경우

일반적인 이야기와 달리, 갈등의 해결 방법이 먼저 제시되고 갈등의 원인이 나중에 제시되는 경우는 1막에서 갈등을 해결하려는 여러

그림 11 • 갈등의 해결이 먼저 제시되고 원인이 나중에 제시되는 유형의 예

Goodnight Gorilla (1994)
by Peggy Rathmann

A Chair For My Mother (1982)
by Vera B.Williams

가지 사건들이 나타나고 갈등은 점차 완화되면서 갈등에 대한 해결 방법이 제시된다. 2막에서는 베일에 싸여 있던 갈등의 원인이 소개되면서 갈등이 극에 이르고, 3막에서는 다시 갈등을 해결하고자 했던 행동 및 사건들로 돌아가 상황을 호전시키고 갈등을 해결하여 결말에 이르게 된다.

예를 들어, '굿나잇 고릴라(*Goodnight Gorilla*)'에서 동물원 관리사가 동물들에게 잘 자라는 인사를 하고 집으로 돌아가는데 고릴라가 동물원 관리사의 열쇠로 동물들의 우리를 열어주어 모든 동물이 관리사의 집으로 가는 모습이 보인다. 독자는 왜 고릴라가 이런 일을 하는지 의심스러운 눈으로 보게 된다. '엄마의 의자(*A Chair For My Mother*)'에서도 주인공은 큰 유리병에 동전을 모은다. 왜 동전을 모으는지에 대한 이유는 알려주지 않은 상태에서 어떻게 이 큰 유리병에 동전이 채워 가는지를 설명해준다. 동전이 채워지면 예쁜 의자를 살 것이라는 것까지는 말하지만 독자는 왜 의자가 그토록 필요한지 그 이유를 모르는 채 그냥 이야기의 흐름을 따라가게 된다. *Goodnight Gorilla*에서 이야기의 중간을 지나면 고릴라가 동물원 관리사의 침대에서 같이 잠을 자고 싶은 욕구가 언급된다. *A Chair For My Mother*에서도 1년 전 자신의 집에 불이 나서 모든 가구를 잃고 새로 이사 온 집에는 엄마가 일하고 오면 쉴 수 있는 소파가 필요하다는 것을 알려준다.

5. 글의 관점 선택하기(Point of view)

'누가 이야기를 해 줄 것인가?' 그림책 이야기는 이야기를 전개하는 화자 즉 내레이터에 따라서 효과적으로 이야기를 전달할 수 있는지 없는지가 결정될 수 있다. 아기돼지 삼형제(*The Three Little Pigs*)

와 세 마리 돼지에 대한 진짜 이야기(*The True Story Of The Three Little Pigs*)에서 내레이터의 변화에 의해 이야기가 완전히 변하는 것을 알 수 있다.

그림 12 • 글의 관점에 따라 달리 전개된 두 가지 이야기

Three Little Pigs

The True Story of The 3 Little Pigs! (1989)
by Jon Scieszka

*The Three Little Pigs*에서 큰 형과 작은 형은 손쉽게 지은 집으로 인해 늑대로부터 봉변을 당한다. 그러나 영리한 막내는 시간이 걸리더라도 벽돌집을 지어, 나쁜 늑대로부터 자신을 보호할 수 있다는 이야기다. 그러나 *The True Story Of The Three Little Pigs*는 크고 힘이 센 늑대의 관점에서 어쩔 수 없이 돼지들을 잡아먹은 것이지 자신이 의도한 것이 아니며 자신이 일반 독자가 생각하는 것만큼 나쁘지 않다는 것을 증명해가는 이야기이다.

그림책에서 이야기를 전개해가는 내레이터의 목소리는 크게 네 가지로 분류된다.

1) 일인칭 관점(1st Person)

내레이터가 이야기의 주인공이 되어 이야기를 해준다. 독자는 글

♛ 그림 13 • 1인칭 작가 관점의 예

June 27, 1936

Dear Grandma,

Flowers are blooming all over the place. I'm also growing radishes, onions, and three kinds of lettuce in the window boxes.

Some neighbors have brought containers for me to fill with flowers, and a few customers even gave me plants from their gardens this spring! They don't call me "Lydia Grace" anymore. They call me "the gardener."

Love to all,

Lydia Grace

을 읽고 단지 주인공의 관점만을 알 수 있게 된다. 보통 I, me, my, 그리고 mine과 같은 일인칭 관련 대명사들이 사용된다. 주인공이 이야기를 풀어나가고 있기 때문에 주인공 자신의 감정을 직접적으로 전달하고 싶을 때 사용할 수 있다. 독자는 짧고 간결한 내용이지만 그 안에 주인공이 느끼는 깊은 감정을 직접적으로 느낄 수 있다. 예를 들면, 세라 스튜어트(Sarah Stewart)가 쓴 '리디아의 정원*(The Gardner)*'이 여기에 속한다. 주인공인 리디아의 목소리를 통해서 사건과 이야기가 전개된다.

2) 3인칭 관찰자 관점(3rd Person Objective)

내레이터가 이야기의 주인공이 아니라 관찰자가 되어 관찰 가능한 것, 즉 어떤 것을 말했고, 어떤 행동을 했는지 이야기해 줄 뿐, 주인공의 생각이나 마음을 알려줄 수는 없다. 보통 he, his, she, hers,

♛ 그림 14 • 3인칭 관찰자 관점의 예

The Three Little Pig

Once upon a time, there were three little pigs who lived with their mother in a meadow. One day the mother pig said to the three little pigs, "You need to go out into the world and make your own way." So they waved "goodbye" and out into the world they went.

The pigs decided to build houses near the woods. A big bad wolf lived in the woods. He was not happy when he saw the three little pigs building houses nearby. The first little pig was lazy. He made a house of straw. The big bad wolf huffed and puffed and blew it down.

The second little pig worked a little harder than the first little pig. He made a house of twigs. The big bad wolf huffed and puffed and blew the house down.

The third little pig made a house of bricks. The big bad wolf huffed and puffed and huffed and puffed. But the house did not fall down. This made the big bad wolf very, very angry. He went up on the roof and tried to get into the house through the chimney. He climbed into the chimney and slid down into a pot of boiling water. He ran out of the house and never came back!

it, its, they, them과 같은 3인칭 대명사가 주로 사용된다. 글을 읽는 독자는 관찰자가 전해주는 이야기를 종합하여 주인공의 마음 혹은 보이지 않는 사건에 대해서 유추해 볼 수 있다. 이처럼 3인칭 관찰자 시점으로 쓰인 책은 독자가 그림과 글을 통해서 등장인물들의 감정을 삽입하는 것으로 독자의 상상력과 창의력을 더 불러일으킬 수 있다.

3) 3인칭 특정 등장인물의 관점(3rd Person Limited)

3인칭 관찰자 시점과 다른 점은 특정 등장인물을 선택하여 그의 관점에서 모든 것을 관찰하여 기술한다. 3인칭 관찰자 시점은 내레이터가 외부에 있으면서 다양한 인물들에게 일어나는 관찰 가능한 객관적인 것을 이야기해 준다면, 3인칭 특정 등장인물의 관점은 이야기 속의 인물 중 한 사람을 골라 그 사람이 관찰자가 되는 것으로 그 사람의 관점에서만 정보를 전달한다. 역시 he, his, she, hers, it, its, they, them과 같은 3인칭 대명사가 쓰인다. 대부분의 그림책들은 여기에 속한다. 예를 들면, '해리포터(*Harry Poter*)'에서 Harry의 관점을 통해 상황이나 사건을 소개하기 때문에 독자는 특정 주인공의 시각으로 사건을 바라보면서 주인공과 밀착된 느낌을 갖게 된다.

그림 15 • 3인칭 특정 등장인물의 관점의 예

Harry had taken up his place at wizard school, where he and his scar were famous … but now the school year was over, and he was back with the Dursleys for the summer, back to being treated like a dog that had rolled in something smelly.

4) 3인칭 전지적 작가 관점(3rd Person Omniscient)

내레이터는 글 속의 등장인물이 아니라, 모든 것을 알고 있는 전지전능한 관점으로 사건과 등장인물들의 감정 등을 알려줄 수 있다. 이 시각의 장점은 등장인물 모두의 감정과 사건의 전후 배경을 내레이터가 친절하게 구체적으로 전달해주는 것이다. 그러나 3인칭 관점과 달리 독자가 주인공의 느낌이나 상황을 유추해야 할 필요가 없기 때문에 창의력과 상상력을 발휘할 기회가 적다.

그림 16 • 3인칭 전지적 작가 관점의 예

"Would you like to help deliver the mail George?" asked Les.

George was excited because it would mean riding along in a postal jeep!

Les introduced George to the postman. The postman was happy to have such a fine worker come along.

"Have a seat inside the jeep George and remember to fasten your seat belt," he said. "We have a lot of work to do."

*Curious George*에서 전지적 작가 시점을 취하고 있는 내레이터는 George의 마음도 읽을 수 있고, 우체국 아저씨가 매우 기뻐하고 있다는 사실도 알고 있다. 즉, 모든 등장인물의 속마음을 모두 알고 기술해 줄 수 있는 위치에 있다.

5) 2인칭 관점(2nd Person)

2인칭 관점은 내레이터가 직접적으로 독자에게 말을 하는 경우이다. 원래 2인칭 관점은 교실에서 교사가 학생들을 가르치거나 행동에 대한 지시를 할 때 사용되며, 요리책에서 음식을 요리하는 방법을 제시할 때 혹은 미완성된 조립품을 조립하는 방법을 소개할 때 사용되기도 한다. 그림책에서 사용하는 2인칭을 보면 대부분 산문형태로 '강아지 길들이는 방법'과 같은 비문학적(Nonfiction) 형태를 취하고 있다.

2인칭 관점에는 세 가지 종류가 있다. 이야기 속의 등장인물이 아닌 외부적 내레이터가 독자에게 직접 말하는 경우가 있고, 내레이터가 이야기 속의 등장인물을 상대로 말하는 경우가 있으며, 마지막은 내레이터가 이야기 속의 등장인물 중 하나가 되어 독자에게 직접 말하는 경우이다. 2인칭 관점을 사용하면 풍자적이고 우스꽝스럽게 이야기를 진행할 수 있는 장점이 있다. 예를 들면, '할아버지 돌보는 방법(*How To Babysit A Grandpa!*)' 혹은 '초보자가 가출하는 방법(*The beginners guide to running away from home.*)'의 제목에서 아이들은 즉각적으로 흥미를 가지게 되며 우스꽝스러운 상황이 어떻게 전개될지 궁금해한다.

그림 17 • 2인칭 관점에 입각한 그림책의 예

Babysitting Grandpa is fun - if you know how. When your Grandpa rings the doorbell, what you should do?

Hide!

이야기를 전개할 화자, 즉 내레이터를 결정했다면, 중요한 것은 일관성을 유지하는 것이다. 만일 이야기 전개에 있어서 '내레이터의 관점'에 일관성이 없으면 독자가 글을 읽는 데 어려움을 느끼게 된다. 일관성 있는 '관점'을 유지하기 위해서는 다음과 같은 여섯 가지 전략을 고려해 볼 수 있다(Amanda Warner, 2014).

1) 작가가 선택한 관점에서 볼 수 있는 모든 것을 한꺼번에 이야기하지 않는 것이다. 항상 머릿속에 누구의 관점을 따라갈 것인지 생각하면서, 모든 것을 다 알고 있다고 하더라도 글에서 유의미하게 기술해야 할 정보만을 제공하는 것이 효과적이다.
2) 등장인물이 자기 자신을 설명할 때 주의해야 한다. 3인칭 특정 인물 관점에서는 다른 사람이 자신에게 말해주지 않으면, 주인공은 자기 자신의 얼굴에 묻는 밥풀을 볼 수 없다는 것을 항상 인식하고 3인칭 관점에서 어떤 것을 기술할 수 있는지 계속적으로 체크해 보아야 한다.
3) 전지적 작가 시점이 아니라면 3인칭 시점에서 다른 사람이 다니는 치과의 위치나 치과의사의 이름을 그냥 알 수는 없다. 그렇다면 어떻게 특정 등장인물이 그 정보를 알게 되었는지를 독자도 알 수 있는 근거를 제시해야 한다.
4) 3인칭 시점에서 다른 등장인물을 평가하고 판단할 때 독자도 수긍할 만한 기준을 제시했는지 고찰해야 한다. 3인칭 관찰자나 특정 인물의 관점을 통해서 이야기가 전달될 때 캐릭터는 다른 사람의 마음을 읽을 수 없기 때문에 그렇게 판단한 근거가 무엇인지를 독자도 알 수 있게 해 주어야 한다.
5) 이야기 중간에 내레이터를 바꾸지 않도록 주의한다. 관점은 글의 첫 번째 문장에서부터 시작되므로 신중하게 고려하여 내레이터를 선택하는 것이 중요하다.

6) 독자의 감정이입을 위해서 'he though' 혹은 'she saw'와 같은 표현은 자제하는 것이 좋다. 이런 표현은 독자가 내레이터로부터 한 발짝 물러서게 하고 감정이입하는 것을 방해하기 때문이다.

6. 등장인물 창조하기

아동의 흥미를 끌기 위해서 주인공 설정은 매우 중요한 일이다. 유명한 그림책들의 주인공을 보면 사람이 주인공일 수도 있지만, 동물, 외계인, 괴물, 공룡 등 아주 다양한 것들이 주인공이 될 수 있다는 것을 알 수 있다. 주인공의 성격을 고려할 때에도 우리 주변에서 볼 수 있는 매우 평범한 성격에서 우스꽝스럽거나 괴팍한 성격을 가지고 있을 수 있다.

주인공 선정은 이 책이 어떤 이야기를 해 줄 것인지를 독자들이 예측할 수 있게 해준다. 만일 *Goodnight Gorilla*를 고려해보면, 제목에서부터 고릴라가 잠을 자러 가는 것을 바탕으로 이야기가 전개될 것이라는 것을 제목을 통해 추측해 볼 수 있기 때문이다.

주인공은 한 명 혹은 두 명 정도로 글 전체를 통해 지속적으로 등장하는 주요 인물이다. 등장인물의 성격은 글과 그림으로 표현될 수 있으며, 글을 읽는 독자가 아동이므로 아동이 쉽게 주인공의 성격을 파악할 수 있도록 구성하는 것이 좋다.

주인공의 성격과 특성은 어느 한 부분에서 구체적으로 기술되는 것이 아니라 이야기 전체에서 주인공과 맞는 동사, 형용사, 명사 등의 사용에 의해서 결정된다. 주인공이 쓰는 언어 스타일과 행동유형에 따라서 주인공의 성격이 드러나기 때문이다. 따라서 주인공의 장점, 단점, 성향, 그리고 주인공이 무서워하는 것, 주인공이 갖고 있는 재주, 취미 등을 구체적으로 고려해 두면 그에 알맞은 언어 구사가 쉬워진다. 예를 들면, 주인공이 자주 사용하는 표현으로 “I love it. Let’ do it.”이 있다면, 글의 중간중간에 주인공의 특성을 살릴 수 있는 이와 같은 표현들을 삽입하는 것도 좋다.

그림으로 주인공의 특징을 표현할 경우에는, 주인공이 무엇을 생각할 때마다 코를 만진다든지, 혹은 발을 톡톡거리는 습관 같은 것도 만들 수 있다. 이와 같은 살아 있는 주인공의 습관과 특성들은 주인공을 더욱 생생하고 친근하게 만들 수 있다.

다른 하나는 주인공의 별명까지 생각해보는 것이다. 별명은 캐리커처처럼 성격을 잘 포착하므로 독자가 주인공을 상상하는 데 도움을 준다. 그리고 주인공의 목소리를 머릿속에 떠올리면서 주인공을 만들어볼 수 있다. 걸걸한 목소리의 낙천적인 성격인지, 가늘고 높은 목소리로 신경질적인 주인공으로 설정할 것인지에 따라서 어휘 및 언어사용과 묘사가 달라지기 때문이다.

글을 처음 쓰는 경우, 주인공이 어떻게 생겼고, 어떤 성격을 가지고 있고, 어떤 것을 좋아하며 싫어하는지를 글로 자세히 기술하는 경향이 많다. 주인공을 구체화시키기 위해 주인공의 모습과 성격을 설정해보는 것은 괜찮지만, 실제 이야기의 서론 부분에 상당히 많은 지면을 할애하여 주인공을 기술하는 것은 피해야 한다. 주인공의 성격 및 특징은 서술문으로 길게 기술하기보다는, 이야기 속에서 주인공이 사건들을 해결해가는 과정에서 혹은 다른 등장인물과의 관계를 통해서 주인공의 성격을 간접적으로 제시해 주는 것이 효과적이다.

만일 주인공의 성격 및 특성을 사건이나 행동으로 제시하기 힘들 때에는 그림을 활용하는 것도 좋은 방법이다. 독자는 그림을 통해서 주인공의 모습 — 나이, 체격, 옷차림 — 과 주인공의 성격을 추측할 수 있게 된다. 예를 들면, *Henny Penny*에서 주인공인 Henny와 친구들이 우스꽝스럽게 종이봉투, 프라이팬 등으로 머리를 가려서 하늘이 무너지는 것을 피하려고 하는 모습에서 Henny 및 친구들의 어리석은 성격을 추론할 수 있다.

주인공의 나이를 어떻게 설정할 것인가도 중요한 요소이다. 등장인물의 나이에 따라서 언어사용, 행동반경, 행동 유형, 그리고 사건에 대한 대처 능력이 달라지기 때문이다. 주인공이 가상 독자의 나이와 비슷하여 그들이 사용하는 언어를 사용하고 유사한 행동을 하고 있는지 혹은 그것보다는 좀더 성숙한 행동을 제시하여 이야기를 통해 사회성을 개발할 수 있도록 할 것인지를 정할 수 있다.

주인공의 이름은 주인공의 성격과 특징을 전달할 수 있기 때문에 신중하게 선정하는 것이 좋다. 이름을 잘 선정하기 위한 몇 가지 팁을 제공하면 다음과 같다. 우선, 이름의 뜻(Root meaning)을 고려하는 것이 좋다. Caleb는 'faithful'이라는 의미를 갖고 있으므로 충성스러운 강아지의 이름으로 좋을 수 있다. 특정 시대별 문화별로 선호되는 이름이 있으므로 너무 촌스럽거나 이상한 이름은 피하는 것이 좋다. 선택한 이름을 큰소리로 불러보아서 종이에 쓰는 것과는 별개로 발음이 선명한지를 고려해야 한다. 특별한 관심을 끌기 위해서는 성과 이름의 첫 음이 같으면 좋다. 예를 들면, 'Daniel Deronda' 같은 이름을 사용하면 두운법(alliteration)의 효과를 가지게 되어 쉽게 기억할 수 있다. *Henny Penny*에서도 Henny Penny, Ducky Lucky, Cooky Looky, Goosy Loosy, Turky Lurky, Foxy Luxy와 같이 각운을 사용하여 이름을 설정하므로 아동이 쉽고 재미있게 따라 읽을 수 있다. 또한 동물이 주인공일 경우 단순히 동물의 이름으로 여우, 토끼, 사슴처럼 할 수 있지만 *Angelina Ballerina*에서처럼 사람의 이름을 의인화된 쥐의 이름으로 사용할 수도 있다.

e-영어 그림책에서는 영어로 이름을 만들거나 한국 이름을 영어로 표기하는 경우가 많으므로 성과 이름에 해당하는 것이 보편적인 것

인지를 확인해 보아야 한다. 또한 남자와 여자의 이름이 구분되어 사용되기 때문에 일부러 중성을 표시하기 위해서 선택하지 않는다면 여성에게는 여자의 이름을 남성에게는 남자의 이름을 적어주면 좀더 명쾌한 인물을 창출해낼 수 있다.

등장인물들의 이름을 정할 때 또 하나 주의해야 할 점은 등장인물 간의 이름이 비슷하면 독자들이 헷갈릴 수 있다는 것이다. 예를 들어, 'Mike'와 'Martin'이 두 명의 등장인물 이름이라면 그중 하나는 다른 이름으로 바꾸는 것이 효율적일 수 있다.

마지막으로 주인공을 창조할 때, 다른 사람과의 관계를 통해서 주인공의 위치를 보여줄 수 있다. 예를 들면 주인공이 외국인인가, 지방에서 왔는가, 어떤 친구 및 선생님을 갖고 있으며 그들과의 관계는 어떠한가, 글 속에서 다른 등장인물은 주인공을 어떻게 생각하는가를 통해서 주인공의 성격과 배경적 지식을 소개할 수 있다.

색깔 있는 매력적인 주인공을 창조하기 위해서는 장르와 주제를 잘 고려해야 한다. 일상적인 생활에서 일어나는 일들을 중심으로 이야기가 전개되는 '가가멜과 스머프'에서 스머프들은 작지만 매우 유쾌하며, 각 스머프마다 특징이 있고, 일반적으로는 문제를 잘 만들기도 하지만 협동하여 문제를 잘 해결하는 편이다. 한편 가가멜은 덩치가 크고, 욕심이 많기 때문에 항상 자신이 만든 덫에 자신이 빠져드는 신세가 된다. 이처럼 작지만 현명한 모습을 통해 아동들은 대리만족감을 느낄 수 있기 때문에 스머프가 사랑받는 캐릭터로 남을 수 있는 것이다.

*Curious Georgy*에서 원숭이 Georgy는 사람의 이름을 갖고 있다. 작고 호기심이 많은 아동들의 심리를 대신하여 표현하고 있으며, 무엇인가 잘해보려고 하지만 꼭 일이 터지는 상황이 벌어진다. 그러나 항상 긍정적인 결론으로 아동의 호기심이 결코 나쁘지 않다는 것을

알려준다. 아이들은 자신만 항상 사고를 내는 것이 아니라는 것을 알면서 위로를 받는다. 또한 사건의 결과가 무리 없이 좋은 결말을 맺기 위해서는 어떻게 처신해야 하는지를 제시하면서 아동들에게 사랑을 받고 있는 주인공이 되었다.

*Owen*에서 주인공인 Owen 역시 사람의 이름을 갖는 작은 쥐이다. 어린 아이들이 젖병, 자신의 인형, 이불에 집착하는 것은 매우 당연한 것이며, 이런 것들이 나만의 문제가 아니라 이야기가 될 정도로 많은 아이들이 공유하고 있는 문제라는 것을 느끼면서 안도하고, 또한 이야기에서 문제에 대한 해결점을 제시하는데 독자들도 주인공과 같은 시도를 통해서 문제를 해결할 수 있게 될 때 성공적인 등장인물이 창조되었다고 할 수 있다. Owen은 현명하지도, 문제를 잘 해결하지도 않는다. 단지 작고 초라한 아이들처럼 내성적이고, 무엇인가 결핍되어 있고, 문제를 가지고 있지만 소극적이어서 해결하지 못하는 점을 갖고 있는 주인공이다. 그러나 주변에서 봉착한 문제의 해결점을 제시했을 때 주인공이 받아들이는 태도와 긍정적 사고방식이 독자를 성숙하게 만들 수 있는 캐릭터이므로 사랑스럽고 수긍이 가는 주인공으로 인정받는 것이다.

이처럼 독특하고 성공적인 주인공이 설정되면 이야기는 단편으로 끝나는 것이 아니라 주인공을 중심으로 소재와 주제 그리고 배경을 바꿔가면서 여러 이야기를 시리즈로 제작할 수 있게 된다. 그러므로 처음부터 주인공 개발에 많은 공을 들이는 것도 나쁘지 않은 일이다.

7. 글의 배경 선정하기(Setting)

그림책은 첫 장에서 주인공과 함께 이야기가 일어나는 시간과 장소와 같은 배경지식을 전해준다. 자신의 이야기와 잘 어울리는 배경이 농장일지, 도시 한복판일지, 옛날일지 혹은 현재이거나 미래일지, 그것에 따라서 주인공들이 사용할 어휘, 언어, 특성들이 달라지기 때문에 어떤 배경을 선택할 것인지를 고려해 보는 것은 중요한 일이다.

그림 18 • 글의 배경이 살아 있는 그림책의 예

Madeline (1939) by Ludwig Bemelmans

루트비히 베멀먼즈(Ludwig Bemelmans)의 작품인 '*Madeline*'을 보면, 불란서 파리의 아이비 나무로 뒤덮여 있는 낡은 집에 12명의 소녀들이 줄을 지어 있으며, 작고 깜직한 Madeline이라는 아이를 중심으로 이야기가 전개된다. 유럽을 배경으로 그들이 입는 옷, 나무의 종류, 날씨, 가구, 자동차 등의 종류를 선택해야 한다.

보통 배경은 등장인물의 행동 및 이야기의 구성과 상호작용하면서 형성된다. 이야기의 사건과 주인공을 구성할 때, 주인공이 살고 있는 시대와 장소 등을 머릿속에 넣어, 글에서 제공하는 있는 배경과 그림에서 제공하는 배경이 일치하는지를 고려해야 한다. 배경 설명은 긴 서술문보다는 오히려 독자가 주인공의 세계를 상상할 수 있는 특징들을 중심으로 기술해주는 것이 중요하며, 배경 그 자체를 기술하기보다는 배경에서 일어나는 사건이나 행동을 통해서 배경을 상상할 수 있도록 해주는 것이 보다 효과적이다.

예를 들면, 'His room was messy'라는 문장으로 배경을 표현하면, 독자는 어느 정도로 방이 어질러져 있는지 상상하기 어렵지만 'Dirty clothes and socks are all over the floor. When I opened the closet, a full of toys and clothes fell on my head.'처럼 배경에서 일어나는 사건과 행동을 중심으로 설명하면 구체적인 그림을 그리기가 쉬워진다. 특히 글을 처음 쓰는 작가들의 경우 배경을 설명할 때 아주 간단한 문장으로 표현하는 경우가 많다. "The sky was too dark," and "It happened a long time ago."의 문장으로 얼마나 자세한 배경을 상상할 수 있는지 생각해 본다면 구체적 행위를 통해서 배경을 표현해주는 것이 중요하다는 것을 알 수 있다. 한편, 그림책의 경우는 긴 설명글로 배경을 기술하기보다는 그림으로 대신하는 경우가 많기 때문에 글에는 제시되지 않는 여러 가지 배경지식을 그림으로 상세하게 표현할 수 있는 장점이 있다.

1) 시간적 배경

그림책을 쓸 때는 청소년 소설을 쓰는 것과 달리 시간에 대한 제약을 받는다. 아동의 발달 특성상 7세까지도 시간 개념이 발달되어 있지 않기 때문에 현재에서 과거로 혹은 미래로 자유롭게 옮겨 다니기가 어렵다.

그림책에서는 시제를 중심으로 시간에 대한 개념을 전달해준다. 과거형은 오래 전에 일어났던 것 같은 거리감을 만들어주고, 현재형은 실제 우리가 숨 쉬고 있는 공간에서 일어나는 일들을 중심으로 이야기가 전개되고 있는 것 같은 효과를 주며, 미래시제는 미지의 세계에서 궁금증을 불러일으키기에 충분한 사건을 소개할 때 사용된다(현은자, 최경, 윤아해, 2012).

2) 공간적 배경

특정 공간은 특정 개념과 연관되어 있다. 예를 들면, 우주는 미지의 것에 대한 궁금증을 해결하고 기적이 쉽게 일어날 수 있는 공간이며, 다락방은 무엇인가 과거의 흔적을 발견하고 과거로 돌아갈 수 있는 공간이며, 유람선은 어디로인가 이동하기도 하지만 망망대해 같은 제한된 공간이기 때문에 누군가를 필연적으로 만날 수밖에 없는 공간으로 설정하기 쉽다(현은자 외, 2012).

8. 제목과 책 겉표지 정하기

이야기의 구성과 주인공을 정하고 글의 전개가 마쳐질 무렵까지도 이야기의 제목이 정해지지 않았다면 이제는 이야기의 제목과 겉표지를 생각할 필요가 있다. 물론 책의 겉표지는 책을 거의 마칠 무렵 결정해도 무리는 없지만 구체적으로 제목을 설정하면 글의 핵심을 잡는 데 도움이 된다(Biebow, 2015).

독자가 이야기책을 고를 때 처음 접하는 것이 '제목'과 '겉표지'이기 때문에 제목과 겉표지는 독자들이 책을 읽을 것인가 말 것인가 혹은 책을 구입할 것인가 말 것인가를 정하는 데 지대한 영향을 미친다. 다음에서는 독자의 관심을 불러일으킬 수 있는 제목 선정방법과 겉표지 만들기에 대해 비보(Biebow, 2015)가 제시한 여섯 가지 주의점을 정리하여 제시하였다.

1) 흥미로운 주인공이 수록된 겉표지

겉표지에서 주인공이 수록되어 있으면, 독자가 이야기를 읽기 전에 주인공을 미리 볼 수 있는 효과가 있다. 흥미로운 주인공의 표정과 제목에서 이야기를 유추해 보게 되며, 이때 흥미를 느끼게 되면 책을 읽고자 하는 마음이 생기게 된다.

♛ 그림 19 • 독특한 성격의 주인공이 겉표지에 오는 경우

Oh No, George! (2012) by Chris Haughton; Dicmas

Abigail (2013) by Catherine Rayner;

Harold Finds a Voice (2013) by Courtney

독자는 '안돼, 조지!(*Oh! No, George!*)'라는 책을 드는 순간 George라는 강아지가 어떤 일을 일으킬 것인지 궁금해하며 앞으로 일어날 일들을 예측하게 되고, 과연 그런 문제들은 어떻게 해결되었을까 궁금하게 하면서 독자의 흥미를 불러일으킬 수 있다.

2) 이야기를 유추할 수 있는 힌트가 들어간 겉표지

책 표지를 통해서 어떤 이야기가 전개될지 쉽게 유추할 수 있고, 그것이 독자의 흥미와 부합된다면 독자는 책을 골라서 읽기 시작할 것이다. 그러므로 책 표지의 그림에서는 글을 요약하여 표현할 수 있는 특별한 감정 혹은 중요 순간을 포착하는 것이 필요하다.

아래의 예에서도 Princess Penelope가 도망가고 있는 고양이를 따

라 어디론가 갈 것 같은 추측을 하게 되고, 고양이를 따라가다가 일어난 사건에 대한 이야기들이 전개될 것 같다는 추측을 한다. 과연, 어떤 일들이 벌어질지 궁금해하면서 책장을 넘길 수 있도록 유도하고 있다.

그림 20 • 이야기 전개의 힌트가 겉표지에 나타나는 경우

Princess Penelope and the Runaway Kitten (2014) by Alison Murray

3) 제목 정하기

제목은 겉표지와 함께 독자에게 앞으로 전개될 이야기를 추측해 볼 수 있는 기회를 제공할 수 있다. *This book just ate my dog!*에서는 제목을 통해서 실제 일어나기 힘든 일인데 어떻게 이런 일이 일어날 수 있을까?라는 궁금증을 유발한다. 상상력이 풍부한 아이들의 경우, '책이 내 강아지를 먹는다'는 것은 믿기 힘들지만 가능할 수도 있다는 믿음으로 그 과정을 따라가면서 글을 읽게 될 것이다.

이처럼 제목은 독자의 궁금증을 잘 유발시켜야 하기도 하지만 매번 입에 오르내려야 하기 때문에 큰 소리로 읽어서 발음이 쉽고 명확한 어휘들로 구성되어야 한다. *Shark in the Park*에서처럼 두운법 및 리듬을 사용하여 이미 알고 있는 듯한 느낌을 주면서도 쉽게 읽거나 외울 수 있다면 더욱 효과적이다.

그림 21 • 발음이 쉽고 명확한 어휘로 구성된 제목의 예

This book just ate my dog!
by Richard Byrne

Shark in the Park
by Nick Sharratt

제목이 의문문이면 독자의 궁금증이 한층 더 고조되는 경향이 있다. 다음은 간접의문문의 형태를 취하고 있기는 하지만 '누가 내 머리에 똥을 쌌니?(*The story of the little mole who knew it was none of his business*)'라는 제목처럼 독자들에게 질문의 답에 해당하는 사람이 누구인지를 궁금하게 하는 효과가 더 크다.

그림 22 • 궁금증을 유발하는 제목의 예

The Story of the Little Mole
who knew it was None of his Business (1996)
by Werner Holzwarth

만일 단편의 동화책이 성공할 경우, 같은 주인공을 대상으로 사건과 배경을 달리하여 시리즈로 책을 쓸 수 있는데, 이럴 경우의 제목

은 일반적으로 주인공의 이름과 부주인공의 이름 혹은 사건들로 구성된다. 다음은 그 예로, '*The Fairytale Hairdresser and Snow White*'처럼 주인공과 부주인공으로 제목을 설정하여 주인공이 만나는 사람들에 대한 이야기를 시리즈로 만들 수 있다. 첫 번째 책은 'The Fairytale Hairdresser와 인어공주'의 이야기이고, 두 번째는 'The Fairytale Hairdresser와 라푼젤'의 이야기이며, 세 번째는 'The Fairytale Hairdresser와 백설 공주'의 이야기라는 것을 쉽게 알 수 있다.

그림 23 • 시리즈 유형의 책의 경우

The Fairytale Hairdresser (2012) by Abie Longstaff

제목이나 책의 겉표지를 정할 때에는 유명한 책들이 재판을 찍을 때 책표지와 제목을 바꾸는 경우를 참고해 볼 수도 있다. 시대를 불

그림 24 • 시리즈 책의 겉표지 변천의 예

The Enormous Crocodile by Roald Dahl

문하고 사랑 받는 책이지만 시대적 특성을 반영하여 제목과 겉표지를 수정하는 경향을 보면서 지금 유행하고 있는 스타일을 짐작해 볼 수 있다.

예를 들어 '거대한 악어(*The Enormous Crocodile*)'의 변천사를 보면, 시대적 특징을 포함하면서 겉표지가 변화되는 것을 볼 수 있다. 제목은 똑같지만 표지 그림이 세련되어져 가는 것을 볼 수 있다. 이처럼 다른 책 제목과 겉표지를 참고하고 자신이 출판할 책의 겉표지와 비교해보는 것도 좋은 전략이다.

9. 수사법 사용(Figure of Speech)

많은 유명한 그림책들을 보면, 글이 매우 단순하고 평범한 문장들로 쉽게 쓰여 있어 동화를 쓰는 일이 별거 아닐 것이라고 생각하기 쉽다. 그러나 좀더 구체적으로 이야기를 분석해보면 우리가 인지하지 못하는 많은 수사법이 쓰인다는 것을 알게 된다. 특히, 아동들은 다양한 동화책을 접하면서 이와 같은 수사법을 자연스럽게 습득하기 때문에 그림책 쓰기에서 문체 및 수사법의 선택은 매우 중요한 일이다. 리듬, 두운반복, 구문 반복, 의태어, 직유법, 의인화, 각운과 같은 다양한 수사법 사용은 이야기를 더욱 재미있게 전개할 수 있도록 도와준다. 여기서는 바인-스톡(Bine-Stock, 2006)의 *How to Write a Children's Picture Book Volume III: Figures of Speech*에 제시된 수사법 중 주요한 몇 가지를 *Harry The Dirty Dog*과 *Where The Wild Things Are!* 중심으로 약 12가지의 수사법에 대한 예들을 소개하고자 한다.

1) 반대 내용이 반복되어 강조 (Repetition in the Opposite Order: Antimetabole)

어휘 및 구문 반복에 특정 어휘의 개념과 반대되는 어휘를 사용하는 수사법이다. *Harry The Dirty Dog*에 언급된 아래의 내용을 보면 a white dog with black spots에서 색이 반대로 바뀌어 a black dog with white spots으로 반복 제시하여 글의 내용을 강하게 대비시키므로 강조의 효과를 갖는다.

In fact, he changed from **a white dog with black spots**,
to *a black dog with white spots.*

Harry The Dirty Dog 후반부에 동일한 수사법이 한 번 더 사용된다. 진흙투성이가 된 Harry가 자신이 작고 귀여웠던 Harry라는 것을 증명하기 위해 주인 앞에서 자주 보여주었던 재주넘기를 보이는 장면이다. Flip과 Flop가 바뀌면서 반복되어 독자의 관심을 끌기도 좋고, 말장난처럼 재미있게 읽을 수 있는 부분이기도 하다.

He **flip-flopped** and he *flop-flipped.*

*Night And Day*에서도 유사한 예를 볼 수 있다. Day time과 night time의 대조어를 사용하여 강한 대비효과를 갖는다.

When the sun is shining in Seoul, it is **day time** in Seoul.
When the sun is shining in N.Y., it is **night time** in N.Y.

2) 도치 구문(Change in Usual Word Order: Hyperbaton)

도치구문을 사용하여 강조하는 수사법으로 강조할 부분을 맨 앞으로 도치시켜 특정의미의 중요성을 부각시킨다. 예를 들어, *Harry The Dirty Dog*에서 다음과 같은 표현이 나온다.

Up the stairs he dashed,
with the family
following close behind.

원래 문장은 He dashed up the stairs이지만 2층으로 올라갔다는 것을 강조하기 위해서 도치용법을 사용하였다. 이때 도치되는 품사를 고찰해보면 부사가 도치되는 경향이 높다.

3) 어휘에 접미사 붙이기
(Addition of letters to the end of a word: Proparlepsis)

글쓰기에서는 단어를 통해서 미묘한 차이까지 표현하는데 서로 다른 어휘를 선택하여 사용할 수도 있지만 기존의 어휘에 접미사를 사용하여 그 의미를 전달할 수도 있다. 영어에서는 접두사 및 접미사처럼 접사를 사용하여 풍부한 어휘를 생성해내므로 이것이 가능하다. *Harry The Dirty Dog*에서 작가는 작은 생명체를 언급하는 접미사 '- *gie*'를 사용하여 Harry를 표현하는 예를 보여주고 있다. pig의 새끼는 Piggie이며, dog는 doggie로 표현한다.

"This little dog*gie* wants a bath!"

위에서 dog를 사용해도 무방하지만 Harry라는 주인 소년의 작고 어린 강아지 즉, 아동의 이미지를 느끼게 하기 위해서 '- gie'를 덧붙여 가상 독자에게 좀더 사실적이고 친근한 주인공을 설정하고 있다.

4) 연이은 반복표현(Immediate Repetition: Epizenxis)

연령이 낮은 아동이 보는 그림책은 글과 그림 모두에서 생동감 및 리듬감이 있어야 아동의 흥미를 유지하기 쉽다. 이때 사용하는 것이 감각에 호소하는 의성어, 의태어 등이다. 또한 특정 표현 및 대화 그리고 후렴구의 반복을 통해서 리듬감을 줄 수 있다. 연이어 따라 나오는 반복 표현은 특정 내용을 강하게 강조하고 싶을 때 사용할 수 있다. 즉, Harry가 목욕을 하러온 것이 반갑고, 목욕을 싫어하던 그 Harry가 분명하며, 우리 집에서 키우던 바로 그 Harry라는 것을 강조하여 나타내고 있다.

"It's Harry! It's Harry! It's Harry!"they cried.

단순히 반복되는 감탄의 표현이지만 Harry의 꼬마 주인의 목소리가 생동감 있게 들리는 것과 같은 효과를 주며, 위에서 설명하고 있는 Harry의 이미지를 도출해내고 있다.

5) 가주어를 사용한 강조 구문(The It-shift/The There-Shift)

'It-강조 구문'은 특정 의미를 강조하기 위해서 가주어 'It'을 사용하는데 일반적으로 'it' 바로 다음에 나오는 단어를 강조한다. 원래는 To be home is wonderful이라고 기술할 수 있지만 강조구문에서는 wonderful이 home이라는 단어보다 먼저 나오므로 'wonderful'을 더 강조할 수 있다.

It is *wonderful* to be home.

There-강조구문도 역시 특정 어휘를 먼저 사용하여 그 의미를 강조하고자 할 때 사용된다. 아래의 예시에서는 'many other things'를 강조하고 있다. *Harry The Dirty Dog*에서 다음과 같은 예시가 나온다.

> Although *there were many other things* to do,
> Harry began to wonder if his family thought
> that he had really run away.

위의 문장을 강조구문이 아닌 문장으로 써 보면 아래의 표현처럼 바뀔 것이다. 위의 글에서 아직도 놀 거리가 남아서 하고 싶다는 아쉬움 및 그 많은 것을 포기해야 한다는 안타까움이 느껴지지만, 뒤의 문장에서는 오히려 Harry의 걱정 즉, 'wonder'라는 단어가 전해주는 의미가 부각되고 있다.

> Harry began to wonder if his family thought
> that he had really run away, although many things left to do.

6) 파워 어휘 사용(Power Words)

다음과 같은 so, even, really, just, certainly 등의 어휘는 그 의미하는 바가 매우 강해서 '파워 어휘'로 구분한다. 강조하고 싶은 단어의 앞 혹은 뒤에 사용되며 독자의 시선을 강하게 집중시킬 수 있는 어휘들이다.

> He jumped into the bathtub and sat up begging, with the scrubbing brush in his mouth, a trick he **certainly** had never done before.

7) 병행(Parallelism)

병행은 단어, 구, 그리고 리듬까지 비슷한 문장을 말한다. 단어만으로 병행적 수사법을 사용할 수 있지만 단락같이 긴 것도 가능하다. 예를 들면, 다음과 같다.

> Being **helpless**, he felt **hopeless**.
>
> \- *Sylvester and the Magic Pebble*

> In fact, he changed from **a white dog with black spots** to **a black dog with white spots**.
>
> \- *Harry the dirty dog*

일반적으로 병행은 특정 사건이 진행되는 과정을 보여주는 데 많이 사용된다.

... got very dirty.
... got even dirtier.
... became dirtier still.
... got the dirtiest of all.

위의 예에서 보면, 독자는 병행된 구문에 따라 시간이 지날수록 Harry가 점점 더 더러워져 가는 정도의 차이를 느낄 수 있게 된다.

8) 기존 정보에 새로운 정보를 추가하는 유형(Known-New Pattern)

이야기의 전개는 알고 있는 것을 기반으로 새로운 정보가 제공되어야 독자의 관심을 끌기가 쉽다. 이야기가 기존 정보에 새로운 것을 추가하면서 전개되면 독자는 다음에 어떤 일이 벌어질지 예측하면서 글을 읽기 때문에 이야기에 대한 흥미를 유지하게 될 것이다.

Harry는 좀 더러워지긴 했지만 자신이 Harry라는 것을 입증하기 위해서, 자신만의 재주를 보여주고, 그것으로는 설득할 수 없다는 것을 알고 차츰 추가적인 행동을 보여주는데 독자에게는 이것이 새로운 정보가 된다. Harry는 둥글리기, 죽은 척하기, 춤추기, 노래하기 등을 하나씩 추가하면서 자신이 Harry라는 것을 증명하고자 한다.

> He started to do all his old, clever tricks.
> He flip-flopped
> and flop-flipped.
>
> He rolled over
> and played dead.
>
> He danced and he sang.

이처럼 각 페이지가 넘어갈 때마다, 다음 장에 어떤 내용이 나올 것인지에 대한 궁금증을 유발시킬 수 있는 장치를 해두는 것이 좋다. 다른 예로는, 각 페이지의 마지막에 질문을 넣어 다음 페이지에서 답을 찾게 하는 것이다. 예를 들면, 그림책 *Brown Bear, Brown Bear, What Do You See?*에서는 질문을 던지고 답은 다른 페이지에서 'I see a red bird looking at me'라고 그림과 함께 제시한다. 또한 이야기 책 전반에 걸쳐 반복되는 구문을 제시하여 독자의 관심을 끌고 있다.

9) 전후 문장의 배열로 의미 강조(Sentence Focus)

아래 (a), (b)의 문장은 의미적으로 매우 유사하다. 그러나 문장

(c) 앞에 올 문장으로는 (a)가 (b)보다 더 적합하다. 그 이유는 (a)의 문장 마지막에 제시된 a gift에 이어서 (c)의 it이 gift를 받기 때문이다. 이처럼 문장 하나를 놓고 보았을 때는 (a)와 (b)의 의미에 큰 차이가 없지만 (a), (b), (c)를 함께 놓고 보면 두 문장의 의미 차이가 커진다.

(a) Mommy Mouse gave Little Mouse **a gift**.
(b) Mommy Mouse gave a gift to Little Mouse.

(c) **It** was a pair of mittens that she had knitted herself.
(d) He asked, "Is today my birthday?"

아래의 (a), (b), (c)에서도 (b)와 (c)를 바꾸어 He ran into the house carrying it in his mouth로 기술할 수 있으나, the scrubbing brush를 바로 it으로 받으려면 (a), (b), (c)의 구문이 훨씬 효과적일 수 있다. 이처럼 문장의 순서는 독자가 다음에 어떤 내용이 올 것인가를 예측하는 데 큰 역할을 하기 때문에 문맥 속에서 어떤 내용을 먼저 써주어야 하는가를 고민해야 한다.

(a) He'd found the **scrubbing brush!**
(b) And carrying **it** in his mouth,
(c) he ran into the house.

10) 사건에 대한 반응 표시(Sentence after Sentence)

독자들은 이야기 속에 나타나는 특정 행동에 대한 반응을 기대하며 글을 읽는다. 예를 들면, *Harry The Dirty Dog*에서 Harry가 목욕해야 할 시간임을 알리기 위해서 다음과 같은 구문을 사용하였다.

So one day when he heard the water
running in the tub,
he took the scrubbing brush ⋯

위의 구문은 Harry가 목욕해야 한다는 것을 전지적 작가 시점에서 기술해주는 것이 아니라 주인공인 Harry가 물소리를 듣는 행동으로 표현하고 있다. 이에 대해 독자는 Harry가 어떤 반응을 보일지 매우 궁금해 할 것이다. 이때, Harry의 반응 묘사는 내부적 반응(Inner action: thinks, feels, senses, wants) 혹은 외부적 반응(Outer action: does, says)으로 나누어 표현할 수 있는데, 여기서는 외부적 반응을 선택하여 목욕 솔을 뒷마당에 묻는 것으로 반응한다. 그리고는 집을 뛰쳐나가는 연속적인 반응을 보인다.

여기서 사건과 반응은 방향성을 갖는다. 사건을 기술하고, 그 사건에 대한 반응을 기술해야 하는 일정한 방향성이 존재한다.

he took the scrubbing brush ⋯
and buried it in the back yard.
Then he ran away from home.

방향성이 있다는 것은, 사건에 대한 반응을 먼저 묘사한 후에 사건 혹은 행동을 기술하지는 않는다는 것이다. 구체적으로 다음 페이지에 제시된 예문처럼 반응이 먼저 나타나고 사건에 대한 기술이 뒤따르지는 않는다. 위의 글을 반응 뒤에 사건에 대한 기술로 다시 쓰기를 하면 다음 페이지처럼 전환된다. 비록 문법적 오류가 없다고 하여도, 읽으면서 뭔가 부자연스럽다는 것을 느끼게 되는데 그 이유가 바로 행동과 반응에 대한 기술의 방향성 때문이다.

Before he ran away from home,
he buried the scrubbing brush
which he took from the bathroom
in the back yard.

11) 대화문(Conversation)

주인공의 성격 및 사건의 전개를 대화문 없이 긴 문장으로만 기술하면 이야기가 길어지면서 그림책의 특징인 간결성이 사라지고 재미가 없어진다. 성인 소설에서는 그림이 없기 때문에 독자의 상상력을 보완해주기 위해서 구체적 기술이 필요하지만 그림책은 간결성을 유지해야 하는 특징 때문에 기술보다는 '대화문'을 사용하여 그와 같은 효과를 대신하고 있다. 구어체이기 때문에 쉽게 이해할 수 있으면서도 사건의 전개를 구체적 기술 없이 전달해 줄 수 있기 때문에 효과적이다.

"This little doggie wants a bath!" cried the little girl, and her father said,
"Why don't you and your brother give him one?"

위의 문장에서 대화체로 쓰지 않고 서술적으로 상황을 설명해야 한다면 상당히 길고 어려운 문장으로 상황을 설명해야 한다. 예를 들어 위의 대화문을 서술문으로 기술한다면 다음과 같은 길고 지루한 문장이 될 것이다.

When the little girl saw Harry he was all dirty. Since he was holding the scrubbing brush with his mouth it meant that Harry wanted to take a bath. The little girl was very surprised because Harry did not like to take baths. It was an unusual thing for him to want.

Her father was also surprised the little dog holding the brush in front of them. He thought it was a chance to give the dog a bath. So he suggested that his daughter give Harry a bath.

그러나 대화문을 사용함으로 간결하고 아동의 수준에 맞는 적정한 언어수준 내에서 표현이 가능해진다. 특히 요즘 아동들은 멀티미디어에 익숙해져 있기 때문에 긴 글로만 아동의 호기심을 불러일으키기는 힘들다.

흥미로운 대화문을 작성하기 위해서는 작가가 주인공의 입장이 되어 사실적으로 독자나 다른 등장인물에게 말하듯 하는 것이 중요하다. 특히 주인공이 아동들이기 때문에 아동의 언어로 말하고 표현해야 한다. 그러나 다섯 살짜리 아이들이 쓰는 언어로 대화문을 만들어야 하는 것은 아니다. 아이들은 그림책을 읽으면서 언어가 발달하기 때문에 일상적 언어를 사용해도 된다. 그러나 아동의 입장에서 아동의 감성과 인지수준에 적합한 대화문을 작성해야 한다. 아이들을 키워보지 않았거나 5세에서 10세 또래의 아이들과 함께 살고 있지 않다면 아이들이 어떻게 말하는지 재현해내기가 쉬운 일은 아니다. 좀 더 쉽게 아동의 입장에서 대화문을 쓰기 위해서는 아이들의 언어 환경에 들어가 아이들의 일과와 일상을 고찰하는 것이 좋지만, 영어로 글을 쓰고자 할 때, 영어권 아이들의 일상을 고찰하며 그들의 언어사용을 관찰하기가 쉽지 않다. 그러므로 원어민 아동들의 글을 접할 수 있는 웹사이트를 참고 하는 것이 좋은 방법이며, 최근 나오는 아동문학을 많이 접하는 것이 중요하다. 동화책뿐만 아니라 아동들이 읽은 잡지나 신문 등을 고찰하는 것도 좋은 방법이다.

12) 응집성(Cohesion)

독자는 글을 읽으면서 다음에 어떤 내용이 나올지를 예측하면서 글을 읽게 되는데 이처럼 글을 예측하게 할 수 있는 장치가 바로 글의 통일성(coherence)과 응집성(cohesion)이다. 이야기는 각 영역의 집합체가 아니라 유기적으로 조직된 것이다. 즉, 하나의 주제를 중심으로 통일성 있게 구성되어 있는 것이 통일성을 뜻하며, 글의 형식도 주제가 잘 나타날 수 있도록 유기적으로 구성되어 있는 것이 응집성을 뜻한다.

예를 들면, Harry가 집을 뛰쳐나와 길거리에 놀면서 점점 더 더러워져가는 모습을 보여주기 위해서 저자는 통일성을 사용하고 있다. 처음에는 일반 형용사 dirty를 사용하고, 두 번째는 비교급 dirtier를 사용하여 시간이 경과함에 따라 더 더러워졌음을 예측하게 하고, 그 후에는 더러움이 계속되는 과정을 겪는데 dirtier still이라는 표현으로 즉, 부사를 사용하여 비교급을 강조하고 있으며, 마지막으로는 dirtiest of all의 표현으로 더 이상 더러워질 수 없는 단계로 이동한다. 즉, 시간의 추이와 더러움의 정도가 비례하는 것을 통일성 있게 제시하므로 독자가 기대하는 것을 만족시키고 있다.

잘 짜인 이야기가 되려면 글의 형식적인 면에서 응집성이라는 구조를 갖추고 있어야 한다. 이때, 이야기의 각 부분들을 유기적으로 연결시키기 위해서는 적절한 연결어 즉, 접속사 사용이 필요하다. Since, therefore, because와 같은 인과 관계 접속사 그리고 but, and, however 등과 같은 관계 접속사, 추가적으로 this, that, it과 같은 대명의 사용은 문단의 앞과 뒤를 의미적으로 연결하여 한 덩어리로 만들어주는 데 큰 기여를 한다. 작가는 이와 같은 접속사의 사용법을 잘 숙지하여 글의 통일성 및 응집성을 유지해야 한다.

10. 적절한 어조(Register) 사용하기

영어로 동화책을 쓸 때는 문장의 문법성과 함께 상황에 맞는 어조 사용이 중요하다. 책을 읽는 독자가 아동이기 때문에 아이들이 사용하는 어휘 및 구문을 사용해야 할 필요가 있는 것이다. 예를 들면, You might get infected with head lice!라는 문장에서 'infected'라는 어휘는 성인들 혹은 병원에서 사용할 법한 용어로 아동이 사용하기에는 적절한 어휘가 아니므로 아동을 위한 그림책의 어조로 적합지 않다.

또한, 글의 장르에 따라서 문장의 길이, 문장의 유형, 어휘 선택이 달라질 수 있다. 신문사설과 달리 아동을 위한 이야기이므로 가능하면 문장의 길이는 짧게, 어휘의 음절수도 짧은 것을 선택하는 것이 좋다. 딱딱하고 긴 서술문은 아동의 흥미를 저해시킬 수 있으므로 자제한다.

아래의 예에서처럼, 긴 문장이더라도 단순한 문법구조가 등위 접속사로 연결된 것은 관계 대명사나 부사절이 있는 구문보다는 이해하기가 쉽다. 그러므로 가장 기본적인 문형인 S + V + O의 형태로 세 개에서 다섯 개의 어휘로 구성된 문장을 사용하는 것이 쉽다. 글쓰기를 한 후에도 혹시 너무 어렵게 작성되었다고 생각하면 문법변형, 시제변형, 그리고 어휘변형을 통해서 쉬운 구문으로 바꾸기를 시도해 볼 필요가 있다.

주인공의 성격에 따라서 급한 성격의 사람이 말을 하는 것과 느긋한 사람이 말을 할 때 나타나는 특징을 포착하여 글을 써야 할 것이다. 특히 등장인물들의 나이와 성격 그리고 감정 상태에 따른 어조를 구분하여 사용하는 것이 중요할 수 있다.

한국어 문체 및 수사법의 사용과 영어의 문체가 다르기 때문에 나타나는 문체들도 고려할 필요가 있다. 언어는 특정 문화의 산물이기 때문에 문화적 요소를 포함하고 있으며, 수사법에서 의성어, 의태어 등은 문화마다 표현 방법이 달라서 주의할 필요가 있다.

1) 영어와 한국어 문체 차이에 따른 표현상의 주의점

예비 작가들의 초고를 분석하면서 가장 흔하게 나타나는 오류들을 살펴본 결과 한국어와 영어의 맞춤법이 뒤섞이는 경우를 볼 수 있었다. 영어 그림책 제작에서는 이러한 혼돈을 피하고 영어 맞춤법과 대문자 사용의 표준적 표현방법을 숙지하고 사용할 필요가 있다.

(1) 인용부호사용

최근 영어사용에서는 과거와 달리 인용부호 사용에 대해 큰 제약을 가하지 않는다. 즉, 특정 글에서 통일성만을 제시한다면 인용에 대한 표현방법이 다양해질 수 있다는 것이다. 그러나 올바른 인용부호가 사용되지 않으면 독자가 글을 이해하는 데 어려움을 겪을 수 있으며, 특히 글을 배우고 있는 아동을 대상으로 하는 도서에서는 올바른 인용부호를 사용해 주는 것이 좋다. 다음의 인용문 사용 예를 보고 맞는 문장을 찾아보도록 하자.

1. “It’s cold today” she said.
2. “It’s cold today”, she said.
3. **“It’s cold today,” she said.**
4. “It’s cold today.” she said.

여기서는 It’s cold today.라는 문장을 인용하고 있으므로, 3번의 “It’s cold today,” she said.로 사용해야 한다. 인용문에서는 문장의 마침표 대신 콤마(,)를 사용한다.

그러나 아래의 예문에서 보면, 간접 인용되는 문장은 "Hey"까지이므로 위에서 언급한 것처럼 "Hey,"를 사용하며, she said로 문장을 마친다. 다음은 It's cold.에 대한 문장을 인용할 차례이다. "It is cold."는 직접 인용문을 사용하여 새로운 문장이 시작되는 것을 보여주므로 대문자로 문장을 시작하는 "It is cold."를 사용해야 한다. 그러므로 올바른 인용문 기호를 사용한 것은 2번 문장이다.

1. "Hey," she said, "it's cold."
2. **"Hey," she said. "It's cold."**
3. "Hey," she said "it's cold."
4. "I like this," she said. "I don't like that."

'What's up?'과 같은 의문문을 인용한 경우를 고찰해 보면 다음과 같다. 평서문의 인용과 비슷하지만 위의 평서문에서는 마침표 대신 콤마(,)를 사용하는 것과 달리 의문문에서는 물음표(?)까지 그대로 인용해 주는 아래의 3번 문장이 옳은 표현이다.

1. "What's up?" She asked.
2. "What's up"? she asked.
3. **"What's up?" she asked.**

위의 1번 문장은 인용은 잘 했지만 she asked에서 she를 대문자로 표현했기 때문에 틀린 표현이며, 2번째 문장은 물음표(?)가 인용부호 밖으로 나와 있기 때문에 오류 표현이 된다.

(2) 생략부호(Ellipsis)

생략부호는 영어의 경우, 세 개의 마침표 점을 연속적으로 사용하기는 하지만 각각의 마침표 사이에는 띄어쓰기를 해야 한다(Allen, 2002, p. 88). 보통 생략 부호는 말이 줄여졌거나 생략되었다는 것을 알려준다. 생략부호는 영어에서 네 가지 기능을 하는데 중간에 단어나 구가 생략되었을 때, 문장의 미완성을 나타낼 때, 단어 열거표시, 혹은 휴지 및 머뭇거림을 표현하고자 할 때 사용한다.

예를 들어, 디킨스의 작품에 한 부분을 보면 말 줄임을 사용하여 중간 부분에 몇 개의 구문이 생략되었다는 것을 보여준다. 이때, 말줄임표 다음에 오는 구문을 소문자로 시작하여 앞에서부터 계속적으로 문장이 연결되어 있고, 중간에 어떤 것이 생략되었다는 것을 보여준다.

> "It was the best of times, it was the worst of times . . . it was the spring of hope, it was the winter of despair."
>
> - Charles Dickens, *A Tale of Two Cities*

생략부호는 말을 머뭇거리는 '휴지' 및 '미완성'을 나타낼 때도 사용할 수 있다. 특히 뭔가를 생각하고 있다는 것을 표현하거나 무엇인가 불확실한 것을 말하고자 할 때 사용할 수 있으며, 혹은 말줄임표에 해당하는 부분을 독자의 상상력에 맞기고 싶을 때 활용할 수 있다. 다음의 1번 예문은 머뭇거림을 보여주며, 2번은 문장의 미완성, 그리고 3번은 단어가 계속적으로 열거되는 것을 나타낸다. 이때, 2번의 문장에서처럼 생략부호가 문장의 마지막에 오는 경우는 일반적으로 마침표를 생략하는 경우가 많다. 영어에서는 문장부호 대시(-)를 사용하여 말줄임표를 대신 사용하는 경우도 있다.

1. "Um . . . I'll have the steak."
2. "But I thought you were vegetarian . . ."
3. "He noticed all the wonderful colors around him - the color of flowers and building and hair and car . . ."

그러나 한국어의 맞춤법에서 사용하는 말줄임표는 기능면에서 영어의 생략부호(ellipsis)와 상당히 유사하기 때문에 한국어의 말줄임표와 영어의 생략부호를 동일시하는 경향이 있다. 그러나 한국어에서 말줄임표는 문장의 미완성 표시와 말없음 표시만을 표시하는 두 가지 기능만 갖는다. 그 형태 또한 영어와 달리 중간점(·····)을 5-7개 사용하며 말줄임표 끝에 마침표를 사용한다.

다음은 권정생의 '강아지 똥'에 사용된 말줄임표의 예인데 문장의 미완성을 보여주고 있다. 여기서는 마침표와 달리 다섯 개의 중간점을 사용하고 있고 말줄임표의 마지막에는 마침표를 찍었다. 즉, 한글 맞춤법에서 말줄임표는 항상 문장의 끝부분에만 사용해야 하며, 말줄임표 뒤에는 항상 마침표를 찍는다. 즉, 문장의 중간에는 말줄임표를 사용하지 않는 것이 규정이다.

> "똥 중에서도 제일 더러운 개똥이야."
> 하고는 용용 죽겠지 하듯이 쳐다봅니다. 강아지 똥은 기어이 울음보를 터뜨립니다. 울면서 쫑알거렸습니다.
> "그럼, 너는 뭐야? 울퉁불퉁하고, 시커멓고, 마치 도둑놈같이·····."

영어 동화 창작과정에 나타난 세 개 이상의 마침표 사용은 한국어 문체에서 전이된 것이라고 할 수 있다. 문체와 맞춤법 사용에서 모국어적 표현과 맞춤법을 영어에 전이시키지 않도록 주의해야 할 필요가 있다.

> "Mommy …… I don't want to go outside. There are too many strangers. I'm afraid …… How about play with my robot in my room?"
>
> "…… Okay ……"
>
> - 예비 작가의 초고 중에서 -

이와 같은 문장부호의 전이에 따른 오류적 영어표현은 생략부호뿐만 아니라 감탄사 부호 및 물음표 사용에서도 나타난다. 요즘 스마트폰 혹은 이메일에서 문자를 통해 자신의 감정을 표현하고자 하는 욕구가 나타나면서 특정 문장부호를 중복해서 사용하는 경우가 많다.

그러나 그림책에서 사용하는 영어표현은 문자 및 이메일의 비형식적 표현과는 다르다는 것을 인지해야 할 필요가 있다. 아래의 예에서처럼 과다한 부호사용은 부호가 표현하고자 하는 감정 및 의미를 강조하고자 사용했을 것이다. 즉, 'Huh?' 보다 'Huh??'는 그 놀람의 정도가 크다는 것을 알 수 있지만 추가적으로 물음표를 두 개 세 개 그리고 네 개 사용한다고 주인공의 놀람의 정도가 네 배 증가했다고 인식하기보다는 오히려 글쓰기의 미숙함으로 해석될 수 있으므로 주의하여 사용할 필요가 있다.

1. Huh???
2. There are many different shaped peas!!!!

(3) 대문자 사용법

한국어 맞춤법에는 적용되지 않는 것이지만 영어 표현에서 대문자 사용규칙은 의미의 변화를 가져올 정도로 중요한 부분이다. 언제 대문자를 사용해야 하는지를 구체적인 예와 함께 고찰해 보자.

1. 문장의 첫 번째 단어는 대문자를 사용한다.

I like this village. She does not like this village. (o)
I like this village. she does not like this village. (x)

2. 고유명사의 경우 대문자를 사용한다. 건물명이나 사람이름, 거리이름 등 특정 고유명사는 대문자로 사용해야 한다. 예를 들면, 다음과 같다.

She loves Coca cola.
This is my friend. His name is Rabbit.

3. 달과 요일은 그리고 역사적 기간은 대문자를 사용해야 한다. 그러나 today, tomorrow, yesterday와 계절명은 예외이므로 소문자로 사용해야 한다.

예를 들면, Today is the first **Monday** of December.
During **World War II**, a lot of solders were killed.

4. 호칭은 어떤 명칭이든 대문자를 사용해야 한다. 위에서 일반적인 토끼를 가리킬 때는 rabbit으로 소문자로 사용했지만 여기서는 Rabbit 부인을 칭하는 것이므로 대문자로 사용해야 한다.

I talked to old **Mrs. Rabbit** yesterday.

5. 동물의 이름이 고유명사인 경우는 대문자를 사용하지만 그렇지 않은 경우는 소문자를 사용한다. 다음에서는 동일한 rabbit 이지만 일반 동물을 지칭할 때, 고유명사일 때를 혼용하여 사용하고 독자들은 대문자와 소문자의 사용으로 그 쓰임새를 구분하게 된다.

I really like rabbits.
This is my friend. His name is Rabbit.
I talked to old Mrs. Rabbit yesterday.
"I usually like rabbits," said Rabbit. "But one rabbit I really don't like is old Mrs. Rabbit."

2) 영어와 호환이 되지 않는 한국어 표기법에 따른 영어표현의 오류

(1) 영어에서 '~'의 표현

한국어에서 말의 꼬리를 흐리는 '~' 표현을 영어의 표준 언어에서는 사용되지 않는다. 예를 들어, 예비 작가들의 글을 보면, 초고 단계에서 많이 나타나는 '~'의 표현은 영어 사용자에게 아무런 의미를 주지 못한다. 그러므로 영어 표기법과 다른 한국어 표기법을 영어 글쓰기와 혼용하는 것은 표준 영어를 학습시키려고 하는 영어 학습 자료 개발에서는 자제해야 할 필요가 있다.

"Oh~! Come on baby~!
Let's go and play with some new friends. I will be with you."

마치 핸드폰 텍스트 메시지에서 사용하듯, '~' 부호를 사용하고 있는데, 감탄의 여운을 표시하기 위해서 사용하였지만, 그림책 글쓰기에서는 사용하지 않는 것이 좋다.

(2) 의성어 및 의태어의 표현 차이

그림책에서는 사건을 좀더 사실적으로 전달하기 위해서 의성어와 의태어를 사용하는 경우가 많다. 그러나 의성어와 의태어도 개별언어에 따라 다르게 표시되기 때문에 한국식 의성어를 영어로 표현하면 오류를 범하게 된다. 예를 들어, 우리나라의 '꼬끼오 꼬꼬'는 영어에서 'cockadoodledoo'로 표현되는데 이것은 소리나 형태를 표현하는 어휘 또한 특정 언어와 문화에 많은 영향을 받기 때문이다.

예비 작가들이 창작한 e-영어 그림책의 초고를 고찰해 보니, 문장 가운데 주인공들이 서로 몸싸움을 하면서 내는 소리인 '탕탕탕!'을 발음하는 그대로 표기한 "Tang, Tang, Tang . . ."이라는 표현이 있는데, 이 표현은 영어 사용자에게는 오히려 이해하기 힘든 표현이다. 영어에서는 'Tang' 대신 'Bang'을 사용하므로 원어민과 유사한 언어로 구현하면 "Bang, Bang, Bang . . ."이 될 것이다.

11. 오류 표현 수정하기

글의 창작이 끝나면, 앞서 언급했던 많은 수사적 기법이 적절하게 잘 사용되었는지를 다시 읽으면서 수정해보는 작업이 필요하다. 아래의 예문들은 예비 교재 개발자들이 작성한 e-영어 그림책의 초고 내용이다. 예비 개발자들의 문장과 수정된 수정문을 비교해봤을 때 미묘한 차이를 갖는다. 즉, 영어사용에 있어서 문법적이지만 어휘선택 및 문장구조의 선택에 있어서 부자연스러운 문장들이 나타나는

데 이를 수정할 필요가 있다. 이것은 많은 원서를 읽음으로써 그 언어에 대한 감이 생기면 증진될 수 있다.

특히 영어 학습교재로 사용될 수 있는 e-영어 그림책은 사실적이고 현장감 있는 영어가 사용되어야 할 필요가 있으므로 영어 사용에 주의해야 한다. 이후에 제시되는 표에서는 예비 작가가 작성한 초고에서 사용된 표현을 수정본으로 제시해 보았다.

1) 가족관계

가족관계를 나타낼 때 우리는 가장 나이가 많다는 표현으로 '*The eldest pea* was long.'과 같은 한국식 영어를 사용하기 쉽지만 영어에서 큰 형을 'oldest'로 표현한다.

표 12 가족 관계 표현

예비 작가의 초고	수정본
***Once upon a time, three pea brothers lived in a pod.* The *eldest pea* was long. *The* *second elder* pea beat a drum. The *youngest* pea wore two different socks. They hated each other because they couldn't understand each other's feature. They considered each other very weird and strange.**	The ***oldest pea*** was long. The **middle** pea always **played a drum**. The youngest pea always wore **odd socks**. They got angry because they couldn't understand each other. They thought their brothers were very weird and strange.

위의 수정본에서는 글의 간결성을 위해서 삼형제에 대한 기술적 표현을 자제하고 oldest-middle-youngest처럼 직접적으로 삼형제에 대해 소개한다. 한국에서는 서열이 중요하기 때문에 첫째, 둘째, 그

리고 막내라는 표현이 사용되지만, 영어권 문화는 서열문화가 아니므로 'middle'이라는 어휘를 선택하여 수정하고 있다.

앞의 어조(Register)에서 고찰해 보았듯이, 어휘 선택에 있어서도 연어사용법(collocation)을 고려하여 가장 적절한 표현을 사용하여야 한다. 위에서 'beat a drum'은 연어사용법과 관련하여 더 많이 쓰이는 'played a drum'이라는 표현으로 대치될 수 있다. 아동을 위한 그림책이므로 좀더 쉬운 'play'라는 어휘를 사용하는 것이 더 적절하다.

또한, 영작을 할 때 단순히 국어적인 표현을 번역하고자 하면 많은 오류를 범하게 된다. 한국어에서는 '짝짝이 양말(two different socks)'로 표현하지만 영어에서는 'odd socks'로 표현한다. 'hate'과 'angry' / 'considered'과 'thought'의 어휘에서 나오는 미묘한 뉘앙스를 잘 표현해야만 사실적 언어표현에 접근할 수 있게 된다. 'hate'는 문맥상 너무 강한 어휘이기 때문에 좀더 완화된 느낌을 전달해 줄 수 있는 'angry'로 수정하였으며, 'considered'라는 어휘도 초등학교 1-2학년에게는 너무 어려운 어휘이므로 'thought'라는 유사 의미의 어휘를 선택하여 수정하였다.

2) 제안 및 제시

다음은 제안 및 제시 표현에서 Let's의 표현과 What about-의 표현에 대한 차이를 고찰해 보자. 예에서 볼 수 있듯이, '이곳이 좋으니 여기서 살면 어떨까?'라는 표현으로는 'What about this village?' 보다는 "Let's live in this village!"가 문맥상 좀더 매끄러운 표현으로 인식될 수 있다. What about this village?라는 표현은 형식을 갖추고 언어를 사용하는 맥락에서 자주 사용되며, 간접적인 제안을 하고 있다. 이것은 한국적 언어사용법과 관련이 있기도 하다. 한국표현

표 13 제안 및 제시 표현

예비 작가의 초고	수정본
At that time, the eldest pea brother said *"What about living in this village?* I like this village! <u>Here are</u> diverse shaped peas together!!" "Ummmm.... What about going different village?" said second elder pea brother.	**The oldest brother said, "*Let's live in this village!* I like this village! <u>There are</u> many different shaped peas."** **The other brothers didn't want to live in that village. "Let's find a different village," they said.**

은 영어적 표현보다 좀더 간접적 의사소통 표현을 많이 사용하는 편이기 때문에 이와 같은 표현을 선호하는 경향이 있다. 그러나 영어 표현은 좀더 직접적인 표현을 선호하고, 특히 연령이 어린 아동을 대상으로 하고 있으므로 간접적 표현으로 어려움을 더하기보다는 간단하고 직접적인 영어표현을 사용하는 것을 원칙으로 할 수 있다.

학생의 초고에서 사용한 'What about living in this village?'의 기능은 바로 뒤에 따라 나오는 I like this village!라는 표현을 고려해볼 때, 실제적으로 그 곳에 살 것인가에 대한 질문을 하는 것이라기보다는 이곳이 '매우 적합한 곳'이라는 감탄적 의미를 포함하고 있기 때문에 "Let's live in this village!"라는 청유형 문장과 감탄부호를 사용하여 그 의미를 전달하는 것이 효과적이다.

비인칭 주어인 '***There***'와 '*Here*'의 쓰임새를 볼 때, 한국적 표현으로는 '여기에 정말 다양한 모양의 콩들이 함께 모여살고 있네요.'라고 말하고 싶어서 'Here'라는 표현을 사용했을지 모르지만 영어표현에서는 There is~, There are~로 표현한다.

학생의 초고에서는 'Ummmm....'이라는 표현으로 다른 두 형제가 생각을 한 후에 다른 곳으로 가자는 말을 한 것으로 독자를 이해시키려 했지만, 영어 표현에서는 좀더 직접적으로 사고의 과정을 보여주는 것이 좋다. 한국어는 '이심전심(以心傳心)'처럼 맥락을 통해서 상대의 마음을 마음으로 읽어낼 수 있는 **맥락 의존적 언어사용**이 많지만 영어는 **맥락 독립적**으로 그 곳에 사는 것을 수락하지 않는 이유, 즉 두 형제는 그 마을이 마음에 들지 않는다는 것을 글로 알려주는 것이 좋다. 이번에도 청유형 문장유형을 사용하지만 감탄이 아니라 청유형이므로 감탄문이 아닌, "Let's find a different village."로 표현하였다.

3) 행위와 반응(Action and Response)

앞에서 언급한 것처럼 사건과 사건에 대한 반응은 시간적 순서에 따라 단일 방향으로 가는 것이 일반적이기 때문에 아래에 제시된 학생의 초고도 그 규칙에 따라 수정해 볼 수 있다.

표 14 행위와 반응 표현

예비 작가의 초고	수정본
"Hi Jeremy. How are you?" Jeremy's aunt visited Jeremy's house.	**Jeremy's aunt visited his house. "Hi, Jeremy," his aunt said. "How are you?"**

예비 작가의 초고에서 시간적 추이를 고려해보면, Jeremy의 아주머니가 먼저 도착한 후, 그에 대한 후속 행위로 아주머니가 Jeremy에게 인사를 건넨다. 그러나 표현적으로는 인사하는 모습이 먼저 나오고, 아주머니가 방문한 사건이 나중에 기술되었다. 이것을 시간의 흐름에 따라 기술하는 것으로 수정하면, 위의 오른쪽에 제시된 수정

문처럼 바뀐다. 특히, 대화문을 작성할 때는 앞에서 언급한 것처럼 누가 인사한 것인지를 밝히기 위해서 간접화법으로 말한 사람을 밝혀주는 것이 좋다.

4) 말줄임표 사용(Ellipsis)

영어와 한국어 표현에서 '여운'에 대한 문장부호가 다르게 사용된다. 그러므로 말줄임표를 사용할 때 특히 유의하여 사용해야 한다. 말줄임표를 사용할 때 영어에서는 세 개의 마침표를 찍는다. 예비작가의 초고에 나타난 생략부호의 오류 표현은 한국어 문장부호 규칙에 영향을 받아 마침표를 5-7 정도 사용했다. 그러나 영어 표현에서는 . . .를 사용해야 한다.

그림책 쓰기에서는 간결한 문체를 유지하는 것이 핵심이므로 구어체를 사용하더라도 간결함을 유지하는 것이 중요하다. 영어에서는

표 15 말줄임표 사용

예비 작가의 초고	수정본
"Mommy..... I don't want to go outside. There are too many strangers. I'm afraid...... How about play with my robot in my room?"	**"Mommy, I don't want to go outside. There are too many strangers. I'm afraid. I just want to play in my room," said Jeremy.** **"It's OK," his mom said.**
"Oh~ come on baby ~ let's go and play with new friends. I will be with you" "......Okay....."	**"Let's go and play with some new friends. I'll be with you."** **"Um . . . okay . . . ," Jeremy said.**

사용하지 않는 '~'부호는 사용하지 않으며, 영어 표현에 맞는 생략부호를 사용하는 것이 중요하다. 또한 간접인용을 통해서 누가 어떤 문장을 말고 있는지 확실하게 명시해주는 것이 좋다.

5) 언어수준에 맞는 어휘선택

그림책의 문체는 단순하고 짧은 문체가 좋다. 그림책에서 능동태 구문을 사용하면 이야기 속에서 전개되는 사건 및 활동들을 생동감 있게 전달해 줄 수 있으므로 독자의 마음을 사로잡는 데 도움이 된다. e-영어 그림책 쓰기 프로젝트의 초고로 작성된 아래의 예는 언어수준 L3에 해당하는 것이다. 주인공의 연령도 5세에서 8세이므로 가상 독자 또한 그와 비슷한 연령일 것이다.

그림책을 창작할 때는 가상 독자의 연령대를 고려한 어휘 선택이 중요하다. 예시문에서 사용된 동사 'pluck'의 의미는 'to pull the feather of bird'라는 것으로 물론 'courage'와 함께 사용되기는 하지만 5세에서 8세의 가상 독자와 맞지 않으므로 문장을 단순하면서도 명확하게 전달할 수 있는 표현으로 바꾸는 것이 좋다.

표 16 어휘 사용

예비 작가의 초고	수정본
Finally, he **plucked** his all courage and asked to kindly - looking Ms. Rabbit.	**Finally, he saw a kind rabbit. He asked her.**

아래의 예시에 나타난 'wither' 또한 맥락에 맞지 않는 어휘이다. 이와 같이 특정 어휘와 잘 어울리는 어휘를 찾기 위해서는 Oxford Collocation Dictionary 등과 같은 사전을 사용하면 좋다. 이미 웹사

이트에 무료로 제공이 되고 있기 때문에 연어사전을 활용하여 적절한 어휘를 선택하여 사용하는 연습을 해 보면 좋다.

표 17 언어수준에 맞는 어휘 선택

예비 작가의 초고	수정본
However, unfortunately, it doesn't work. And the flower **withers**.	**But, it doesn't work and the flower dies.**

6) 'And', 'But', 'Because'로 시작하는 문장

한국어에서는 '왜냐하면', '그래서', '그러나'와 같은 접속사로 문장을 시작해도 별 무리가 없기 때문에 이에 영향을 받아 영어에서도 'Because', 'And', 'But'으로 문장을 시작하는 경우가 많다. 그러나 표준영어 사용에서는 접속사로 — because, and, but — 시작하는 문장을 선호하지 않는다. 그 이유는 단문보다는 복문을 사용하는 것이 문장의 효율성을 높일 수 있고, 'And'와 같은 문장부사를 사용한 문장들은 문장을 길게 만들어 간결성에 위배되기 때문이다.

한국어 사용자가 흔하게 범하는 오류를 피하기 위해서, 대학생들이 쓰는 길이가 긴 에세이에서는 'And' 대신에 'Also', 'Furthermore'를 사용하면 좋고, 'But' 대신에는 'However', 'Nevertheless'를 사용하며, 'So' 대신에는 'Therefore', 'Consequently', 'Thus'를 사용하며, 'Because' 대신에는 'Since'를 사용하는 것이 하나의 전략이라고 한다.

그러나 가끔 연령이 낮은 아동의 그림책에서는 이와 같은 접속사를 사용하여 간결성을 추구할 수 있다면 사용하는 것을 허락하고 있다. 위의 표 17에서 볼 수 있는 것처럼 'But'이라는 단순 어휘로

'However', 'unfortunately'를 사용하지 않아도 그 의미를 간결하게 전달할 수 있으므로 문장 처음에 But의 사용을 허락하고 있다.

But, it doesn't work and the flower dies.

하지만 아래의 표 18에 제시된 수정본에서는 논리적 간결성을 제시하기 위해서 Because로 시작하는 구문을 피하고, Tom의 성격 및 습관을 구체적으로 기술하기보다는, Tom이 소리 지르는 행위를 통해서 Tom의 성격을 보여주는 것으로 전환하였다.

표 18 And, But, Because로 시작하는 문장

예비 작가의 초고	수정본
Because of this Tom's bad habit, his parents always worried about him. After Tom shouted out, His mom always said to his dad with a sigh. "He will not realize his fault until he meet people like him."	**After Tom shouted out, his parents worried. They said, "He will not change until he meets other people like him."**

'His mom always said to his dad with a sigh.'은 부모의 심리적 상태를 표현하기 위해서 언어적으로 길게 기술하고 있지만, 그림책에서는 글로 심리적 상태를 길고 지루하게 기술하기보다는 될 수 있으면, 그림으로 심리적인 것을 표현하고 언어는 간결성을 유지하는 것이 바람직하다.

7) 직접인용과 간접인용문 사용

간접인용과 달리 직접인용은 사용방법이 매우 간단하다. 그러나 직접인용 대화문이 길어지면 누가 어떤 문장을 말했는지 파악하기가 힘들어지는 문제점이 있다. 물론, 그림과 함께 혹은 말풍선 처리가 되어 있는 경우는 화자가 누구인지 이해하는 데 도움이 된다. 그러나 아래의 예처럼 글로만 이루어진 경우는, 독자의 이해를 돕기 위해 간접인용문을 사용하는 것이 좋다.

표 19 간접 인용문의 활용법

예비 작가의 초고	수정본
"Frank! Do you recognize me?" "No I don't. Who are you?" "It's me. I'm Hilda." "You have changed as well." "You look gorgeous."	"Frank! Do you recognize me?" **Hilda said.** "No, I don't. Who are you?" **he said.** "It's me. I'm Hilda!" "You have changed so much!" **Frank said.** "You too!" **Hilda said.**

위의 예비 작가의 초고에서, 앞의 문장들은 상대방을 부르는 호칭이 들어가 있기 때문에 누가 누구에게 하는 말인지 인지하기 쉽지만, 맨 마지막 두 줄은 "You have changed as well." "You look gorgeous."는 혼동하기 쉽다. 만일 수사법적 효과를 갖기 위해서 일부러 모호성을 부여하는 것이 아니라면, 수정본에서처럼 간접화법을 사용하여 누가 한 말인지를 명확하게 밝혀주는 것이 좋다.

8) 간결성의 원리에 입각한 문장

아래의 표 20의 예비 작가의 초고와 수정본을 비교해보면, 표현의 간결성에 대한 차이를 느낄 수 있다.

표 20 간결성을 추구하는 문장 표현

예비 작가의 초고	수정본
"**Keep in mind** that you shouldn't **make** head to head **contact** with other people! **Otherwise**, you might get **infected** with head lice!"	"**Remember**, don't **touch** other people's heads! **If you do**, you might **get** head lice!"

예비 작가의 초고에서는 명령문임에도 불구하고 'that 구문'의 사용과 더불어 약 14개의 어휘로 구성되어 있다. 명령문은 간결성을 위해서 주어까지 생략을 하는데도 불구하고 초고의 예시문은 아주 긴 문장으로 구성되어 있다. 또한 9세에서 10세의 독자라고 하더라도, 'shouldn't make head to head contact'보다는 'touch'라는 단순한 표현을 사용하는 것이 좋으며, 'Otherwise'로 반대적인 상황을 고려하는 것보다는 사건의 흐름에 따라 가는 것이 인지적 요구가 적으므로 아동이 쉽게 이해할 수 있다. 마지막 문장에서도 'infected'라는 전문적인 어휘보다 좀더 일반적인 'get' 동사를 사용하는 것이 아동의 이해를 높일 수 있다. 이처럼 수정본에서는 간결성과 수월성의 원칙에 따라 단지 여섯 개의 단어를 사용하여 더 강한 메시지를 전달하는 명령문을 구성하고 있으므로 항상 어휘의 수준과 활용에 대해 고민하면 더 좋은 글을 쓸 수 있게 된다.

9) 구체적 행동으로 성격 및 사건 소개

표 21에서도 예비 작가의 초고는 이야기 속에 나타난 사건을 구체적으로 설명하고자 하는 시도가 나타나는 반면, 수정본에서는 간결성의 원리에 따라 최대한 간단하게 행동으로 그 상황과 심리적 배경을 전달하고자 하였다.

표 21 간결성의 원칙에 의한 문장 수정

예비 작가의 초고	수정본
He thinks carefully the differences between Polly and his behaviors. When Lolly **arrives at** home, his mom **gives** a dinner. Polly **loves** the vegetables on the plate but Lolly doesn't.	When Lolly **gets** home, his mom **makes** dinner. Polly **eats** all the vegetables but Lolly doesn't.

1. When Lolly **arrives at** home, his mom **gives** a dinner. Polly **loves** the vegetables on the plate but Lolly doesn't.

2. When Lolly **gets** home, his mom **makes** dinner. Polly **eats** all the vegetables but Lolly doesn't.

예비 작가의 문장인 1과 수정본 문장인 2를 비교해 보면, 2번 문장에서는 문맥에 따른 어휘선택과 수월성의 원칙에 따라 어휘를 사용하고 있다. 'arrive at home'과 'get home'은 동의적 표현이지만 좀더 간단하고 더 많이 쓰이는 'get'동사를 사용하고 있으며, 추상적인 'love'라는 어휘보다 실제적 행동을 보여주는 'eat'라는 행위 동사를 사용하여 차이점을 극대화시키고 있다.

표 22 간접 인용문과 직접 인용문 사용

예비 작가의 초고	수정본
He realizes how vegetables important for us.	He thinks, "Wow, vegetables **make me strong and healthy**!" "Wow, it **is really good to eat** vegetables!" Polly thought.

표 22에서 예비 작가의 초고는 수정본보다 짧게 잘 기술되어 있는 것처럼 보일 수 있다. 그러나 realize라는 어휘와 important라는 어휘는 추상적 개념을 가지고 있고, 개념 발달이 덜 된 아동에게는 이해가 힘들 수 있다.

그러나 수정본에서는 이와 같은 추상적 개념의 예가 행동으로 구현되면서 아동에게 쉽게 그 의미를 전달하고 있다. 즉, make me strong and healthy는 아동에게 중요하다는 개념을 전달하고, really good to eat 구문은 야채를 먹는 것에 대한 가치(value)를 전달해 주고 있다.

참고문헌

Allen, M. E. (2000). *Writing Captivating Dialogue for Children.* http://www.writing-world.com/children/dialogue.shtml.

Biebow, Natascha (2013). *What makes a good cover and title?* http://www.wordsandpics.org/2015/05/ask-picture-book-editor.html#more

Bine-Stock, E. H. (2006). *How to write a children's picture book: volume III figure of speech.* Sausalito, CA: E & E Publishing.

Warner, Amanda. (2014). *Point of view: How writers can master this crucial story element.* http://thewritelife.com/point-of-view/

김영미. (1997). *I am olden than you are.* 문진미디어.

서현주. (2007). 아동용 이야기책의 유형별 비교 및 분석: Authentic과 Simplified Text 중심으로. 연세대학교 석사학위논문.

이동렬. (2005). 그림 동화 한 편 써 보자, 학연사. p.45~53.

현은자. 최경. 윤아해. (2012). 즐거운 그림책 쓰기: 그림책 작가를 위한 창작입문서. 학지사.

Chapter

05 그림책에서 그림과 텍스트의 관계

그림책에서 그림은 글의 이해를 돕는 부수적인 것으로 인식되는 경우가 많다. 글과 그림의 제작 순서만 보더라도 글이 완성된 후에 글에 따라 그림을 그리기 때문에 이와 같은 생각을 하는 것은 당연할 수 있다. 그러나 글과 그림의 관계는 우리가 생각하는 것처럼 단순하지만은 않다. 글과 그림 중 어느 하나가 수준 미달인 그림책은 긍정적으로 평가될 수 없기 때문이다.

글과 그림이 내적으로 잘 통합되어야 각각의 모드(mode)에서 표현하기 힘든 것을 보완할 수 있고, 더 나아가 시너지 효과를 낼 수 있다. 즉, 글과 그림의 상호관계 규명이 좋은 그림책을 만들기 위해 중요하다는 것을 말해 준다.

1. 그림과 글의 관계

그림책에서 그림은 글과 함께 독자의 의미생성을 위한 의미생성 체제로 인식된다. 이야기책에 따라 그림의 역할이 클 때와 작을 때가 있는데 일반적으로 글의 전개가 그림보다는 글에 의존하는 경우가 많다. 경우에 따라, 그림이 글의 의미를 강화시키거나 부연설명해 주는 경우도 있으며, 그림이 글과 독립적으로 이야기를 전개하는 경우도 있다. 잘 쓰인 그림책은 독자가 글과 그림 사이를 오가면서 이야기의 의미를 형성할 수 있도록 해 준다(Wolfenbarger & Sipe, 2007).

에스터 에이브릴(Esther Averill, 1994)의 *The Cat Club*의 경우,

그림보다는 글로 이야기를 이끌어가고 있으며 흑백 처리된 삽화 형태의 그림이 제시되었지만 특이한 것은 그림의 일부 즉, 주인공의 목줄에만 색깔을 넣어 다른 고양이와 다름을 강조하고 있다.

그림 1 • Esther Averill(1994) *The Cat Club*

윌리엄 스타이그(William Steig, 1969)의 *Sylvester and The Magic Pebble*은 대부분 텍스트로 이야기의 내용을 제시하고 있으며, 그림은 그 이야기를 머릿속에서 상상할 수 있도록 도와주는 역할을 한다. 글만 읽으면 이야기의 주인공인 Sylvester가 사람이라고 생각하겠지만 당나귀 그림이 제시되면서 동물을 의인화한 이야기라는 것을 알게 된다. 즉, 그림은 등장인물의 모습과 이야기의 배경을 제시하면서 글의 내용을 구체적으로 묘사해 주고 그것이 이야기의 내용을 강화시키는 역할을 한다.

그림 2 • 윌리엄 스타이그(William Steig, 1969)의 *Sylvester and The Magic Pebble*

맥브래트니(McBratney, 1994)의 '내가 아빠를 얼마나 사랑하는 줄 아세요?(*Guess How Much I Love You*)'의 그림은 글의 '동사'를 중심으로 전개되고 있다. 아동이 글을 읽을 때 '동사'의 의미를 몰라도 그림으로 유추가 가능할 정도이다. 글 다음 그림이 나오고, 다시 글이 나오기 때문에 글만을 따라 읽고 난 후에 그림을 보는 것과 달리, 독자는 그림 그리고 글과 함께 지속적으로 상호작용하면서 의미를 형성하게 된다.

그림 3 • McBratney(1994)의 *Guess How Much I Love You*

더 나아가 그림이 이야기 전개의 일부를 담당하는 경우도 있다. 모리스 센댁(Maurice Sendak, 1963)의 *Where The Wild Things Are!*를 보면 텍스트가 제공하지 않는 주인공의 성격을 그림이 설명해준다. 이야기에서는 주인공 Max가 어떤 행동을 했기 때문에 엄마가 화가 났는지에 대해서 전혀 언급하지 않는다. 그러나 그림을 보면, Max가 벽에 못질을 하고, 책을 밟고 있으며, 날카로운 포크를 들고 애완견을 못살게 하는 것을 볼 수 있다. 즉, 글 대신 그림이 이야기를 전개시키고 있는 것이다.

그림 4 • 센댁(Sendak, 1963)의 *Where The Wild Things Are!*

글 없이 완전히 그림으로만 내용을 전개하는 책들도 있다. *A Boy, A Dog And A Frog*를 보면 만화형태의 삽화그림으로 글 없이 이야기가 전개된다. 글 없는 그림책으로 가장 유명한 *Snowman* 또한 글이 없음에도 불구하고 다양한 그림 기법을 사용하여 활동감 있는 이야기를 전개하고 있다. 사실적으로 사건이 일어날 경우에는 아래와 같이 여러 행동을 한 페이지에 구성하고, 상상의 날개를 펴는 장면은 한 페이지를 크게 차지하는 것으로 사실적 사건과 상상을 구분하여 서로 다른 기법으로 표현하고 있기 때문에 글이 없더라도 상상에서 혹은 현실에서 일어난 사건임을 인식할 수 있게 해준다.

그림 5 • *A Boy, A Dog and A Frog*. (1992). by Mayer Mercer
Snowman. (1987). by Raymond Briggs

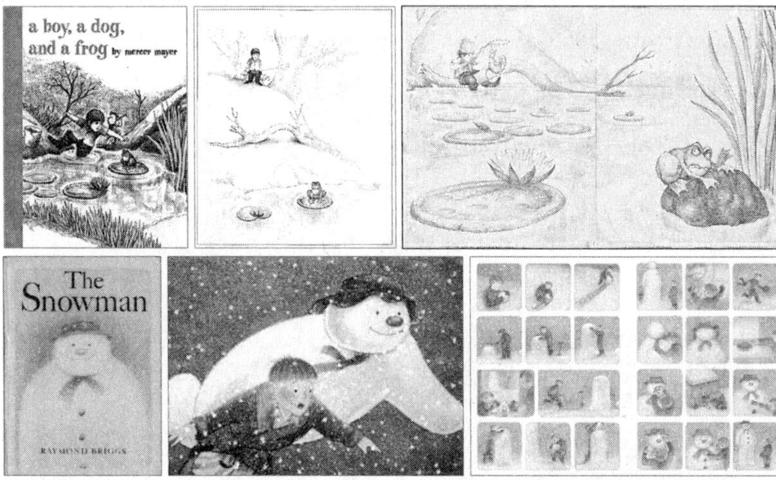

즉, 글과 그림은 상호보완적인 관계에 있으며, 좋은 그림책이 되기 위해서는 글과 그림의 적절한 조화가 필요하다. 글 혹은 그림 어느 하나만 훌륭하다고 좋은 그림책이 되는 것이 아니라 글과 그림이 적절히 조화를 이루어야 좋은 그림책이 될 수 있다는 것이다. 글과 그림의 효율적인 활용은 글의 내용을 강화시키고 집중력이 짧은 아동의 흥미를 유지시킬 수 있는 것 외에도 아동의 창의력과 상상력을 키워줌과 동시에 언어와 문학적 장르를 이해하는 데 도움을 준다.

2. 그림책에서 그림의 역할

이야기책에서 그림의 역할을 구체적으로 고찰한 보드머(Bodmer,

1992)에 의하면, 그림책에서 그림은 글의 전개를 돕거나, 글을 구체적으로 설명하거나, 글을 해석하여 보여주기도 하고, 혹은 글에 장식을 하여 글을 보완해 주는 역할을 한다(p. 72). 이처럼 글을 그림으로 표현하는 방법으로는 묘사와 해석 그리고 암시가 있다.

첫째, 묘사는 가장 쉬운 방법으로 언어로 표현한 내용을 시각적 이미지로 보여주는 것이다. 실제로 우리가 알고 있는 사물이나 형상에 대한 묘사를 누구든지 상식적으로 이해할 수 있는 그림으로 구체화시켜 표현하는 것이다. 묘사는 그림으로 글의 내용을 명확하게 보여줌으로써 글의 모호함을 극복할 수 있다.

둘째, 해석은 비시각적인 것, 혹은 세상에는 존재하지 않는 상상적인 것을 그림으로 그려 그 개념을 제공하는 것이다. 추상적이고 비시각적인 것에 시각적 이미지를 부여하기 위해서는 내용에 대한 깊은 이해와, 상상력, 그리고 감각을 사용해야 하기 때문에 쉬운 일이 아니다. 예를 들면, 동화 속 주인공의 성격을 시각적으로 나타내는 것 그리고 가상 세계의 특징을 시각적으로 나타내는 것이 이에 해당된다. 이를 위해서는 글의 맥락과 등장인물들과의 상호관계를 파악하여 표현해야 하기 때문에 어려움이 따를 수 있다.

셋째, 암시형의 그림은 글에서는 제시되지 않는 내용을 그림으로 첨가하여 덧붙이는 경우라고 할 수 있다. 정보를 덧붙인다는 것은 그림이 글의 서사적 구조에 피해를 주지 않지만 암시적인 효과를 나타낼 수 있다는 것이다. 글과는 무관한 암시적 정보를 그림으로 덧붙이는 것이다. 이러한 경우, 독자들은 글과 그림을 비교하면서 글에 없는 정보를 그림에서 발견할 수 있기 때문에 풍부한 의미를 형성시키는 데 효과적이다. 암시형 그림이 포함된 그림책은 독자가 글과 그림의 정보를 종합할 수 있어야만 그림에 함축된 정보를 알 수 있기 때문에 창의적 읽기를 위한 좋은 학습 자료가 될 수 있다.

1) 글에 대한 구체적 묘사

그림은 이야기의 시간 및 공간적 장소를 제시하며 주인공의 모습을 구체화시켜 주고, 글의 분위기까지도 표출한다. 예를 들어, *Best Town In The World*에서 그림은 주인공의 사회적 지위, 마을의 형태, 그리고 배경이 텍사스의 시골 마을임을 알 수 있게 해준다. *The Polar Express*(1985)의 어두운 빨강, 파랑, 노란색은 따뜻하고 즐거워야 할 성탄절의 분위기를 약간은 음침하고 슬프며 무서운 느낌으로 전달하고 있다.

그림 6 • 묘사적 그림의 예시

2) 등장인물 설정(Define and Develop Characters)

독자들은 글과 함께 그림이 전달하는 많은 정보를 통해서 주인공의 성격을 파악할 수 있게 된다. 예를 들어, *Henny Penny*에서 그림이 없다면 Henny Penny가 사람인지 동물인지 알 수 없지만 그림을 통해서 주인공이 '닭'이라는 것을 알게 된다. 또한, 조류 중 하나인 Henny Penny가 도토리가 떨어진 것을 하늘이 무너지는 것으로 오해하며, 다른 친구들도 Henny Penny의 말만 믿고 하늘이 무너질까 봐 프라이팬, 종이, 냄비 등을 뒤집어 쓴 모습을 보여주므로 조류가 얼마나 어리석은 동물인지 등장인물들의 성격을 제시해 준다.

그림 7 • 등장인물 예시

3) 이야기 전개(Extend or Develop Plot)

*Where The Wild Things Are!*에서 글의 중간부분인 괴물의 나라에서 괴물들과 춤추는 장면에는 글이 없이 그림만으로 이야기가 전개된다. 이렇듯 그림이 글을 대신하여 이야기를 전개하는 경우가 있다.

이 그림책에서는 간단하고 짧은 글로 이야기를 전개하고 있다. 한편, 구체적으로 어떤 바다를 항해했는지, 어떤 배를 타고 갔는지, 괴물이 사는 나라의 괴물 모습은 어떤지를 그림을 통해 자세히 묘사하고 있으므로 독자는 그림을 통해서 많은 정보를 갖게 된다. 주인공 'Max'가 일시적으로 괴물의 나라에서 굉장한 힘을 갖고 지낸다는 것을 그림을 통해 말해준다.

그림 8 • 이야기 전개 예시

4) 새로운 관점 제시(Provide a Different Viewpoint)

루킨스(Lukens, 1990)는 그림책이 글과는 대조되는 내용을 보여주면서 이야기가 전개되는 경우가 있다고 언급하였다. 이와 같은 경우, 그림에 의한 의미생성이 글과 거의 같은 비중을 차지하는 것이다. 예를 들면, 허친스(Hutchins)의 작품인 *Rosie's Walk* (1968)를 보면, 글은 여우의 존재를 의식하지 못하는 닭이 저녁을 먹으러 가는

그림 9 •

모습을 평화롭게 기술하고 있지만, 그림은 닭을 잡아먹으려는 여우의 음흉한 모습과 닭이 위험하다는 것은 독자에게 전달하고 있다. 이처럼 글과 그림이 서로 상반되는 내용 즉, 다각적 관점에서 상황을 설명하여 독자의 의미형성을 돕는 상황을 일컫는다.

5) 글의 일관성 보조(Contribute to Textual Coherence)

태넌(Tannen, 1984)은 글의 일관성을 언급하면서, 이야기가 자연스럽게 전개되기 위해서는 앞·뒤의 사건 및 아이디어의 순서가 매끄럽게 연계되어야 한다고 주장했다. 그러나 그림책은 글이 간결해야 한다는 제약 때문에 길게 설명하기 힘든 구조라서 그림이 글의 일관성을 보완해 주는 역할을 한다.

예를 들면, *Where The Wild Things Are!*에서 맥스가 혼나고 자신

그림 10 • 그림의 일관성 예시

의 방으로 들어오자 방은 서서히 숲으로 변화되기 시작한다. 조그만 액자 그림에서 시작하여 괴물이 사는 나라로 다가갈수록, 맥스가 왕이 되어 다스릴 나라에 근접해 갈수록 그림의 크기는 여백까지 사용하는 전체형(Full screen)으로 확대되어간다.

즉, 엄마에게 혼나고 보잘 것 없는 자신을 표현하기 위해서는 조그만 액자형의 그림으로 표현하고, 자신이 마음대로 지휘할 수 있는 괴물의 나라에 도착하는 과정에서 그림의 크기가 점점 확대되어가는 일관성을 보여주고 있다. 괴물의 나라에서는 모든 것을 자신이 진두지휘하기에 여백 없이 꽉 찬 모습으로 자신의 힘을 과시하고 있다.

6) 글의 강조(Reinforce Text)

그림책에서 그림이 갖는 일반적인 역할은 글로 제시된 내용을 부연 설명하는 것이다. 즉, 글을 좀더 잘 이해할 수 있도록 그림과 도표 등을 제시해 주는 것이다. 정보를 제공해 주는 동화나 새로운 문화적 요소를 소개할 때 글로 제시하기 힘든 개념을 그림으로 명백하게 제시해 줄 수 있다. 우리나라 전래동화를 각색하여 영어로 글을 쓴다면 우리나라 사람들의 모습, 의상, 배경 등을 구체적으로 기술하지 않아도 그림으로 쉽게 제공할 수 있기 때문에 그림의 역할이 매우 중요하다.

3. 그림책에서 글과 그림의 배열

그림책의 구조를 자세히 고찰해보면, 패턴 혹은 리듬 같은 것을 발견하게 된다. 일반적으로 글의 흐름에 따라서 글이 강조되는 부분은, 그림 또한 울림이 있는 그림이 들어간다. 글의 절정에는 매우 역동적인 그림들이 들어가며, 이야기의 해결부분에는 앞에 제시되었던 그림들이 유사하게 변형되어 나타나는 경우들이 있다.

그림책의 그림에서 제시되는 움직임은 항상 왼쪽에서 오른쪽으로 흘러가야 하며, 글의 배치는 위에서 아래쪽으로 내려가서 결국 페이지를 넘기게 되는데 이것은 독자가 글을 읽으면서 다음에 어떤 것이 나타날까를 기대하면서 페이지를 넘기게 하는 장치가 된다. 이처럼 그림책 제작 과정에서는 그림을 배열하는 것조차 특정 의미 생성에 영향을 미친다.

1) 그림의 배열

그림책에 삽입되는 그림의 유형은 일반적으로 액자형, 삽화형, 스팟형, 전체형으로 분류된다. 각 유형에 따라 다르게 나타나는 독자의 반응을 구체적으로 고찰해 보면 다음과 같다(Shelley, 2013).

첫째, 액자형(box)은 그림의 주변을 박스로 처리하여 액자에 그림이 들어간 것처럼 배열하는 것이다. 주변의 여백을 진하게 혹은 흐리게 처리하는 등 이 안에서도 다양성이 나타날 수 있지만 그림 주변을 깔끔하게 여백 처리하여 액자형으로 처리하는 경우 독자로 하여금 균형과 안정감을 느끼게 하는 효과가 있다.

둘째, 삽화형(vignette) 그림은 주변을 흐리게 처리하여 느슨한 느낌을 주고 주변의 하얀 여백을 통해 그림을 부각시키는데 이것은 독자로 하여금 장면으로 빨려들게 하는 효과를 준다.

셋째, 스팟형(spot) 그림은 이미 배경 그림이 있는데 추가적으로 그림을 삽입하고자 할 때 사용한다. 특정 그림의 배치를 요구하지 않음으로 페이지의 어느 부분에 삽입하여도 무방한 유형이다. 여백이 많은 작은 그림들은 마치 열쇠구멍을 통해 구체적으로 사건을 관찰하듯 사소하며 구체적인 것을 강조할 때 사용되는 경우가 많다.

넷째, 전체형(full bleed)은 그림을 페이지에 꽉 채워서 여백 없이 그림으로 채우는 유형을 일컫는다. 요즘은 많은 책들이 전체형 유형을 사용하는 경향이 있지만 주로 파로라마로 펼쳐지는 장면을 수록하려고 할 때 혹은 장면의 전환을 제시할 때 자주 사용된다.

2) 글의 배열 및 글자체 선정

컴퓨터 기술의 발달로 상당히 다양한 글자체들이 선보이고 있다. 그림책에서 그림 못지않게 중요한 것이 글자체이며 글자의 배열상태이다. 글자체는 글의 내용에 따라서 달라질 수 있다. 글의 내용이 과학적인 것이면, 글자체도 전통적 혹은 현대적인 것 중에서 현대적인 것을 선택하게 되며, 무거운 것과 가벼운 것이 있다면 중후한 맛을 엿볼 수 있는 것으로 그리고 자간이 좁은 것과 넓은 것이 있다면 자간이 조금 좁은 것으로 선택할 수 있는데, 글의 배열과 관련된 주의사항을 고찰해보면 다음과 같다.

첫째, 그림책의 경우 그림의 배치와 함께 아동이 글을 읽을 수 있을 정도의 큰 글씨를 제공해야 한다. 즉 글자의 크기, 한 줄의 길이, 한 페이지에 수록될 수 있는 줄의 수, 그리고 줄 간격을 신중하게 고려해야 한다.

둘째, 글의 배치를 고려할 때 페이지의 주변 공간을 잘 활용해야 한다. 모든 그림책은 보통 두 페이지로 펼쳐지며, 페이지는 테두리 부분, 중간 부분, 중간에 페이지를 묶는 부분으로 나뉠 수 있다. 바깥 테두리 부분은 책으로 제본할 때 잘려나가는 부분이 많으므로 글과 그림을 너무 바깥 테두리 쪽에 배치하는 것은 피하는 것이 좋다.

셋째, 글의 내용을 강조하기 위해서 타이포그래픽을 사용할 수 있다. 글자를 크게 하거나, 작게 하는 것 이외에도 음향효과를 삽입하여 글자가 떨리거나 춤을 추거나, 눈물처럼 뚝뚝 떨어지는 형태로 제시할 수 있다.

4. e-영어 그림책에서 그림의 역할

e-영어 그림책은 기술의 정도에 따라서 종이 그림책을 단순 스캔한 것과 그림책의 내용을 애니메이션으로 바꾸는 것 정도의 단방향 디지털 그림책 그리고 마지막 단계인 양방향 상호작용형 디지털 그림책으로 링크 기능과 터치 기능 등 다양한 상호작용 기능을 부가한 유형이 있다고 앞에서 언급한 바 있다.

종이 그림책을 단순 스캔하는 경우는 위의 그림책에서 그림의 기능에 대한 것을 염두에 두면 되지만, 단방향 디지털 그림책 및 상호작용형 디지털 그림책 유형에서는 그림이 애니메이션으로 바뀌므로 그 기능이 매우 다르다. 애니메이션에서는 음향과 캐릭터의 움직임, 성우를 활용한 대사와 해설, 카메라 눈을 통해 이야기의 시점을 제시하고 사건을 재현하기 때문에 기존 그림책에서의 그림이 갖는 역할과 매우 다르다.

디지털 그림책에서는 디지털 그림책 제작자가 글의 내용과 일치하는 카메라의 각도까지 고려하여 제시해야 한다. e-영어 그림책에서 그림은 영화에서의 영상과 같은 역할을 하므로 애니메이션의 움직임, 음악, 대사, 음향효과가 어우러진 종합예술적 성격을 갖는다.

애니메이션은 움직임과 음향을 포함하므로 공간감과 시청각적인 도움을 주어 아동으로 하여금 이야기의 분위기와 등장인물들의 심리적 상태를 쉽게 이해할 수 있도록 해주는 반면 제작자의 관점에 의해서 글, 그림, 음향, 음악, 대사 등이 정해지기 때문에 오히려 독자의 해석의 폭은 제한적일 수 있다. 즉, 독자가 글과 그림을 읽고 계속적인 독자의 상상 속에서 의미형성이 일어나게 되지만 애니메이션은 카메라의 시각을 따라가면서 이야기를 이해하기 때문에 독자의 상상력을 저하시키며 독자를 수동적으로 만들 수 있다는 비판을 받기도 한다.

최근 상호작용적 디지털유형에서는 독자가 배경음악, 글의 배치, 상호작용을 선택할 수 있는 정도로 발달하고 있기 때문에 제작자의 관점에 수동적으로 이끌린다는 비판에서 자유로울 수 있다. 그러므로 e-영어 그림책 창작자는 이에 대한 것을 종합적으로 활용할 수 있는 능력을 갖고 글의 관점과 카레라의 관점이 잘 맞는지, 독자가 비평적으로 내용을 배열해보고 사고할 수 있는 구조를 이루고 있는지, 애니메이션이 사고를 산만하게 하지 않고 공간적, 시청각적 이로움을 주는지 고찰해야 한다.

최근 디지털 매체를 통한 미디어 리터러시 교육(김양은, 2000)에서는 단순히 미디어를 통해 미디어 내용을 파악하는 것이 의사소통 능력이 아니라, 미디어가 창출하는 인간 환경에 대한 적응 및 대처 능력을 포함하는 개념으로 정의하고 있으므로, 미래의 독자는 미디어 리터러시 교육을 통해 단순히 이야기 내용에 대한 이해가 아니라, 이야기를 표현하기 위한 기술, 이야기를 감상할 수 있는 수용력, 그리고 그것을 분석 및 비판할 수 있는 비평력, 그리고 추가적으로 비판적이고 창조적으로 미디어를 통해 의사소통할 수 있는 창의력을 길러야 한다. 그러므로 e-영어 그림책은 어려서부터 아동들이 미디어 리터러시에 접하고 연습할 수 있는 좋은 교육 자료로도 사용될 수 있다.

참고문헌

Bodmer, G. R. (1992). Approaching the illustrated text. *In G.E. Sadler (Ed.), Teaching children's literature: Issues, pedagogy, resources* (pp. 72-79). N.Y.: The Modern Language Association of America.

Fang, Zhihui.(1996). Illustrations, text, and the child reader: What are pictures in children's storybooks for? *Reading Horizons. 37*(2). pp.130-142.

Lukens, R.L. (1990). *A critical handbook of children's literature* (4th ed.). Scanton, PA: Harper Collins.

Shelley, John. (2013). *Picture book basics - Sketches and Layout.* http://www.wordsandpics.org/2013/08/picture-book-basics-sketches-and-layout.html

Silvey, A. (1995). *Children's books and their creators*. Houghton Mifflin Harcourt.

Tannen, D. (1984). Introduction. In D. Tannen (Ed.), *Coherence in spoken and written discourse* (xiii-xvii). Norwood NJ: Ablex.

Wolfenbarger, C. D. & Sipe, L. (2007). A unique visual and literary art form: Recent research on picture books. *Language Arts, Volume 83*, Issue 3, January 2007, pages 273-280.

김세희. (2002). 어린이 문학교육 연구. 제8권 제1호, pp. 55-74.

김양은. (2000). 미디어환경변화에 따른 미디어 교육에 관한 연구: 한국의 미디어 교육 실행 모색. 중앙대학교 대학원 박사학위 청구논문.

Chapter

06 그림 및 삽화를 위한 기본 도구 활용

e-영어 그림책을 창작하기 위해서는 글쓰기에 대한 이해와 더불어 삽화를 그릴 수 있는 기본 도구를 활용할 수 있어야 한다. 이 장에서는 삽화 및 동영상 그리고 음향을 제공할 수 있는 간단한 기본 프로그램의 운용방법을 소개한다.

일반적으로 글의 구도가 잡히면, 글과 어울리는 그림 및 삽화를 고려하기 시작한다. 대충 삽화에 대한 이미지가 떠오르면, 실제 그림책으로 만들어졌을 때 그림책의 전체적인 구도를 파악하기 위해서 가제본 그림책(Dummy Book)을 만들어 본다.

한 눈에 펼쳐지는 가제본에서 이야기를 다시 읽게 되면 출판을 위해 수정해야 할 여러 가지 문제점을 볼 수 있기 때문에 유용하다. 또한 처음부터 가제본을 만들어 한 컷씩 삽화를 삽입해가는 것도 글을 흐름을 보면서 이야기를 창작할 수 있는 장점을 갖는다. 우선 가제본 그림책을 만들기 위한 두 가지 방법을 제시하고, 가제본을 제작하기 위해서 사용할 수 있는 도구 활용법을 소개한다.

1. 가제본 만들기

일반적으로 그림책은 약 32쪽으로 구성되므로 가제본을 만들기 위해서는 종이를 네 번 접어서 [그림1]과 같은 샘플을 만들고 쪽 번호를 매긴다. 이미 출력된 이야기의 제목을 잘라서 1쪽에 붙이고, 2쪽부터 4쪽은 빈 공간으로 남겨두는데 그 이유는 보통 이 공간은 판권 및 책에 대한 정보 등을 넣는 곳이기 때문이다. 그러므로 이야기의 시작은 보통 5쪽 혹은 6쪽에서 시작된다.

이야기가 모두 배열되고 나면 테이프로 느슨하게 붙인다. 이야기를 완성할 때까지 계속적으로 페이지를 삽입하거나 삭제하면서 이야기를 수정해야 하기 때문에 될 수 있다면 느슨하게 붙이는 것이다. 책의 맨 마지막은 보통 여백으로 남겨두는데 마지막 30쪽부터 31쪽을 여백 쪽으로 설정할 수 있으며, 32쪽은 보통 뒤표지가 된다.

1) 가제본 그림책에 삽화를 직접 그려 넣는 경우

가제본 그림책을 만드는 첫 번째 방법은 아래의 [그림1]처럼 삽화를 가제본 그림책 프레임에 직접 그려 넣는 것이다. 이 경우는 이야기에 대한 전체적인 구도가 완성되어, 거의 페이지마다 들어갈 글의 내용과 그림에 대한 윤각이 잡혀 있어서 더 이상 많은 수정이 없을 때 유용한 방법이다.

그림 1 • 가제본 그림책의 예시

e-그림책 제작에 있어서도 글과 그림을 함께 창작하기 힘들다면, 인터넷에서 글과 관련된 이미지를 다운받아 가제본 그림책을 만들어보며 전체적인 윤곽을 확인해 볼 수 있다. 가제본 그림책 제작은 혹시 나중에 삽화가를 따로 고용한다고 하더라도 저자가 삽화가나 편집자에게 자신이 의도하는 그림의 구도를 보여줄 수 있으므로 편집자에게 자신의 의도를 전달하는 데 큰 도움이 될 수 있다.

2) 각 페이지에 해당하는 그림을 따로 그려서 가제본 그림책에 붙이는 경우

가제본 그림책을 만드는 두 번째 방법은 [그림 2]처럼 각각의 페이지를 포스트 종이에 그려서 가제본 그림책 프레임에 붙여보는 것이다. 일반적으로 그림책 제작은 거의 마지막까지 지속적인 수정 작업이 이루어지므로 각각의 페이지를 포스트 종이에 그려서 붙이는 방법으로 가제본을 만들면 수정한 부분만 새로 대치할 수 있으므로

그림 2 • 그림을 따로 그린 경우 예시

매우 효과적이다. 가제본 그림책 만들기는 글을 쓰는 저자가 자신의 이야기 전개와 전체적인 맥락을 되돌아보고 쉽게 수정 및 편집하기 위해서 꼭 필요한 작업이다.

2. 글과 그림의 배치를 연습할 수 있는 'Story Bird'

글과 그림의 배치에 대한 연습하기 위해서는 'storybird.com'을 활용하면 좋다. 스토리 버드는 간단하게 로그인 등록만 하면 무료로 쓸 수 있는 프로그램이다. 교사가 학생들의 작문실력을 증진시키기 위해 이 사이트를 활용할 경우에는 따로 방을 하나 만들고 그 방에 학생들을 초대하여 학생들끼리 이야기를 만들고 공유하여 피드백을 줄 수 있는 매우 유용한 프로그램이다. 만일 예비 작가들이 모여서 의견을 공유하고자 한다면 역시 방을 만들어 소정의 회원들이 모여서 자신의 글과 그림에 의견을 주고받을 수 있는 작업 공간으로 사용할 수 있다.

e-그림책 동화를 위한 예비 작가에게 '스토리 버드'는 매우 유용한 프로그램인데, 스토리 버드에는 [그림 3]에서 보는 것처럼 이미

그림 3 • 스토리 버드 프로그램을 활용한 그림 배치 연습의 예

주제별로 그림들이 탑재되어 있기 때문에 그림을 골라가면서 글을 써 보고, 그림과 글의 배치를 통해서 글과 그림의 배치가 가져오는 효과를 확인할 수 있으며, 글쓰기 창작 연습에 도움을 준다. 마우스로 그림이 놓일 자리를 정하여 그림을 옮겨 놓기만 하면 되는 아주 간단하고 쉬운 운영방법으로 미국 초등학교 교사들이 초등학생들의 글쓰기 연습에 활용할 정도로 운용방법이 간단하다.

글과 그림의 배열에 대해서는 이미 앞에서 고찰한 것처럼 독자의 의미 형성에 많은 영향을 줄 수 있으므로 글과 그림의 배열을 할 때는 신중하게 해야 한다. 글과 그림의 배열에 따라 글에서 강조하고자 하는 것을 잘 표현할 수 있는 전략을 예와 함께 고찰해보면 다음과 같다.

[그림 4]의 첫 번째 그림에서는 전체형 그림 배열을 사용하여 그림이 두 페이지에 걸쳐 파노라마식으로 펼쳐질 수 있게 여백 없이 그림으로 채웠다. 글은 오른쪽 상단에 배열하였는데 그림의 구도상 오른쪽 상단이 비어 있기도 하지만, 새로운 정보를 상단에 배치한 것이다.

두 번째 그림에서는 그림을 잘라서 펼친 후에 중간에 글을 삽입하였다. 시선이 위쪽 그림에서 시작하여 '왜 원숭이가 나무 꼭대기에서 어리둥절한 표현을 하고 있을까라는 의문점을 갖게 하고 난 후, 글을 통해서 악어의 속셈을 알아낸다. 그리고 아래쪽에 제시된 그림을 보면 음흉하게 웃고 있는 악어의 속셈을 알아낼 수 있다.

그림 4 • 글과 그림의 배치 예시

The Enormous Crocodile.
(1978). by Roald Dahl

[그림 5]는 글의 내용에 맞게 못생긴 얼굴로 변해가는 사람의 모습을 단계적으로 보여준다. 내용에서 every day, every week, every year라는 시간을 추이를 강조하고 자세한 변화된 모습을 기술하기보다는 그냥 못생겨져간다는 것만 언급하고 있는데 그림에서 시간의 흐름에 따라 어떻게 달라지는지 알려줌으로 글의 내용을 강화시키고 있다. 그리고 기분 좋게 생각하는 사람에 대한 내용은 글로 자세

하게 변화된 모습을 언급하고 있기 때문에 최종 변화된 모습을 그림으로 보면서 그림과 글의 구체적 내용을 연결시켜 볼 수 있는 기회를 제공하고 있는 것이다.

그림 5 • *The Twits*(2004). by Roald Dahl

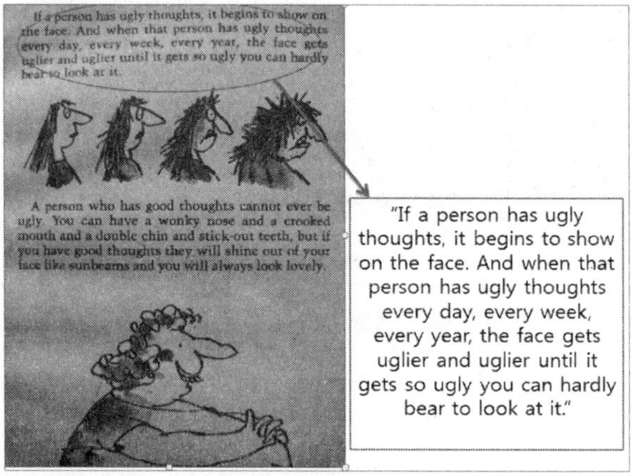

이처럼 효과적인 그림의 배열을 공부하기 위해서는 이미 출판된 유명한 그림책들이 어떻게 그림과 글을 배치하고 있는지 구체적으로 살펴보는 것이 좋다. 또한 제5장에서 언급한 그림 배열의 종류 및 효과를 바탕으로 스토리 버드 프로그램에서 그림을 배열해보고, 기대했던 효과가 나오는지를 직접 실험해보는 작업도 필요하다.

그러나 이 프로그램은 연습용으로 적합할 뿐 'e-그림책'을 출판할 수 있는 프로그램으로 활용하기는 조금 무리가 따른다. 프로그램에 주제별로 그림이 내장되어 있어 그림을 그리지 않아도 그림책을 완성할 수 있다는 것이 그림 및 글의 배열을 연습하기에는 좋지만, 실제 자신이 창작을 마친 후, 글에 어울리는 그림을 찾기에는 한계가 있다는 것이다. 이럴 경우에는 그림을 자신이 그리거나, 그림의 유형

을 선정할 때 기본 자료로 활용하거나, 그림을 다른 프로그램에 가져가서 수정하는 방법 등을 활용하여 자신의 그림으로 전환하는 과정이 필요하기 때문이다.

3. 파워포인트 활용하기

파워포인트는 e-그림책의 가제본을 만드는 데 매우 유용한 프로그램이다. 파워포인트는 이미 널리 쓰이고 있기 때문에 그 기능을 모두 설명하기보다는, 그림책을 만들 때 어려움을 느꼈던 몇 가지 문제의 해결 전략을 제시하려고 한다.

그림책을 제작할 때, 그림을 바탕에 깔고 글을 추가적으로 올려놓을 때 글과 그림이 중복되어 글이 잘 안보일 때가 있는데 이를 해결할 수 있는 방법을 고찰해본다. 또한 그림책의 처음부터 끝까지 주인공이 반복적으로 나타날 수 있는데, 이때 주인공의 얼굴표정, 위치, 자세 등은 다를 수 있다. 이럴 경우, 주인공의 이미지를 복사하여 여러 번 사용하면 쉽다. 이처럼 여기서는 가제본 그림책이나 출판 전 그림책을 완성하기 위해서 필요한 몇 가지 기능만을 중점적으로 소개하고자 한다.

1) 반투명한 글 박스 만들기

그림 위에 글을 배치할 때, 그림 배경 때문에 잘 안보일 경우가 있다. 이때, 글이 쓰인 부분만 색을 밝게 하여 글을 좀더 가시적으로 제시하고 싶으면 다음과 같은 방법을 사용한다.

표 1 파워포인트를 이용한 글 박스 만들기

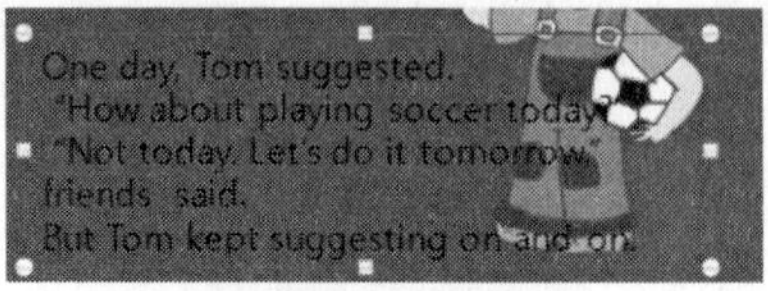

반투명하게 만들고 싶은 글 박스 내용을 마우스로 선택한다.

마우스 커서를 댄 채로 마우스 오른쪽 버튼을 누르면 그림과 같은 도구박스가 나온다. 그중 맨 아래에 위치한 '도형 서식'을 선택한다.

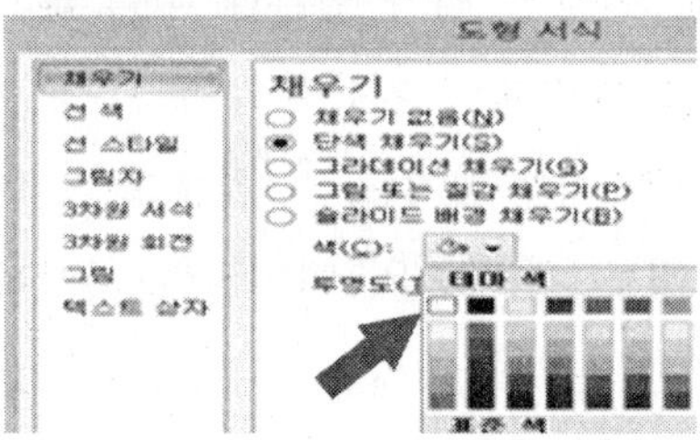

'채우기'에서 '단색 채우기'를 선택하고, 아래쪽의 색 선택에서 '흰색'을 선택한다.

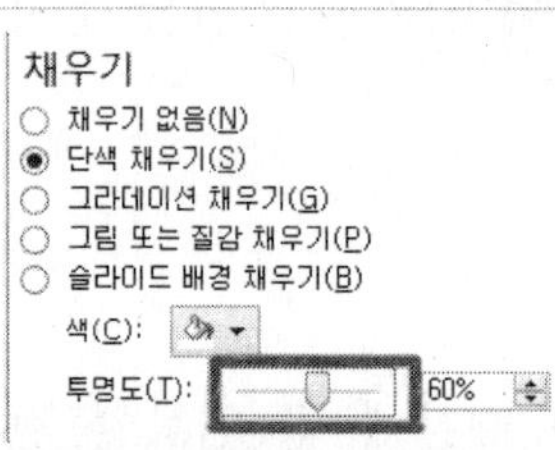

맨 밑의 '투명도'를 적절하게 조절하여 원하는 정도를 선택할 수 있다.

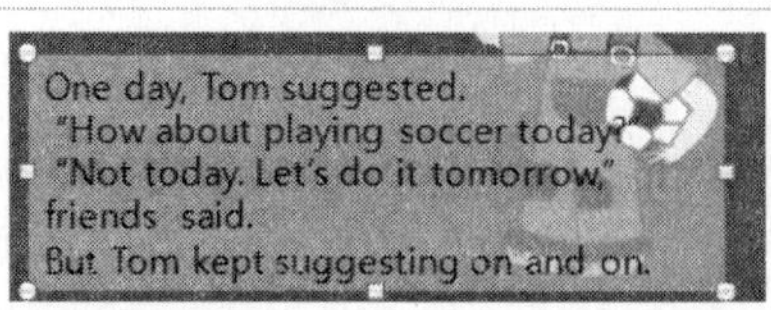

맨 위의 예의 글 박스에 흰색배경과 투명도를 설정하면 이와 같은 효과를 낼 수 있다.

2) 배경 지우기

이미 앞에서 사용했던 그림들을 다시 사용하고자 할 때 사진을 자르면 표 2처럼 자른 부분이 명확하게 차이가 난다. 이때 예에서 보이는 흰 공간을 채우고자 할 때 아래의 방법을 사용할 수 있다.

표 2 파워포인트로 배경지우기

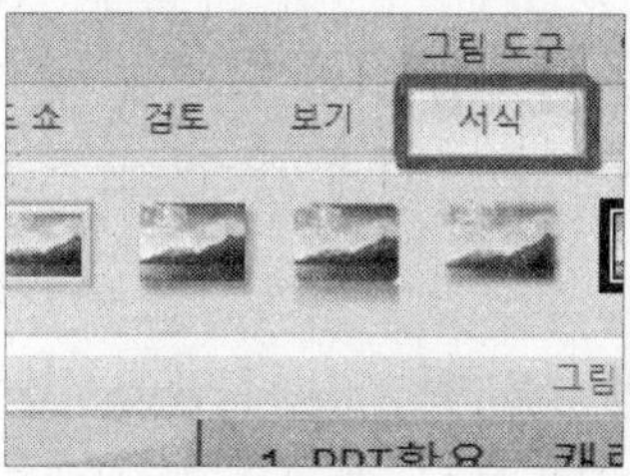

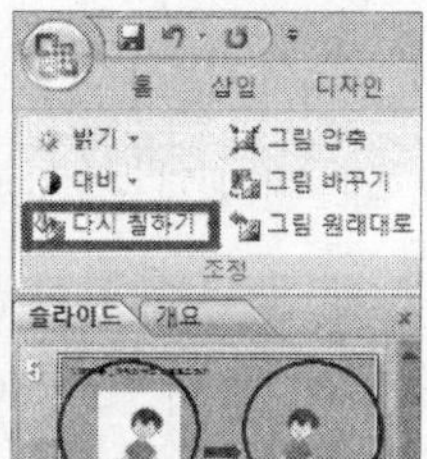

원하는 사진을 불러온 뒤, 그 사진을 클릭하고 화면 상단의 '서식' 탭을 누른다. 그러면 옆과 같은 팝업 도구 박스가 나타나는데 '다시 칠하기'를 선택한다.

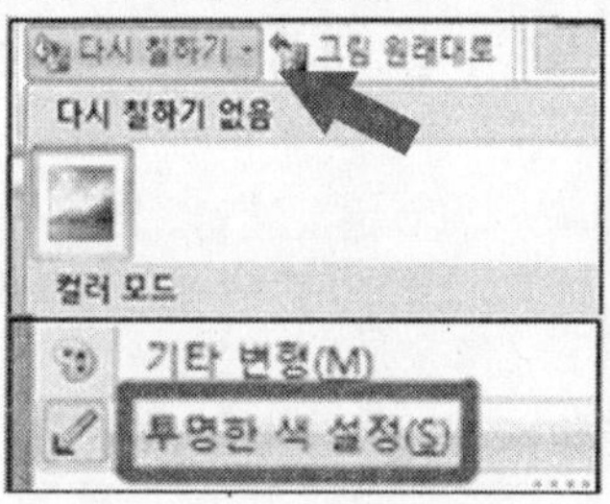

'다시 칠하기' 창에서 맨 아래쪽의 '투명한 색 설정'을 누른다. 마우스 커서 모양이 바뀌고, 그 커서를 지우고 싶은 색에 가져다 대고 클릭하면 그 색상이 지워진다.

▲배경의 흰색이 지워진 그림

그러나 만일, 캐릭터 내에 배경색과 같은 색이 있다면 그 색도 같이 지워지기 때문에 이 방법을 사용할 수 없다. 그럴 경우에는 파워포인트보다는 포토샵을 이용하여 배경을 지우는 것이 좋다.

4. 포토샵 활용하기

포토샵은 파워포인트에 비해 일반인에게 대중적이지 않은 프로그램이다. 그러나 'e-그림책'을 만들다보면, 주인공이 각 페이지에서 반복적으로 나타날 때가 있는데, 이때마다 캐릭터를 다시 그리는 것이 아니라, 기존 캐릭터를 복사하면 편리하다. 이럴 경우에는 포토샵이 매우 유용하게 사용될 수 있으므로, 프로그램을 전체적으로 숙지해야 한다는 강박관념에서 벗어나 부분적인 단일기능이라도 알아두면 다른 프로그램과 호환하여 사용할 때 큰 효과를 볼 수 있다.

포토샵 프로그램을 열면 상단에 창이 있는데 여기서 파일에 '열기'를 눌러 원하는 사진을 불러온다. 그 후, [그림 6]의 왼쪽에 아이콘으로 제시된 도구 중 네 번째에 위치한 '자동 선택 도구'를 클릭한다. 그 도구로 그림의 배경을 클릭하면 배경이 선택된다. 그러나 여기서 원하는 것은 '배경'이 아니므로 '배경을 뺀 캐릭터'만을 선택할 수 있어야 한다. 아래의 그림에서 점선부분이 배경으로 선택된 것이며 그 후 'Ctrl + Shift + I'를 눌러 '반전'을 선택한다. 그러면 배경의 반전인 '캐릭터'만 선택된다.

그림 6 • 포토샵을 이용한 배경 지우기

▲배경만 선택된 모습 ▲캐릭터만 선택된 모습

그 상태로 Ctrl + C로 복사를 한 뒤, Ctrl + N으로 새 창을 연다.

그리고 Ctrl + V로 붙여넣기하면 [그림 7]과 같이 주인공만 복사된 새로운 창을 만들 수 있다.

그림 7 • 포토샵을 활용한 배경 및 캐릭터 선택하기

그림 8 • 배경 레이어 숨기기

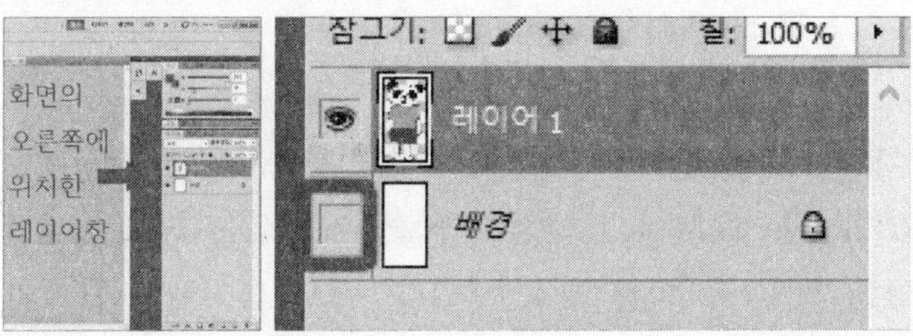

그 후, 화면의 오른쪽에 위치한 레이어창을 찾는다. 여기에서 눈 모양 버튼을 클릭하여 배경 레이어를 보이지 않도록 처리한다.

포토샵에서는 [그림 9]의 격자 모양의 회색 배경이 아무것도 없음을 의미한다. 캐릭터만 남게 되면, 아래 그림처럼 회색 빗금 배경이 생긴다. 이 상태로 Ctrl + Shift + Alt + S를 눌러 저장하면 배경이 없는 캐릭터를 저장할 수 있다. 저장을 누르면 '웹 및 장치용으로'라는 저장 창이 뜬다. 이 창에서 사전 설정은 PNG-24로 설정하고 저장한다.

그림 9 • 포토샵을 활용한 배경 및 캐릭터 선택하기

5. 앱 활용하여 그림 그리기

최근 앱에서도 그림을 그릴 수 있는 어플리케이션들이 많이 개발되어 있다. 'Sketchbook Express' 어플리케이션은 핸드폰 내에서 쉽게 그림을 그릴 수 있는 장점이 있다. 이 어플리케이션의 가장 큰 장점은 포토샵과 비슷하게 레이어를 나누고, 추가하여 그림을 그릴 수 있다는 점으로, 이는 색칠 등에 용이하다. 또한 다양한 브러시와 투명도 기능 등으로 다른 앱과 비교해 정교한 그림을 그릴 수 있게

표 3 'Sketchbook Express' 앱 버전

안드로이드의 '플레이스토어'나 아이폰의 '앱스토어'에서 'Sketchbook Express'라는 앱을 다운받는다.

해준다. 어도비 프로그램 사용이 힘든 경우 간단하게 'Sketchbook Express'를 사용할 수 있다.

1) 그림 그리기

아래의 그림에서처럼 새 화면을 선택하고 그림도구를 활용하여 자신이 원하는 그림을 종이에 연필로 그림 그리듯 그린다. 이때 브러시의 종류가 여러 가지이므로 원하는 굵기와 타입을 선택하여 그릴 수 있다.

그림 10 • 브러시로 그리기

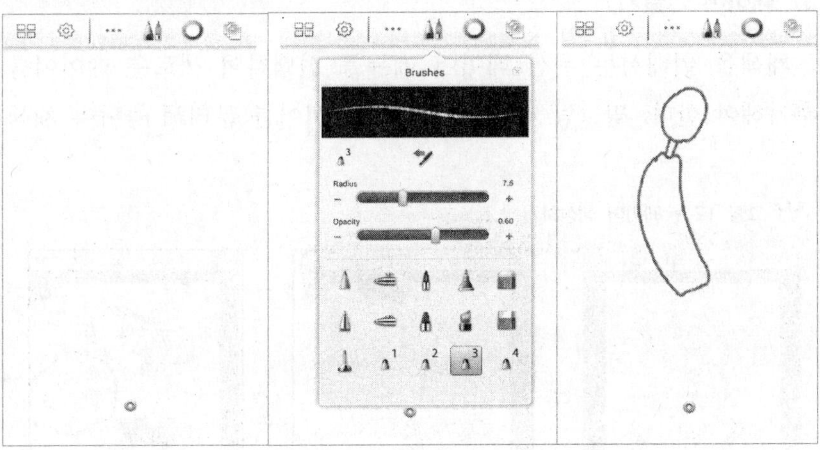

2) 겹쳐진 그림 지우기

그림을 그리다보면 [그림 11]에서처럼 몸과 다리가 겹치는 부분이 생긴다. 좀 더 사실적이고 정교한 그림을 그리기 위해서 겹치는 부분을 지우개 도구를 사용하여 지울 수 있다.

그림 11 • 지우개 도구 활용

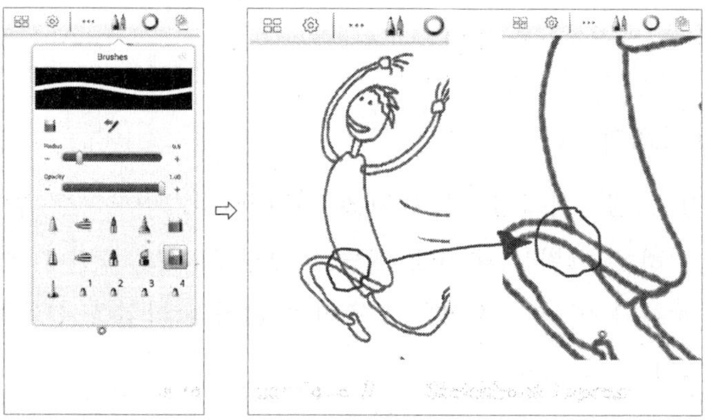

3) 레이어 만들기

채색을 위해서는 우선 레이어 메뉴를 선택하여 새로운 레이어를 추가해야 한다. 밑그림 레이어와 채색 레이어를 분리해 놓아야 채색

그림 12 • 레이어 생성하기

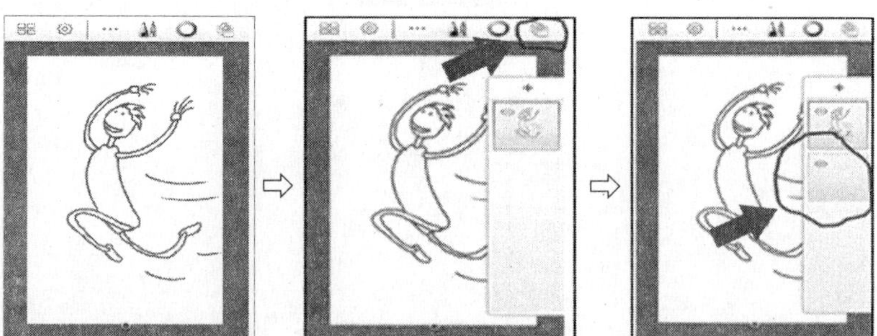

수정이 쉽기 때문이다. [그림 12]의 가운데 그림처럼 상단의 도구박스에서 레이어 아이콘을 선택하면 팝업 도구창이 뜬다. 그곳에서 새로운 레이어를 클릭하면 새로운 레이어가 추가된다.

그림 13 • 채색하기

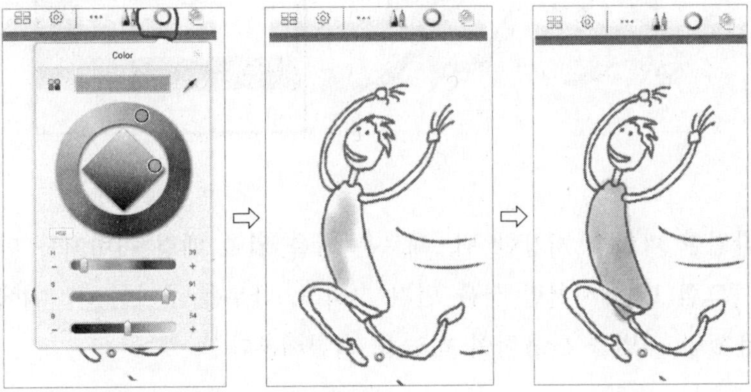

① ② ③

새롭게 만들어진 새 레이어에서는 [그림 13]처럼 상단의 도구박스를 활용하여 색을 선택하면 다양한 색이 팝업 도구로 나타난다. 여기서 원하는 색으로 브러시를 선택하고 모양에 맞게 색칠한다.

4) 그림 정돈하기 및 저장하기

색칠을 할 때 정교하게 하지 않아 가장자리에 색이 삐져나오는 경우가 있는데, 이때는 [그림 14]의 첫 번째 그림에서처럼 지우개 도구를 선택하여 사용하면 가장자리를 깔끔하게 정리할 수 있다. 정리를 마치면 [그림 14]의 세 번째 그림처럼 도구박스의 맨 왼쪽에 있는 저장버튼을 클릭하여 일단 저장을 한다.

그림 14 • 정리하고 저장하기

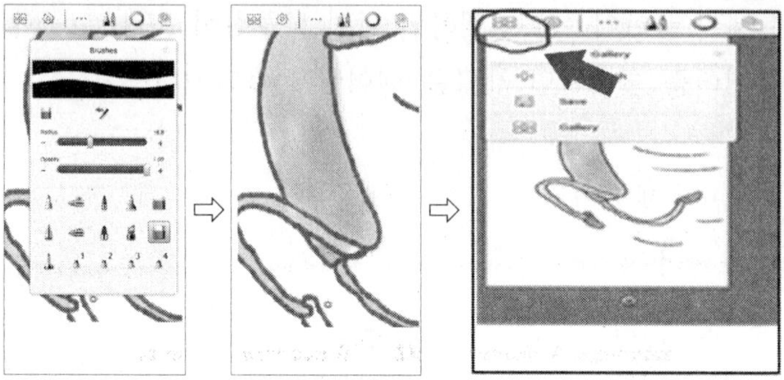

① ② ③

작업한 파일을 저장한 뒤, 새로운 창을 열어 배경 이미지를 만든다. [그림 15]에서처럼 산을 먼저 그리고, 나무를 추가한 후, 위에서 사용했던 기법을 활용하여 하늘을 색칠해본다.

그림 15 • 배경 그리기

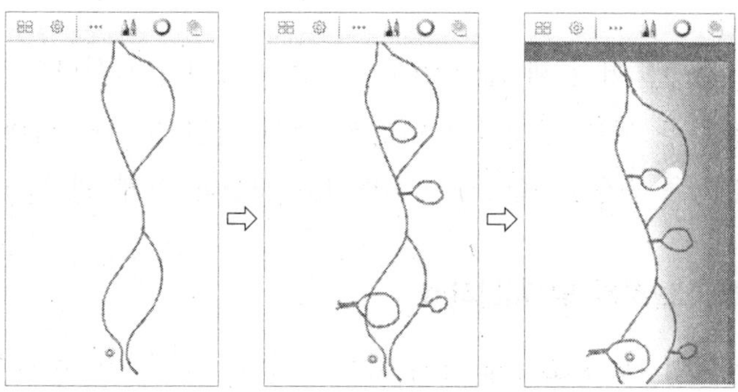

① ② ③

새로운 레이어를 만들어 색을 칠한다. 그 이유는 색칠 뒤 틀린 부분을 지울 때 이전 스케치까지 지워지지 않게 하기 위해서이다. 또한 삐져나온 색칠 부분을 지울 때도 용이하다. 이처럼 따로 레이어를 추가하여 색칠 레이어와 스케치 레이어를 분리해 놓으면 수정이 자유롭다는 장점을 갖는다.

그림 16 • 배경 채색하기

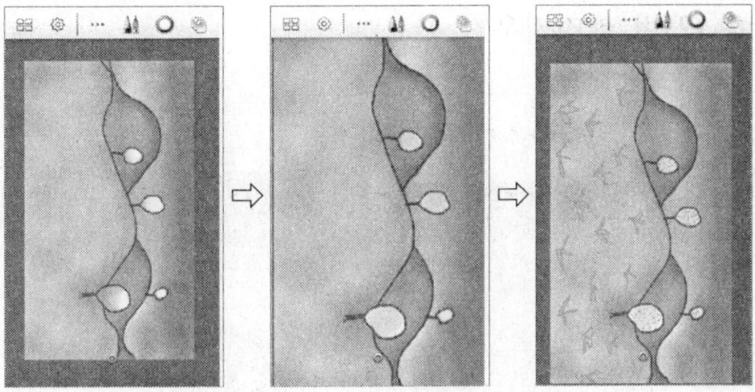

5) 파워포인트에서 불러오기

그림 파일을 저장 후, 컴퓨터로 옮겨 파워포인트에서 불러온다. 자신의 그림책에서 필요로 하는 크기에 맞게 자른다. 자르기는 마우스로 그림을 선택한 후, 상단 '서식'에서 오른쪽의 '자르기' 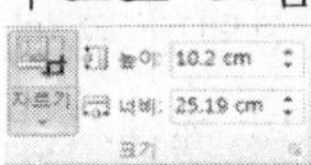

를 클릭하여 원하는 크기로 자른다.

그림 17 • 파워포인트를 이용한 자르기

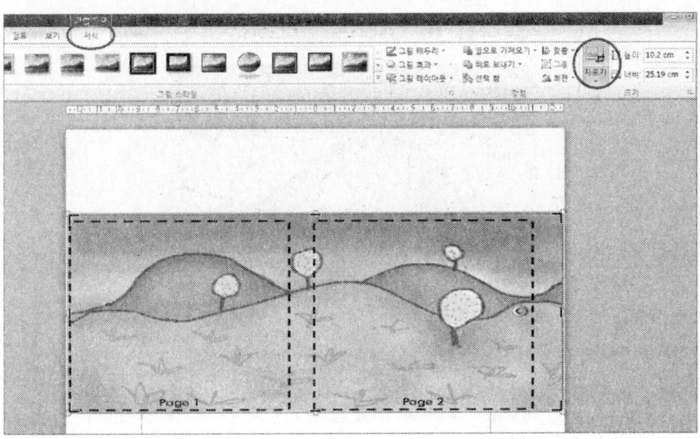

이 배경 이미지에 미리 그려둔 캐릭터를 불러온다. 앞서 언급했던 파워포인트 활용의 배경 지우기 편에서 언급했던 것처럼 '서식'에서 '다시 칠하기'를 활용하여 배경이 없는 캐릭터를 만들어낸다(파워포인트 활용 (2)번 배경지우기 참고).

그림 18 • 캐릭터 불러오기

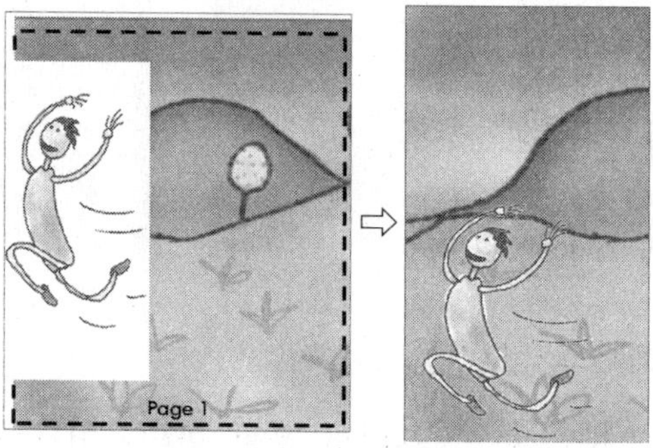

적절한 곳에 캐릭터를 위치시키고 텍스트 박스를 만들어 완성한다. 텍스트박스는 상단의 '삽입' 탭에서 텍스트 상자를 선택한 후에 원하는 유형의 텍스트 박스를 선택하면 된다. [그림 19]의 예에서는 가로 텍스트 박스를 선택하여 글을 삽입하고 있다.

그림 19 • 텍스트 불러오기

6. 골드웨이브 활용하기

상호작용적 e-영어 그림책을 만들기 위해서는 단순 종이 그림책을 스캔한 유형과 달리 다양한 멀티미디어 기능을 활용하여 아동의 흥미와 동기를 부여해야 한다. 이때, 원어민이 그림책을 읽어주는 기능을 삽입하기 위해서는 성우가 글을 읽어서 음향파일을 만들 수도 있지만 골드웨이브를 활용하면 쉽게 텍스트를 음성으로 전환시킬 수 있다.

인터넷에서 '골드웨이브(Gold Wave)'를 치면 무료 설치기능이 뜨고, 프로그램을 설치 후, 아래의 순서에 따라 텍스트를 음성을 전환할 수 있다.

1) 텍스트를 음성파일로 전환하기

텍스트를 음성파일로 만들기 위해서, [그림 20]에서와 같이 'Tool' 탭에서 맨 마지막의 'Speech Converter'를 선택한다.

그림 20 • 골드웨이브 열기

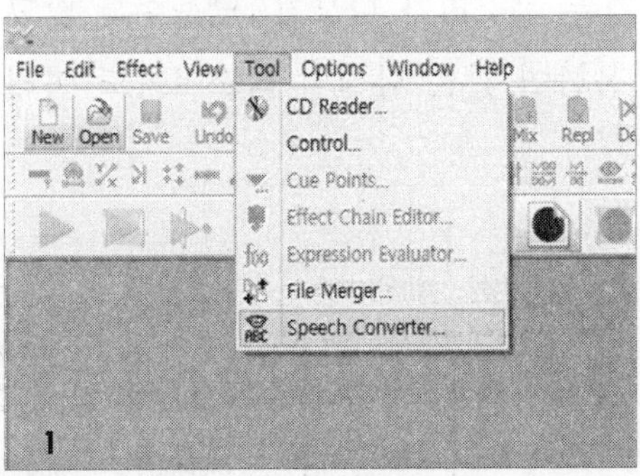

[그림 21]과 같이 이미 작성된 동화 내용을 복사하여 'Speech Converter' 창에 붙여 넣는다.

그림 21 • 텍스트 붙여넣기

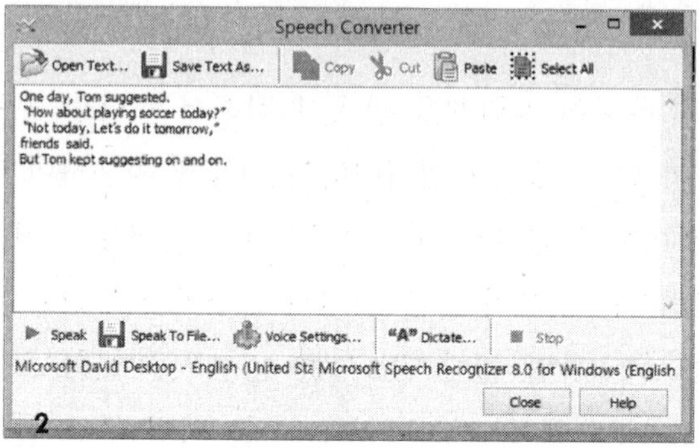

2) 목소리 선택하기

골드 웨이브에서는 다양한 목소리를 선택할 수 있다. ‘Voice setting’에서 남성과 여성의 목소리 및 소리 굵기를 선택하고 높낮이를 조절한다. 골드웨이브 버전별로 다르지만, 일반적으로 ‘David’를 선택하면 남성의 목소리를 만들 수 있고, ‘Zira’를 선택하면 여성의 목소리를 만들 수 있다. ‘Voice setting’ 안에 있는 ‘Pitch’버튼은 목소리의 높낮이를 선택하는 것이다. [그림 22]에 보이는 것처럼 ‘Pitch’ 탭은 올릴수록 높고 가는 목소리가 나오고, 낮출수록 낮고 굵은 목소리가 나온다. 이를 이용하여 같은 남성의 목소리라도 여러 사람의 목소리로 만들 수 있다.

그림 22 • 음성변환 선택하기

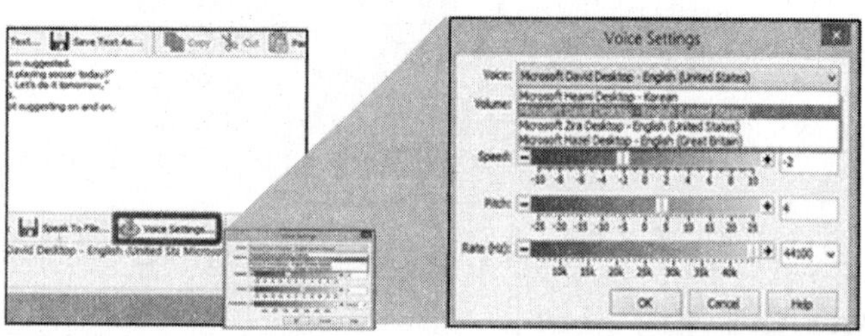

▲ 세팅 창을 확대한 모습

3) 음성파일로 저장하기

텍스트가 음성으로 전환되는 것을 마친 후, 아래의 [그림 23] 하단에 디스크 아이콘으로 된 'Speak to File' 탭을 눌러 저장한다, 이때 '파일 형식'에서 MP3 파일로 저장해야 하는데 인디자인 프로그램에 목소리를 삽입할 경우 MP3 파일만 인식이 가능하기 때문이다.

그림 23 • 음성파일 저장하기

7. 인디자인 활용하기

파워포인트 작업으로 어느 정도의 애니메이션 및 음향을 추가하여 그림책을 만들어볼 수 있지만 좀 더 복잡한 상호작용 기능을 삽입시키기거나 혹은 e-영어 그림책을 컴퓨터뿐만 아니라 스마트폰에서도 읽을 수 있게 하기 위해서는 어도비에서 만든 '인디자인(Indesign)' 프로그램을 사용하면 좋다. 인디자인은 파워포인트처럼 보편화되어 있지 않기 때문에 사용하기 쉬운 편은 아니지만, 아래의 기능만 이해해도 자신이 만든 동화책을 인터넷에 올려 언제 어디서나 스마트폰 혹은 컴퓨터가 있으면 볼 수 있게 된다.

1) 인디자인 시작하기

인디자인은 프리웨어가 아니기 때문에 구입을 해야 하지만, 인터넷에 무료 시범운용 파일들이 있으므로 다운받아서 시도해볼 수 있다. 이 책에서 설명하는 것으로 부족할 경우에는 인디자인 설명법과 운영법이 유튜브(YouTube) 및 인터넷에 많이 수록되어 있기 때문에 참조할 수 있다. 여기서는 그림책의 내용들이 파일 및 텍스트 파일로 글과 그림이 준비된 경우, e-영어 그림책으로 만들기 위해 상호작용기능 추가하기 및 간단하게 스마트폰이나 인터넷에서 볼 수 있도록 동화를 업로드하는 방법을 소개하고자 한다.

인디자인 프로그램 설치 후, 프로그램을 열면 아래와 같은 창이 뜬다. 아래의 첫 번째 그림처럼 도구 박스에서 '문서'를 클릭하면 두 번째 도구박스가 팝업으로 나타난다. 두 번째 그림에서는 문서에 대한 다양한 정보를 요구하는데 일반적으로 "의도: 웹, 페이지 크기: 1024×768"을 설정하고 [그림 24]의 2번 그림에서 오른쪽 밑에 파란 박스로 '여백 및 단'이라는 버튼을 선택한 후, 확인을 누르면 새로운 페이지가 형성된다.

그림 24 • 인디자인 시작하기

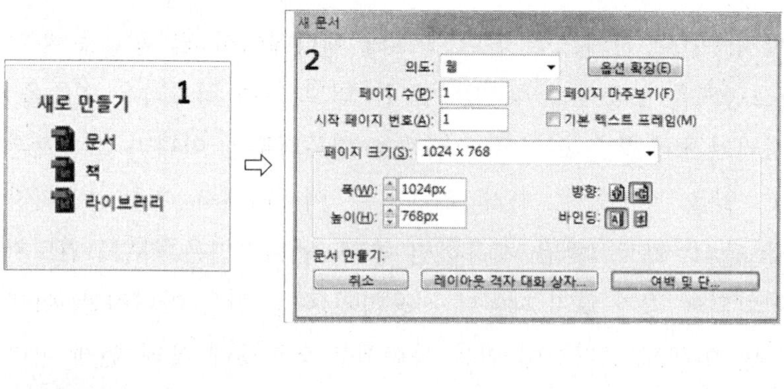

위에서 페이지를 형성한 후 형성된 페이지를 보려면 화면 오른쪽

에 페이지 버튼을 클릭(없을 시 위의 창 메뉴에서 페이지를 선택)하면 [그림 25]의 창이 나타난다. 추가적으로 페이지를 만들고 싶으면 페이지의 기본설정이 되어 있으므로 [그림 25]에서 밑의 아이콘들 중 두 번째에 해당하는 페이지 만들기 버튼만 클릭하면 새로운 페이지를 추가할 수 있다.

그림 25 • 페이지 만들기

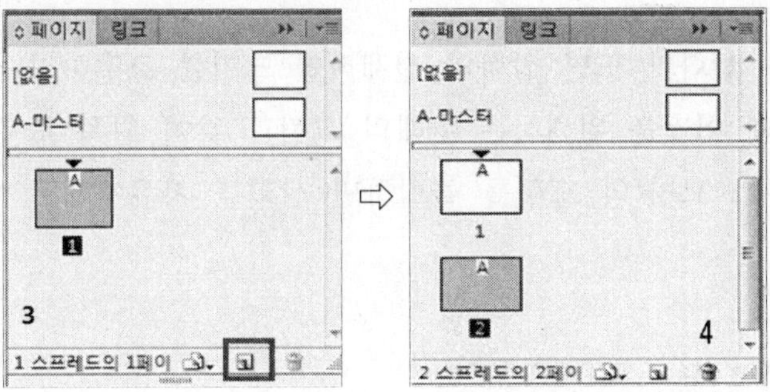

2) 삽화 및 동화 내용 삽입하기

페이지가 만들어지면 그림과 글을 잘 배치하여 그림책을 만들어야 한다. 우선, 새로운 페이지의 위에 있는 도구창과 왼쪽 옆에 있는 도구들을 보면 위의 창은 글로 되어있고 왼쪽의 도구들은 아이콘으로 되어있다.

먼저 왼쪽의 아이콘으로 구성된 도구들 중 그림에서와 같이 사각형의 박스를 선택하고 페이지의 원하는 위치에 삽화크기의 박스를 만든다. 그 후, 위의 글로 된 도구 창에서 '파일'을 선택하면 '가져오기'가 팝업으로 뜨는데 이것을 클릭하여 이미 그림파일로 저장되어 있는 삽화를 이 페이지로 불러온다.

그림 26 • 삽화 삽입하기

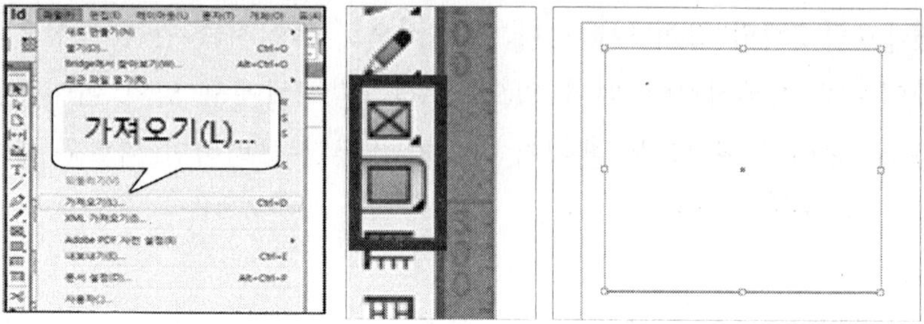

불러온 삽화가 뜨면 삽화의 전체적인 크기를 조절하거나 이동해야 하는데 이것을 위해서는 아래의 그림과 같이 왼쪽 도구 아이콘 중 '마우스 모양'의 도구를 클릭하면 삽화를 자유자재로 이동시킬 수 있다.

그림 27 • 삽화의 크기 조절 및 이동

다른 프로그램에서는 텍스트를 그냥 불러오기를 하여 원하는 곳에 드래그해 놓을 수 있지만 e-그림책 제작을 위한 인디자인에서는 텍스트 상자를 만든 후에 붙여넣기를 해야 텍스트가 고정이 된다. 이를 위해서는 [그림 28]의 왼쪽의 도구 틀에서 T를 클릭한 후에 드래그하여 텍스트 상자를 만들고 그 곳에 동화의 내용을 입력한다.

그림 28 • 텍스트 삽입 예시

3) 마스터 페이지 만들기

마스터 페이지란 이 페이지에서 설정하는 것들이 앞으로 생성되는 모든 페이지에 적용될 수 있도록 일정한 프레임을 만드는 것이다. 그러므로 여기서 페이지 쪽수를 설정하고, e-영어 그림책의 상호작용 기능인 '버튼을 눌러 페이지 넘기기'와 같은 것을 기본으로 설정하는 것이 좋다. 그러면 새로운 페이지를 만들 때마다 페이지 넘기기 버튼을 새로 만들 필요가 없기 때문이다.

(1) 페이지 쪽 번호 매기기

① 다음의 [그림 29]에서처럼 'A-마스터' 페이지를 더블클릭하고 그 페이지에 왼쪽의 도구모음 창 중에 T를 선택하고 페이지에

그림 29 • 페이지 쪽 번호 매기기

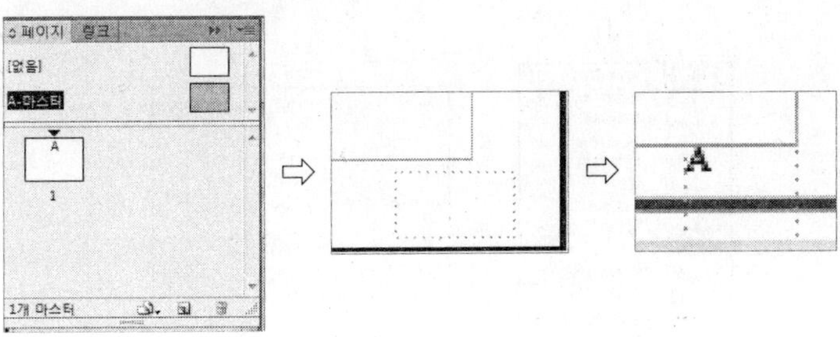

마우스로 드래그를 하여 텍스트 상자를 만든다.

② 그 텍스트 상자를 클릭하고 'Ctrl + Alt + shift + N'을 누르면 자동으로 페이지 넘버 A가 생성된다.

③ 그렇게 마스터 페이지에 번호 A가 생성되면 다른 페이지들에는 차례대로 1, 2, 3의 쪽수가 형성된 것을 확인할 수 있다.

(2) 단추 만들기

① 마스터 페이지에 단추로 이용할 이미지를 준비한 후에, 위쪽에 있는 도구 창에서 '파일'을 선택하면 팝업이 뜨는데 그 중에서 '가져오기'를 클릭하여 이미지를 가져온다.

② 이미지를 클릭한 후에 [그림 30]의 오른쪽 버튼을 클릭하여 '대화형'을 클릭하면 팝업이 뜨는데 여기서 '단추로 변환'을 클릭한다.

그림 30 • 단추 만들기

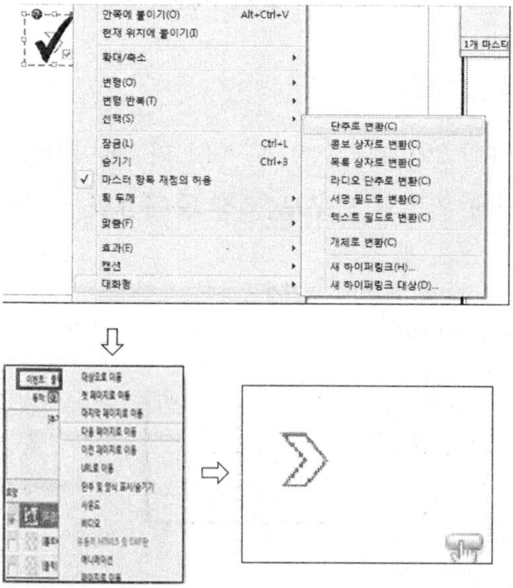

③ 그 다음에는 '단추'와 관련된 창이 뜨게 되는데, '이벤트' 항목에는 단추가 실행되기 위한 조건을 넣는다. 이때, 단추는 보통 '클릭할 때'를 설정한다. 그 다음에는 클릭할 때 일어나는 동작을 설정하게 되는데 이는 '동작' 옆의 '+' 버튼에서 '다음페이지로 이동'을 설정함으로써 다음 페이지로 넘어가는 단추가 완성된다.

이와 같은 방법으로 이전 페이지로 이동하는 버튼도 만들 수 있다.

4) 사운드 삽입하기

인디자인 프로그램을 이용하면 다른 프로그램을 사용하는 것보다 다양한 음향을 사용하여 디지털 그림책을 만들 수 있다. 파워포인트와 같은 프로그램에서는 애니메이션에 대한 효과음을 삽입하는 데 제약이 많지만 인디자인을 이용한다면 손쉽게 다양한 사운드를 삽입할 수 있다. 단, 인디자인 프로그램에서 사운드를 삽입할 경우에는 MP3 파일만 사용할 수 있기 때문에 MP3 변환 프로그램을 사용해야 한다. 각종 포털 사이트에 'MP3 변환프로그램'이라고 치면 다양한 변환프로그램을 찾을 수 있다.

그림 31 • MP3 파일 및 재생이미지 가져오기

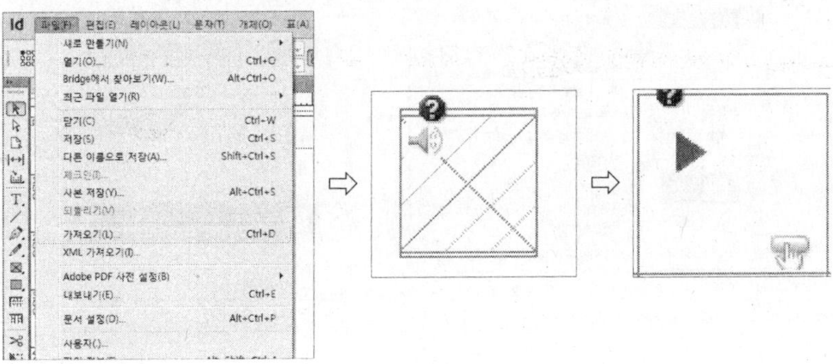

인디자인 위쪽의 도구 창에서 '파일'을 클릭하면 [그림 31]처럼 팝업이 뜨는데 그중에서 '가져오기'를 통해 준비된 MP3 파일을 불러오면 두 번째 그림처럼 나타난다. 화면에서 MP3 파일을 재생시키기 위해 '재생 이미지' 를 삽입하여 마스터 페이지를 만들 때와 같이 단추로 설정한다.

[그림 32]처럼 동작: 을 클릭하면 나타나는 팝업창에서 사운드를 선택한 후 원하는 MP3 파일을 선택한다. 아래의 예에서는 '1-1 MP3'가 선택되었다. 그 후, 옆의 그림에서 보이는 것처럼, ◇단추 및 양식에서 '유형'을 보면 이미 자동으로 단추 및 버튼 이름이 설정되어 있는 것을 볼 수 있다. 위에서 만든 단추에 불러온 사운드가 삽입된다. 여기서 이벤트: 를 통해 사운드의 재생유형을 설정할 수 있다. 이벤트: 놓을 때 또는 탭할 때 는 마우스를 버튼 위에 올려놓았을 때나 클릭할 때 재생이 된다는 것을 뜻한다. 아래의 예에서는 단추 이름을 'Button33'으로 하고 옵션을 '재생'으로 설정하여 버튼을 탭할 때 재생이 되도록 설정한 것이다.

그림 32 • 재생유형 설정하기

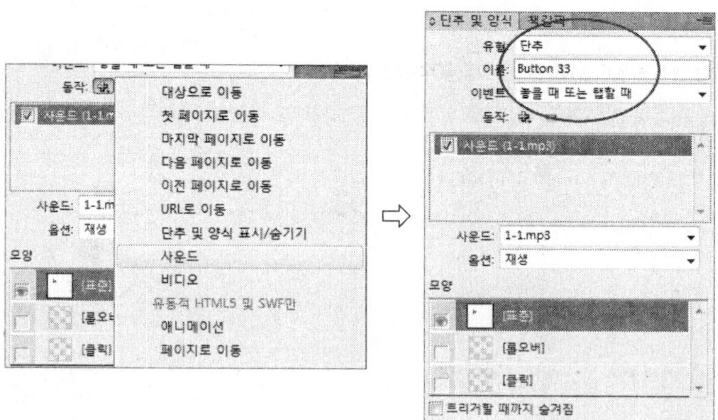

선택한 것들이 제대로 실행되는지 확인하기 위해서는 [그림 33]처럼 '창'에서 '대화형'을 선택하면 'SWF 미리보기'를 포함한 팝업창이 뜨는데 'SWF 미리보기'를 클릭하면 실행 여부를 확인할 수 있다.

그림 33 • SWF 미리보기

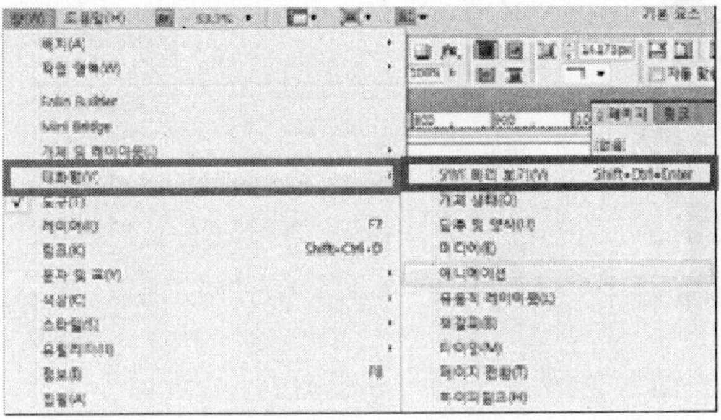

한 페이지에 여러 개의 사운드 버튼을 설정할 경우에는, '창'에서 '대화형'을 선택하면 '타이밍'을 포함한 팝업창이 나타난다. 여기서 '타이밍'을 클릭하면 버튼의 재생 순서를 설정할 수 있다.

5) 애니메이션 설정하기

인디자인을 이용함으로써 디지털 그림책에 다양한 기능을 삽입할 수 있는데, 그 중에서도 애니메이션 기능은 독자들의 관심을 집중시키는 데 좋은 역할을 한다. 인디자인의 애니메이션 효과는 캐릭터가 이동하는 모습이나, 작가가 보여주고자 하는 삽화의 특징적인 모습을 더 생생하게 보여줄 수 있기 때문이다.

먼저 애니메이션의 대상이 될 이미지를 삽입한다. [그림 34]처럼 배경의 색깔이 없는 '투명 배경의 캐릭터'를 선정하여 깔끔한 애니메이션 제작이 가능하다. 삽입한 이미지를 클릭한 후에 상단 도구박스의 '대화형'에서 여러 기능을 보여주는 창이 뜨는데 그중에서 '애니메이션'을 클릭한다.

그림 34 • 애니메이션 대상 불러오기

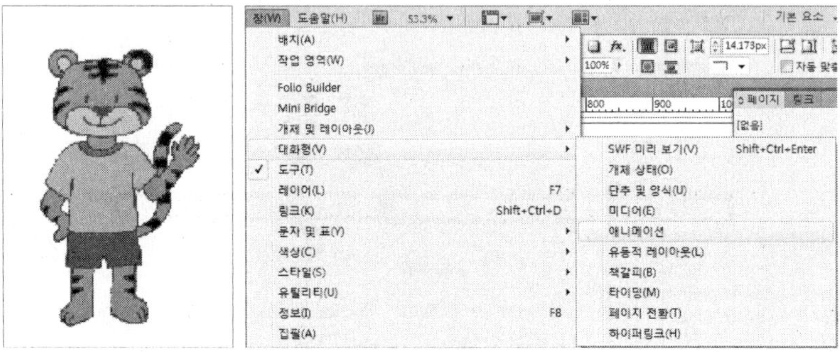

[그림 35]와 같은 창이 뜨면 '사전설정'에서 원하는 유형의 애니메이션을 설정한다. 아래의 예에서는 '페이드인'을 설정하였는데, 이외에도 '페이드아웃' 등의 다양한 선택한다. 마지막으로 '이벤트'를 클릭하여 애니메이션의 재생 방법을 선택한다. 예를 들어, 페이지를

그림 35 • 애니메이션 설정하기

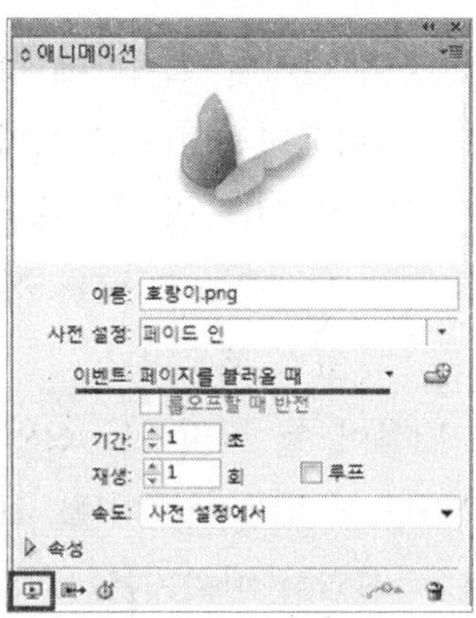

넘길 때 애니메이션을 작동하고 싶으면, '페이지를 불러올 때'를 선택하고 혹은 이미지를 클릭할 때 애니메이션을 작동시키고 싶으면 '클릭할 때'를 선택한다. 완성된 후에는 하단의 실행 아이콘인 ' '을 클릭해서 애니메이션이 잘 작동하는지를 확인해본다. [그림 35]에서는 페이지를 넘기면 호랑이가 나타나서 손을 흔들면서 인사를 한다.

실제 디지털 그림책에서는 애니메이션과 사운드를 동시에 재생시키는 경우가 있는데 이처럼 애니메이션과 사운드를 동시에 적용하고자 할 경우에는 '창'에서 '대화형'을 선택하면 팝업창이 뜨는데 그 중 '타이밍'을 선택한다. [그림 36]처럼 동시 실행하고자 하는 애니메이션과 사운드를 자판에 있는 'shift'키를 이용해 동시 선택한 후, 아래의 두 번째 그림에서 보여지듯 동그라미 표시된 동시 재생 버튼 을 누르면 된다.

그림 36 • 동시 재생 설정하기

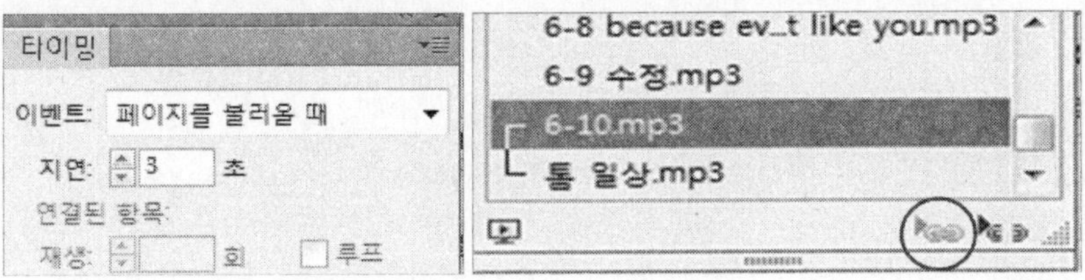

참고문헌

이민기. (2013). 인디자인 CS6 무작정 따라하기. 길벗.

https://www.youtube.com/watch?v=0E9I1yj4JJY _인디자인 시작

https://www.youtube.com/watch?v=T7LDCfHwfD8 _ 인디자인 마스터 페이지

https://www.youtube.com/watch?v=FOZM1TTpaNI _ 인디자인 프레임 작업

https://www.youtube.com/watch?v=4eXQRa3v5uA - 인디자인 도구 틀 소개

https://www.youtube.com/watch?v=WP35rPPkPRY _ 인디자인 개체 삽입

Chapter 07 e-영어 그림책의 상호작용적 학습활동 개발

상호적 e-영어 그림책은 글과 그림 그리고 학습활동까지 유기적으로 잘 융합되어 있어야 그 효과를 극대화할 수 있다. 그러므로 e-영어 그림책을 위한 상호작용적 학습활동 개발은 기존의 종이 그림책에서처럼 그림책 뒤에 이해도를 체크하는 몇 개의 질문을 수록하는 것과는 매우 다른 방법으로 접근해야 한다. 여기서는 상호작용적 e-영어 그림책의 학습활동 개발의 특성 및 주의사항을 고려해 보고자 한다.

1. 에듀테인먼트 학습활동

빠르게 변화하는 사회와 테크놀로지의 발전은 학습방법 및 학습의 관점을 변화시키고 있으므로, 'e-영어 그림책' 또한 변화하는 교육관을 반영해야 한다. 멀티미디어 매체에 익숙한 새로운 N-세대의 등장과 함께 학교라는 울타리가 없어지면서 인터넷과 컴퓨터만 있으면 어디든지 학습할 수 있는 학습의 장이 되었다. 이렇듯, 사이버 공간에서도 학습자 간의 상호작용이 가능해졌으므로 사이버 공간 내에서 학습할 수 있는 혁신적인 교육방법들을 개발해야 한다.

이러한 변화에 맞물려 디지털 교육자료 개발자들은 학습과 놀이의 결합을 통해 학습자들이 자발적이고 내재적 동기에 의해 학습할 수 있는 에듀테인먼트(Edutainment), 즉 교육(Education)과 오락(Entertainment)의 합성어로서 교육용 소프트웨어에 게임, 재미있는 이야기, 친근한 배경 음악 등을 통합한 학습활동에 초점을 맞추고 있다.

다양한 매체의 통합이 제공하는 학습 환경은 시간과 공간을 초월한 체험학습을 가능하게 해 준다. 최근 문화센터에서 영어로 파스타를 만들면서 파스타를 먹는 나라에 대해 공부하고, 어떻게 요리하는지 등 서양문화와 함께 영어를 배우는 에듀테인먼트적인 체험수업이 많이 등장하고 있다. 물론 직접 체험을 할 수 있어서 매우 유용하지만 많은 제약을 포함하고 있어서 실제로 실행하기 어려운 경우가 많다. 재료에 따른 제약으로 제한적인 요리만이 가능하며, 영어로 수업을 진행해야 하는데 영어도 잘하고 요리도 잘하는 교사를 구하기도 쉽지 않다. 아이들이 불과 칼에 대한 위험에 노출되는 등 많은 제약을 받는다. 그러나 디지털 에듀테인먼트를 실시하면 학습자는 멀티모드-그래픽, 영상, 음향, 글이 함께 어우러져 만들어내는 최적의 학습 환경에서 학습할 수 있게 된다. 디지털 에듀테인먼트에서는 상호작용을 활용하여 흥미를 높일 수 있고, 학습자의 필요에 의해 반복학습이 용이하고, 자신의 학습 수준을 스스로 결정하여 학습할 수 있는 장점이 있다.

최근 보급되는 디지털 영어교재는 에듀테인먼트의 특징을 반영하여 시·공간에 구애받지 않고 교육서비스를 제공하기 위한 멀티미디어 형태의 학습교재로서 다양하고, 풍부한 자원과 기술을 동원하여 학습자와의 다양한 상호작용을 제공한다(진경애, 2007). 학생들이 재미있게 학습을 하면서 자연스럽게 영어를 접할 수 있는 풍부한 학습게임, 플래시 애니메이션, 동영상, 동화를 포함하고 있다. 특히, 영어 '말하기' 학습을 위해서는, 컴퓨터 음성인식 기능을 활용하여 컴퓨터와 학습자가 대화를 할 수도 있고, 자연언어처리 기술을 활용한 글 쓰는 연습이 가능하며, 자신이 쓴 영어 글에 대한 오류를 점검받으면서 영어 작문을 연습할 수 있다. 이러한 것들은 학습관리시스템을 통해 로그인 시간, 학습내용, 성취도 평가 등 자신의 학습 이력을 관리해 나감으로써 체계적인 학습이 가능해졌다.

그중에서 e-영어 그림책을 활용한 학습은 잠재된 학습 동기를 점화시키는 효과적인 방법이라고 할 수 있다. 그러나 교사와 직접 대면이 어려운 사이버 학습 환경에서는 학습자의 학습 동기가 충분히 높지 않으면 교육의 효과를 거두기 어렵기 때문에 e-영어 그림책은 학습자의 흥미를 최대로 유지시킬 수 있는 다양한 상호작용 활동을 포함시키고자 노력해오고 있다. e-영어 그림책을 활용하여 수업의 흥미를 높이기 위해 이제까지 제시된 온·오프라인 학습활동 운영 모형을 고찰해보면 다음과 같다.

그림 1 • 인터넷을 활용한 영어 그림동화 수업 모형 (김현숙, 권청자, 2006)

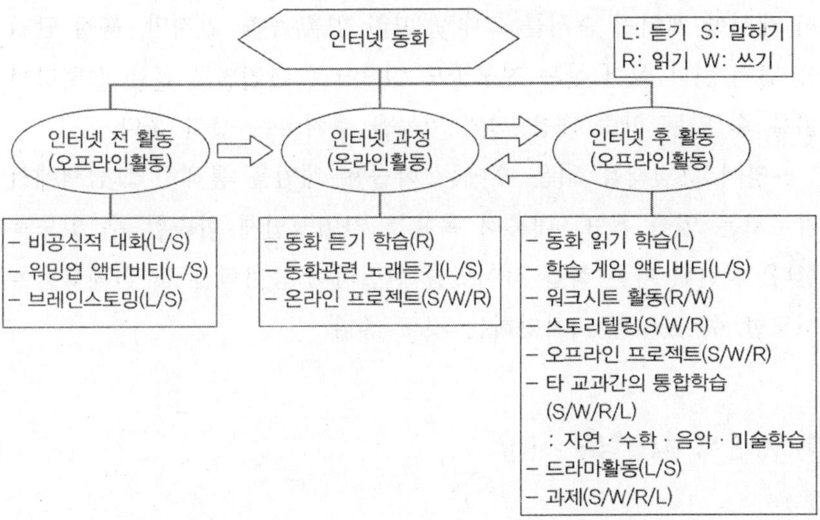

'e-영어 그림책'은 교사가 학습교재로 사용할 수도 있고, 엄마와 함께 읽는 도서로 활용할 수도 있다. 원래 그림책은 부모들이 유아들에게 읽어주는 것으로 시작해서 학습자가 독립적으로 읽는 것이 일반적이다. 부모들은 아동에게 책을 읽어주면서 그림과 글에 대한 관련 대화를 나누게 되는데, 이것이 위의 도표에서 '인터넷 전 활동'에 속하는 것이라고 할 수 있다. '상호작용적 e-영어 그림책' 개발에서는 엄마와 교사가 브레인스토밍해 주던 것을 컴퓨터가 해 줄 수 있도록 개발하면 좋은데, 흥미 및 재미가 주요 쟁점일 것이다. 어린 학습자들의 판단에 놀이보다는 학습을 한다는 느낌을 더 강하게 받는다면, e-영어 그림책 읽는 것을 선호하지 않을 수 있기 때문에 놀이 중심의 학습활동을 개발하는 것이 중요하다.

e-영어 그림책 개발에서 본시 학습에 해당하는 학습활동들은 최대한 다양성을 부여하여 학습자의 선택권을 높이는 것이 중요하다. 예를 들면, 성우의 목소를 다양하게 수록하여 자신이 좋아하는 것으로 선택하여 동화를 들을 수 있게 하거나, 학습자의 특성에 따라 책에서 제시한 페이지 순서를 그대로 따라 읽을 수도 있지만, 특정 단원을 먼저 읽고 싶어 하는 친구들도 있으므로 단원별로 글을 선택하여 읽을 수 있는 학습 내용 선택 기능을 추가하는 것이 좋다.

e-영어 그림책을 읽은 후에는 학습용 게임을 통해서 그림책에서 강조하는 언어 목표, 내용적 목표를 자연스럽게 학습할 수 있도록 한다. 관련된 다른 학습 사이트를 연결하여 통합학습 및 연계학습을 시도할 수 있도록 디자인하는 것도 좋다.

2. 상호적 학습활동 개발

종이 그림책과 달리 e-영어 그림책은 다양한 멀티미디어 기능을 활용하여 아동의 흥미를 끌 수 있는 조건을 갖추고 있지만 일반적 학습활동 개발의 특성에 따라 개발하면서 추가적으로 기술적인 면을 고려해야 한다. 그러므로 여기서는 일반적인 학습활동 개발의 특성을 비롯하여 e-영어 그림책을 위한 기술적인 특성을 함께 소개한다.

1) 학생의 흥미를 반영한 활동

아동이 안정적인 학습을 하기 위해서는 일정한 학습패턴을 제시하는 것이 중요하다. 학습자들이 상황별로 어떤 행동을 해야 하는지 학습의 패턴을 통해 예측할 수 있으면 긴장감 없이 학습할 수 있기 때문이다.

그러나 활동의 종류가 단조롭고, 반복적으로 제시된다면 학습자들은 쉽게 지루함을 느낄 수 있으므로 큰 범주 내에서는 패턴을 따르더라도 작은 범주에서는 특정 활동에 대한 색다름이 공존해야만 아동의 흥미를 끌 수 있다.

이해 점검을 위한 학습활동의 대표적인 것으로 '참/거짓' 학습이 있는데, 이 활동도 약간만 수정을 하면 참신하면서도 흥미를 높일 수 있는 활동으로 변모할 수 있다. 예를 들면, '참/거짓'으로 문장에 답을 쓰는 것이 아니라, 1번 항목에 참이면 'I', 거짓이면 'O'와 같이 스펠링을 쓰게 한다. 모든 답을 완성하고 나면, *I love you*와 같은 문장이 제시되며, 그것이 다음 문제의 답이 된다면, 학습자들은 완성된 답이 제시할 문장을 계속 유추하면서 흥미롭게 문제를 풀어갈 것이다.

다음의 예는 예비 작가들이 위에서 제시한 기법을 응용하여 이해도 측정 학습활동을 개발한 것이다. 활동에서 질문의 답을 각각 다른 색으로 제시하고 있는데, 학습자는 질문에 답을 하고 답에서 제시하는 색깔로 옆에 있는 울타리를 색칠하는 학습활동이다. 단순하게 다지 선다형 문제에 답을 하는 것으로 끝나는 것이 아니라 아이들이 좋아하는 색칠하기를 연결하여 학습활동의 흥미를 높이고 있다.

e-영어 그림책에 본문에서 주인공이 울타리에 페인트를 칠하는 장면이 나오는데, 이것을 활용하여 학습자가 문제를 풀고, 그 답이 제시하는 색깔로 주인공이 되어 울타리를 칠해 볼 수 있는 기회를 주는 것으로 학습자의 흥미를 높이고 있다. 중간중간 자신이 좋아하는

그림 2 • 예비 작가의 흥미를 반영한 학습활동 예시

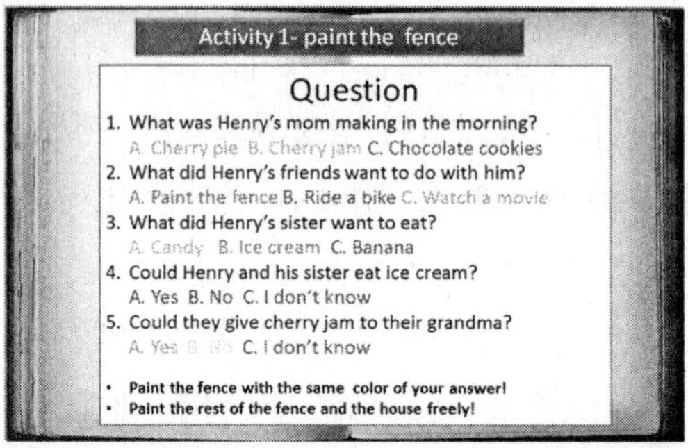

색깔을 칠할 수 있도록 하여 선택의 기회를 제공한다. 이것은 모든 학습자의 울타리가 동일한 색으로 색칠되는 것을 방지하며, 개별적 창의성을 증진시킨다는 장점을 갖는다.

2) 학습자의 궁금증을 유발할 수 있는 활동

학습자의 동기를 유지시킬 수 있는 활동은 학습자의 궁금증을 유발하여 스스로 학습을 지속시키는 것이다. 아래의 예에서 보면, 각각의 동물들이 어떤 생일 선물을 선호할지 추측하기 위해, e-영어 그림책의 본문을 반드시 읽어야만 한다. 동물과 선물이 일대일의 대응을 보이는 것이 아니라 생일선물을 하나 더 준비함으로 마지막 동물까지도 무임승차 없이 문장을 읽고 추론해야하는 장치를 해둔 것이 장점이다.

그림 3 • 예비 작가의 궁금증 유발 활동 예시

학습활동의 내용을 학습자의 일상생활과 관련된 것으로 구성하는 것이 답을 하기 쉽고, 학습동기를 높일 수 있다. 아래의 예에서처럼 자신은 어떤 성격을 갖고 있는지, 자신의 수줍음 정도는 어느 정도인지 궁금증을 유발시키고, 자신의 성격을 점검해 볼 수 있으므로 문장을 읽고 이해하고자 하는 동기를 부여한다. 결과를 바탕으로 어떻게 행동해야 하는지 조언을 읽으면서 행동 교정까지 기대해볼 수 있다. 즉, 영어학습을 통한 인성교육까지도 고려할 수 있다.

그림 4 • 예비 작가의 학습자의 삶과 관련된 활동 예시

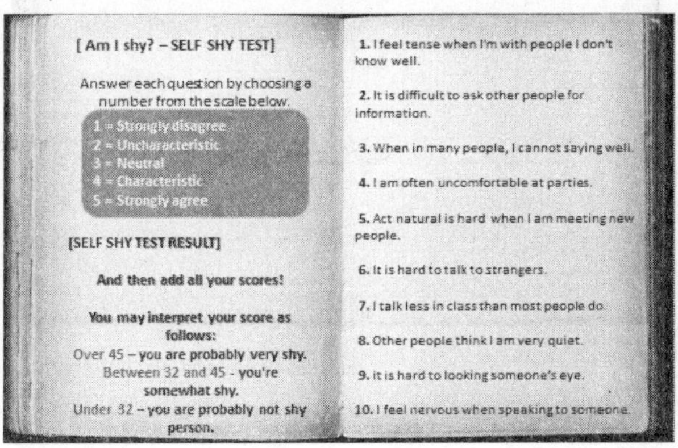

3) 다양한 학습자의 학습 스타일을 고려한 활동

학습자의 성격과 학습 성향에 따라서 시각학습, 청각학습, 체험활동학습을 선호할 수 있으므로 다양한 학습활동을 탑재하고 학생들이 선택할 수 있도록 해야 한다. 다음의 예에서 볼 수 있는 것처럼, 인지적인 활동을 좋아하는 학생들을 퍼즐, 그림 그리는 것을 좋아하는 학생은 그림 그리기를 할 수 있도록 다양한 활동을 제시하는 것이 중요하다.

그림 5 • 예비 작가의 학습 스타일을 고려한 학습활동 예시

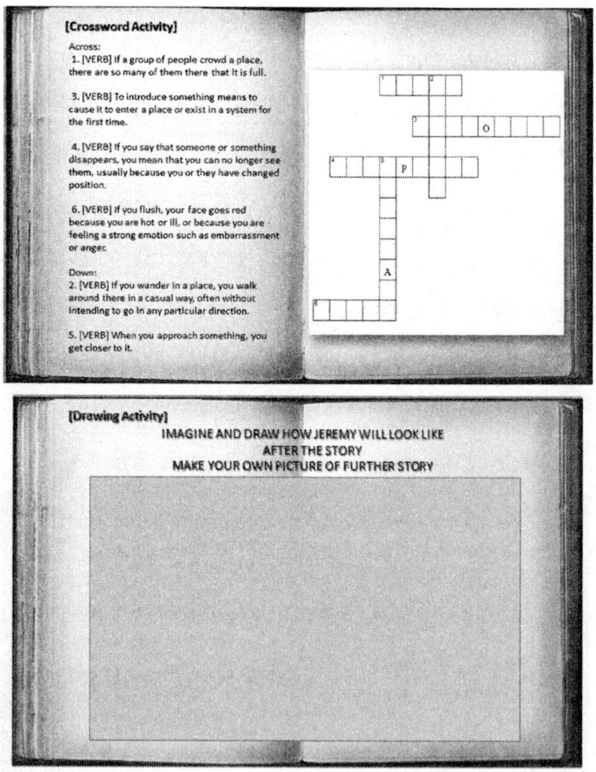

4) 학습과정을 통해 학습목표에 도달하는 활동

학습내용을 직접적으로 제시하기보다는 학습자가 학습과정을 따라가다보면 자연스럽게 학습목표에 도달할 수 있는 과정 중심의 활동을 제시하는 것이 중요하다. 기존의 학습에서는 요약된 학습내용을 제시하는 것에서 그치지만 상호작용이 가미된 디지털 스토리텔링을 통한 학습에서는 학습자 스스로가 이야기에서 사용된 어휘 중 '-s'와 '-es'로 끝나는 어휘를 그룹으로 묶어보고, 그 속에 어떤 언어의 패턴이 있는지를 인식하거나 찾아낼 수 있는 과정을 게임으로 제시한다면 학습자들은 발견학습을 통한 문법학습을 시도할 수 있다.

다른 사이트와 연결하여 습득된 패턴들을 연습해 볼 수 있는 추가적 학습 환경을 제시해 줄 수도 있다. 한종임(2014)은 문법학습을 위한 과정 중심의 발견학습의 예를 보여주는데, 본문을 읽으면서 발견한 문법적 패턴을 하이라이트하면, 그 문법사항이 쓰인 다른 문장의 예들을 고찰할 수 있는 기능을 제시할 수 있다. 또한 특정 문법을 활용한 4컷 만화를 제작할 수 있는 활동을 수록하여 학습자가 특정 문법을 사용하여 만화를 완성했다는 충만감을 느끼게 하여 학습에 대한 흥미를 높일 수 있다.

5) 명확한 지시문 사용

학습활동을 쉽고 재미있게 만들기 위해서는 명확한 지시문 사용이 필수적이다. 학습자가 지시문을 잘 이해하지 못하면 쉽게 학습활동을 포기할 수 있기 때문에 학습자 수준에 맞는 지시문을 사용하는 것이 중요하다. 특히 영어 활동의 경우, 학습자의 영어 수준에 맞는 지시문 구성은 학습의 성공과 실패를 좌지우지하는 중요한 요소가 될 수 있기 때문이다.

명확한 지시문을 제공하기 위해서는 우선적으로 간결하고, 따라가기 쉽게 제시하는 것이 좋다. e-영어 그림책에서는 동영상을 사용하여 학습활동에 대한 예를 보여줄 수 있는 장점이 있으므로 이것을 활용하면 좋다. 특히, 영어 수준이 낮은 학습자에게 긴 문장으로 구성된 지시문을 제시하기보다 간단한 애니메이션이나 동영상을 통해 학습활동 방법을 설명하는 것이 효과적이다.

예비 작가들이 개발한 e-영어 그림책 학습활동 초고인 [그림 6] 학습활동에서는 지시문이 생략된 것을 볼 수 있다. 또한, [그림 6]에서는 단어 학습에서 학습목표에 해당하는 단어를 설명할 때, 그 단어보다 더 어려운 어휘를 사용하여 설명하는 모순을 보여준다.

그림 6 • 예비 작가의 e-영어 그림책 관련 학습활동 개발 초고

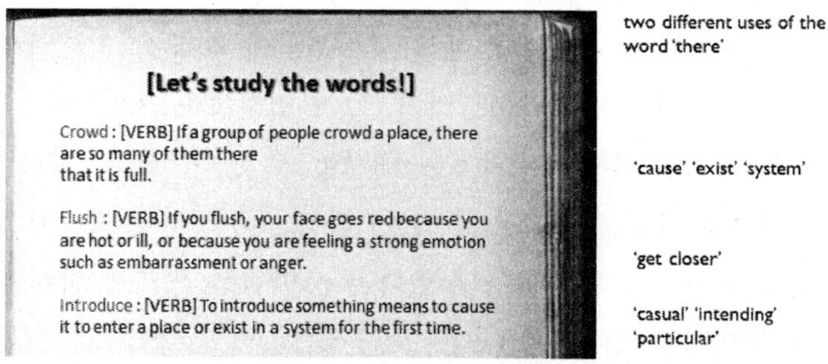

위의 문제점을 해결하기 위해서 수정본에서는 글 대신 그림을 제시하여 간결하게 단어의 개념을 전달해주는 것으로 전환한다. 이중 언어가 제공되는 경우에는 단어를 클릭하면 이중 언어 사전으로 이동하거나, 어휘가 삽입된 예시문 사전으로 이동할 수 있다. e-영어 그림책의 장점을 살려서 동영상이나 애니메이션으로 어휘의 의미를 제시할 수도 있다.

그림 7 • 수정본에서 제시된 학습활동

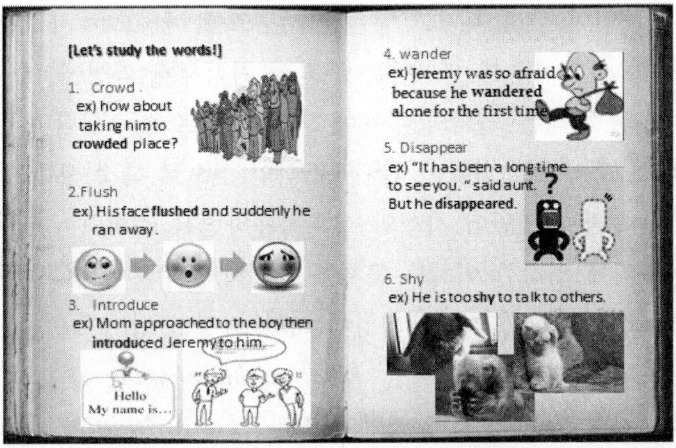

3. 구성주의에 입각한 활동

그림책을 읽고 이해도를 점검하는 문제 구성방법에는 두 가지 종류가 있다. 닫힌 유형(Closed Questions)은 일반적으로 객관론적 지식론에 입각한 것으로 이미 정해져 있는 '정답'을 요구한다. Yes/No 질문, True/False 질문 유형이 여기에 속한다. 예를 들면, 'What day is it today?'와 같은 질문은 명백한 답이 있는 닫힌 유형이다.

객관론적 지식론에 의거한 문제유형은 구성주의 학습철학에서 비판받기 시작했다. 위의 문제유형들은 이야기 전체를 이해했는가를 점검하기보다는 어휘와 문장구조에 초점을 두고 있었기 때문에 실제로 이야기를 잘 읽고 이해했는지를 평가하는 것이 매우 제한적이었다. 또한 학습자들이 문제를 풀기 위해 교사가 원하는 것이 혹은 문제 출제자가 의도하는 것이 무엇인지를 예측하여 답을 하는 경향이 있기 때문에 진정 이야기를 이해하기보다는 기술적으로 답하는 방법을 배우게 된다.

구성주의 철학에서 지식형성은 절대적 지식을 축적하는 것이 아니라, 개개인이 이미 가지고 있는 인지구조를 바탕으로 새로운 정보가 들어와 합쳐지면서 생겨나는 주관적 지식체계 과정에 의해 이루어진다. 즉, 지식은 인식의 주체에 의해서 다르게 구성되며, 구체적인 상황을 중심으로 만들어지는 맥락적인 것으로 특정 사회 및 문화적 배경 속에서 개인이 사회와 상호작용하면서 축적되는 것이다.

구성주의에 입각한 이해도 문제를 고찰하면 주로 열린 유형(Open Questions)으로 학습자의 개별성에 따라 다양한 답이 도출될 수 있는 것을 일컫는다. 예를 들어, '*What is the meaning of life?*'의 답은 각자 처해 있는 상황과 맥락에 따라 달라질 수 있고, 정답이 있을 수 없기 때문이다. 열린 유형의 문제는 주로 이야기를 읽고 상상하거나 마음에 그려지는 상황을 직접 그려 보거나, 이야기가 전개되는 맥락에서 다음에 일어날 일 혹은 주인공의 사건처리 방법 등에 대한 추측, 주인공과 같은 상황에 처한다면 독자는 어떤 반응을 보일 것인지, 혹은 등장인물들의 행동에 대한 판단 등을 고찰하는 질문이 이에 해당된다.

아래의 예는 *Jack and the Beanstalk*의 이해도 점검 문제를 두 종류의 닫힌 유형과 열린 유형으로 분류하여 제시한 것이다.

표 1 읽기 이해도 문항 유형 (Wright, 1995)

닫힌 유형	열린 유형
1. Is Jack rich or poor? 2. How many beans did Jack get? 3. What did Jack do when he heard the giant coming? 4. How did Jack escape from the giant? What happened to the giant? 5. What did the giant say when he chased Jack?	1. Draw and describe Jack's house. 2. What color was Jack's cow? 3. How tall was the giant? 4. What size shoes did the giant wear? How much does one golden egg weigh? 5. You have a hen that lays golden eggs. What would you do?

[그림 8]에 제시된 예는 열린 유형의 문제를 고려하여 이야기의 이해도 점검을 위한 질문을 제작한 것이다. 물론 다양한 열린 유형의 문제를 포함하고 있기는 하지만 문제의 배열 혹은 배치와 닫힌 유형 및 열린 유형의 균형에 문제가 있다.

[그림 8]의 질문을 분석해보면, 이야기를 읽고 사고하는 과정에서 사고의 공백이 너무 크다. 즉, 구체적인 것을 묻는 문제와 거시적인 것을 묻는 문제가 균형을 이루는 것이 좋으며, 또한 구체적 질문에서 시작하여 거시적 문제를 풀어가는 것이 학습자의 자연스런 사고 확장을 유도하여 쉽게 문제를 풀 수 있게 한다.

그림 8 • 초고에 제시된 이해도 점검 문항

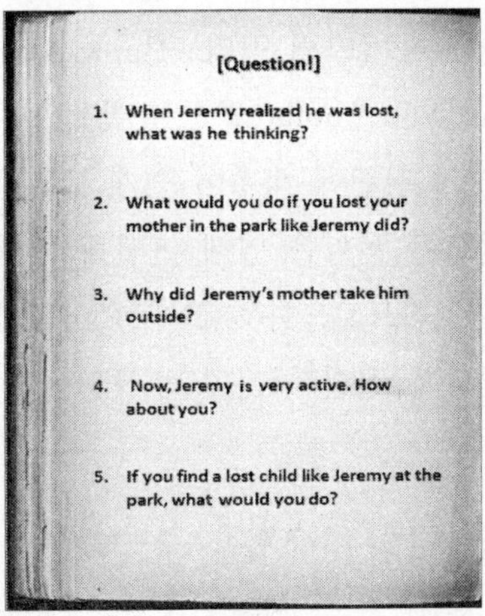

[Question!]

1. When Jeremy realized he was lost, what was he thinking?
2. What would you do if you lost your mother in the park like Jeremy did?
3. Why did Jeremy's mother take him outside?
4. Now, Jeremy is very active. How about you?
5. If you find a lost child like Jeremy at the park, what would you do?

[그림 9]는 앞에서 언급한 문제점을 수정하여 제시한 수정 문항이다. 수정된 문제에서는 구체적 문제와 거시적 문제가 균형을 이루고 있으며, 선다형 문제로 쉽게 시작하기 때문에 학습자가 부담 없이 문제를 풀어나갈 수 있고, 내용과 문항에 익숙해지면 마지막에는 자유 작문인 자기 주도적 문제를 풀 수 있도록 점진적인 과정중심으로

그림 9 • 수정된 이해도 점검 문항

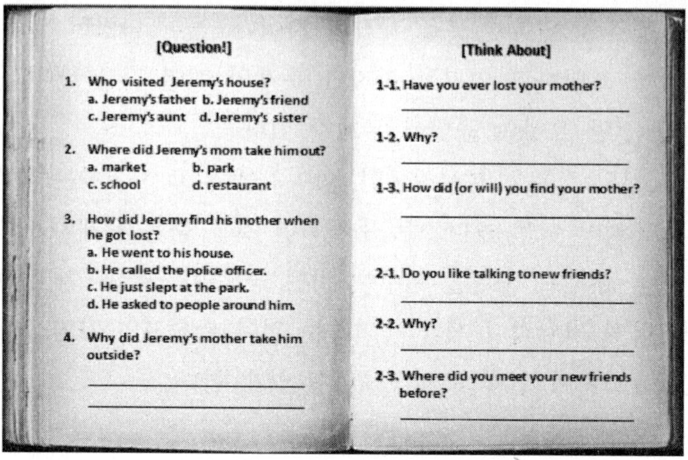
[Question!]

1. Who visited Jeremy's house?
   a. Jeremy's father b. Jeremy's friend
   c. Jeremy's aunt d. Jeremy's sister

2. Where did Jeremy's mom take him out?
   a. market b. park
   c. school d. restaurant

3. How did Jeremy find his mother when he got lost?
   a. He went to his house.
   b. He called the police officer.
   c. He just slept at the park.
   d. He asked to people around him.

4. Why did Jeremy's mother take him outside?
   ____
   ____

[Think About]

1-1. Have you ever lost your mother?
____

1-2. Why?
____

1-3. How did (or will) you find your mother?
____

2-1. Do you like talking to new friends?
____

2-2. Why?
____

2-3. Where did you meet your new friends before?
____

구성한 것을 볼 수 있다. [그림 9]의 'Think About'의 1-1 활동에서 'Have you ever lost your mother?'의 문제는 학습자의 경험을 묻는 것이기 때문에 자신의 경험에 비추어 쉽게 Yes / No로 대답할 수 있다. 그러나 뒤에 나오는 문항은 언제 어떻게 엄마를 잃어버렸는지를 논리적으로 기술해야 하므로, 쉬운 것에서 시작하여 차츰 어려운 것으로 사고할 수 있도록 점진적 사고를 유도하고 있다.

4. 상호작용적 학습활동 스크립트 구성하기

e-영어 그림책의 가장 큰 특징 중 하나가 상호작용적 학습활동을 포함할 수 있다는 것이다. 그러나 많은 e-영어 그림책이 종이 그림책의 영향력에서 벗어나지 못하고 상호작용적 학습활동 수록에 어려움을 겪는다. 여기서 상호작용이란 학습자와 e-영어 그림책이 서로 상호작용하면서 이야기를 전개하거나 활동문제를 완성시켜가는 것을 일컫는다.

e-영어 그림책 개발은 디지털 콘텐츠 게임이나 가상 애니메이션을 개발할 때처럼 디지털 스토리텔링 기법을 고려하여 제작할 수 있다. 강심호(2005)는 스토리텔링 기법으로 퀘스트 스토리텔링(Quest storytelling)과 공간 스토리텔링(Spatial Storytelling)을 제시하고 있다.

강심호(2005)의 분류를 상호작용 학습활동 개발에 적용하면 다음과 같다. 학습자가 신이 된 듯 이야기에 등장하는 주인공의 성격을 선택하면서 글을 읽게 되면, 원래 제공되는 이야기의 줄거리와 달라지게 하는 **'외적 상호작용 방법'**을 활용할 수 있다. 학습자는 아바타처럼 자신이 주인공이 되어 이야기의 배경을 이루고 있는 여러 장소를 탐험하는 것과 같은 **'내적 상호작용 방법'**을 활용하여 이야기를 재창조할 수도 있다.

A. **학습활동에서 학습자의 위치**

1) **내적 상호작용성(Internal Interactivity)**: 학습자가 이야기의 허구적 세계 내에서 자신을 구성원으로 인식하는 경우
2) **외적 상호작용성(External Interactivity)**: 학습자가 이야기 속에 존재하는 허구적 세계를 통괄하며 조직하는 신의 역할로 간주하는 경우

B. **학습자와 이야기의 상호작용성**

1) **탐험적 상호작용성(Exploratory Interactivity)**: 학습자가 수행한 상호작용의 행동이 스토리 전체의 거시적 플롯과 진행 방향에 영향을 주지 않는 경우.
2) **존재론적 상호작용성(Ontological Interactivity)**: 학습자가 선택한 것과 수행한 행위들에 따라 플롯과 스토리가 달라지는 경우.

위의 학습자의 위치와 이야기와의 상호작용성을 조합해보면 다음

의 4가지 상황이 전개될 수 있다.

1. **외적 탐험적 상호작용성:** 가장 대표적인 경우가 하이퍼텍스트 소설의 경우이다. 플레이어는 스스로가 스토리의 구성원으로 인식하지 않으면서 이런저런 선택을 하지만 전체적인 플롯은 바뀌지 않는다. 가장몰입도가 낮은 형태의 상호작용성을 갖는다고 한다.
2. **내적 탐험적 상호작용성:** 닌텐도 게임 '슈퍼 마리오'와 같은 RPG (Role Playing Game)가 여기에 해당된다. 즉, 내가 주인공이 되어 탐험을 하지만 스토리 플롯과 진행방향 내에서만 자유롭게 행동할 수 있다.
3. **외적 존재론적 상호작용성:** 학습자가 신의 위치에서 이야기의 흐름을 좌우한다. 학습자가 선택한 주인공의 성격에 따라서 이야기의 전체적 플롯이 바뀔 수 있고, 결론도 달라지게 할 수 있다.
4. **내적 존재론적 상호작용성:** 여러 명의 학습자가 온라인에 함께 접속하여 동일한 공간에서 이야기를 만들어갈 수 있는 유형으로 흔히 게임에서는 MMORPG(Massively Multi-Player Online Role Play Game)으로 크래프트 게임과 같은 것이 여기에 해당한다.

다음은 디지털 에듀테인먼트적 성격을 포함한 활동을 구성하기 위해 *Rainbow Fish To The Rescue!*를 바탕으로 상호작용적 학습활동을 개발한 예이다. e-영어 그림책에서 상호작용적 학습활동을 만들기 위해서는 기술적으로 구현하기 이전에 활동에 대한 스크립트를 작성하는 것이 기본이 된다. 기술적인 것과 삽화를 배제하더라도 e-그림책 작가들은 이와 같은 스크립트 제작까지는 진행할 수 있어야 한다.

1) 외적 존재론적 상호작용성을 바탕으로 한 학습활동의 예

학습자가 신의 위치에서 이야기의 흐름을 좌지우지할 수 있는 활동이다. 원래 이야기를 읽고 등장인물의 성격분석을 위한 상호작용적 학습활동을 구상해 볼 수 있고, 더 나아가 등장인물의 성격을 달리 부여하여 이야기를 새롭게 구성할 수 있는 학습활동이다.

글을 읽기 전이나 글을 읽은 후, 이야기를 제대로 이해하기 위해서는 주인공의 성격을 파악하는 것이 매우 중요하다. 글을 읽고 등장인물의 성격을 기술해 보는 활동을 e-그림책에서 구현한다면, 아래의 등장인물을 버튼으로 만들고, 학습자가 등장인물을 누르면 해당하는 성격이 글이나 소리로 제시되고 학습자는 그중 하나를 선택할 수 있다.

그림 10 • 상호작용적 학습활동의 예 – 등장인물 분석

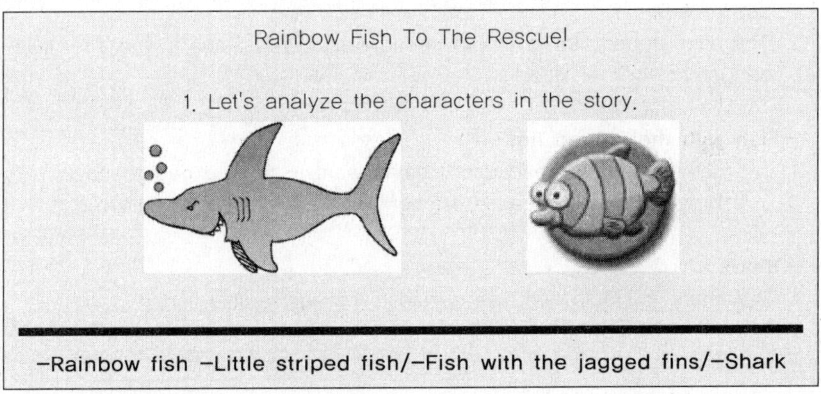

위에서 각각의 등장인물을 터치하거나 누르면 표 2에서 보여주는 스크립트가 음성으로 구현되면서 그림이 움직인다. 학습자가 선택한 성격이 애니메이션으로 변화되어 등장인물이 자신을 소개하는 것이다. 외적 존재론적 상호작용 유형의 e-그림책을 개발할 경우, 각기

다른 성격의 주인공이 이야기에 등장할 때 나타날 수 있는 다양한 이야기를 수록해 두어, 학습자가 등장인물의 성격을 설정하고 모듈 형식으로 이야기를 창작할 수 있게 한다. 학습자가 선택한 주인공의 성격에 따라 이야기 전체의 플롯이 바뀔 수 있으므로, 이것은 아동의 창의성을 신장시켜줄 수 있는 매우 좋은 방법 중 하나이다.

표 2 등장인물의 특징 스크립트 만들기

– Rainbow fish

1. The Rainbow fish is nice because it gives its special scales to other fish.
2. The Rainbow fish is not brave because it didn't stand up to the fish with the jagged fins.
3. The Rainbow fish is brave because it rescued the little striped fish from the shark.

– Little striped fish

1. The little striped fish is shy because it didn't try again to join the game. It just gave up.
2. The little striped fish is stupid because it stayed alone in the sea. It is dangerous for that little fish.

– Fish with the jagged fins

1. It is not a social fish because it didn't want to have a new friend.
2. It is brave and fast because it fought with the shark and survived.

– Shark

1. The shark is stupid because it tried to eat just a little fish.
2. The shark is not healthy because it was exhausted easily from just a fish's attack.

2) 외적 존재론적 상호작용성 개발을 위한 상황 설정

학습자의 창의적 사고력 증진을 위해서 여러 가지 가상의 경우를 애니메이션으로 만들어 그 상황을 경험하게 하거나 이야기 중간에 다음과 같이 무지개색 물고기가 줄무늬 물고기를 '돕는다'와 '돕지 않는다'는 것을 선택으로 주어 이야기가 다르게 흘러가는 것을 보여주게 되면 독자가 이야기를 재창조하는 역할을 경험할 수 있게 된다.

아래의 상황들은 창의적 사고를 위해 이야기에서 도출해낼 수 있는 다양한 상황을 설정해본 것이고 이것을 바탕으로 애니메이션을 개발하여 콘텐츠로 사용할 수 있다.

표 3 스토리 기법 활용 예시

Rainbow Fish To The Rescue!

1. **What if~:** Choose one of the case and write about the situation or what would happen.

   case 1: If Rainbow fish didn't help the little striped fish, what would happen?

   case 2: What would happen if other fish refused to go out to rescue the little striped fish?

   case 3: If the little striped fish had a different kind of special scale, what would happen?

   case 4: Draw Rainbow fish's image when it faced a certain situation in the story. (이야기 중 특정한 지점에서의 책의 이미지를 그리고 Rainbow fish를 설명해 본다. 책의 성격, 느끼는 느낌, 할 수 있는 말을 적는다.)

   case 5: Draw the most memorable situation of the story. (이야기 중 가장 인상 깊었던 한 순간을 그리고 간단히 설명해 본다.)

2. **Rewrite the story**
   Choose one of the above case 1–4 and rewrite the story in short form.

다음은 위에서 언급한 창의적 가상의 경우 중 하나를 선택하여 스크립트로 만들어 본 것이고 이와 같은 스크립트를 중심으로 애니메이션을 만들 수 있음을 보여준다.

표 4 스크립트의 예시

Case 2. What would happen if other fish refused to go out to rescue the little striped fish?

The Rainbow fish went out to help the little striped fish but other fish didn't help them. They were too afraid of the shark. They thought they could die. They just hid in the narrow crack in the reef and looked at the Rainbow fish trying to rescue the little striped fish from the shark. Finally, the rainbow fish and the little striped fish ran out of energy and failed to escape from the shark. The shark ate them all. The other fish saw everything and felt guilty because they didn't help them.

2. Rewrite the story

Under the deep blue sea, Rainbow fish and her friends played together. They all had a special silver scale glittering all the time. They were proud of their beauty. They had no interest in other fish. One day, a little striped fish came and told them that it wanted to join their game. However, they refused to take the little fish because it didn't have a special scale. Rainbow fish wanted to have a new friend but she wasn't brave enough to stand up to the other fish. They all ignored the little fish. Suddenly the shark appeared to eat them. All the fish except the little striped fish escaped to their hiding place. Then Rainbow fish knew that the little fish was all alone out there so she left the hiding place to rescue it. She wanted her other friends to go out with her but they didn't want to because they were afraid of the shark. They just looked at Rainbow fish and the situation trembling with fear. Rainbow fish was disappointed with their action but tried to rescue the little fish. They tried to escape from the shark but eventually they ran out of their strength. In the end, the shark ate them all. The fish hiding in the crack saw everything and were shocked. They all felt sad and ashamed of their action. Other livings in the sea heard of that news and they blamed those fish with a special scale. Those fish with a special scale couldn't live there so they had to move to another sea.

3) 외적 탐험적 상호작용성을 활용한 학습활동의 예

학습자가 객관적 입장에서 이야기를 평가해보고, 여러 질문에 답하면서 다각적인 읽기를 시도한다. 그러나 이야기의 플롯을 바꾸는 것은 아니다. 예를 들면, 열린 유형의 질문을 포함하는 활동은 외적 탐험적 상호작용성 활동으로 전환하기 쉽다. 아래의 문항 중 1, 2, 3번에 해당하는 초기 질문들은 Is / Do-Questions로 닫힌 문항처럼 보이지만 실제를 고찰해보면 간단하게 답한 후, 그 이유를 답해야 하므로 역시 열린 문항으로 고려된다. 이 경우 답이 문학적 소양에 기인할 수도 있고, 자연과학적 지식에 바탕을 둘 수도 있기 때문에 활동의 가능한 답을 여러 맥락에서 다양하게 제시하면 다중지능 개발에도 좋다.

표 5 읽기 이해도 문항 개발

Critical Reading Interpretation

After reading of the story "*Rainbow Fish To The Rescue!*", try to answer the following constructive questions.

1) What color of scale does Rainbow fish have?
2) Is Rainbow fish male or female? Why do you think so?
3) Do you think Rainbow fish is kind? Why? or Why not?
4) Why did Rainbow fish share the scales with other fish?
5) What did the little striped fish think when it was excluded from the game?
6) Where do you think the Rainbow fish was from?
7) What does the shark look like?
8) Describe the sea in which the fish live.
9) What do other fish, which don't have the special scale, think of Rainbow fish and its friends?
10) How did the other fish feel when Rainbow fish asked them to help the little striped fish?

아래에 가능한 답을 제시해 보았는데 구성주의적 열린 문항들 위주이므로 답이 다양하게 나타날 수 있음을 보여준다. 더 나아가 'What does the shark look like?'와 같은 질문은 아동의 개인적 경험과 관련되어 자신의 자연과학 상식을 바탕으로 답할 것이다.

표 6 질문에 대한 가능한 답 구성하기

After reading of the story "Rainbow Fish To The Rescue!", try to answer the following constructive questions.

1) What color of scale does Rainbow fish have?
   It is silver.
2) Is Rainbow fish male or female? Why do you think so?
   Rainbow fish is female because it has a beautiful scale and is proud of it. Female are most beautiful and don't like to share their beauty.
3) Do you think Rainbow fish is kind? Why? or Why not?
   Rainbow fish is kind because it finally gave its beautiful scale to the other fish.
4) Why did Rainbow fish share the scales with other fish?
   She wanted to have friends. She didn't want to be alone.
5) What did the little striped fish think when it was refused to join the game?
   It maybe thought that those fish are bad and felt lonely. It maybe didn't like itself because it didn't have a special scale.
6) Where do you think was the Rainbow fish was from?
   It came from a different sea. There were a lot of fish with special scales, so Rainbow fish left that sea and moved here.
7) What does the shark look like?
   It looks like a big and dark shark. It has sharp teeth and scary eyes.
8) Explain the sea that fish live.
   It is a deep, blue, and clean sea. Many different kinds of living things live there.
9) What do other fish, which don't have the special scale, think of Rainbow fish and its friends?
   They are beautiful but not nice because they have no interest in other fish.
10) How did other fish feel when Rainbow fish ask them to help the little striped fish?
   At first, they were too afraid to go out and they hesitated. Maybe they didn't want to go out and ignored it because it was too dangerous.

즉, 과학관에서 체험학습을 통해 알게 된 것을 중심으로 *It looked like a big and dark shark. It has scary teeth and sharp eyes.* 와 같은 답을 할 수 있다. 이 문항에는 각각 해당하는 정보와 연결된 사이트와 링크로 연결하여 좀더 구체적으로 수업할 수 있도록 할 수 있다.

4) 내적 상호작용성 학습활동 구성의 예

e-그림책의 내적 상호작용성 학습활동으로 인터뷰 게임을 설계해 볼 수 있다. 실제 독자가 무지개색 물고기를 인터뷰하는 활동으로 사이트에서 다양한 인터뷰 질문들을 제공해주고, 그것 중 몇 개를 골라 인터뷰를 하면 컴퓨터가 답을 하거나 혹은 그와 반대로 내가 주인공이 되어 컴퓨터가 인터뷰를 해 오면 인터뷰에 답할 수 있는 프로그램을 개발할 수 있다.

e-그림책의 경우 말하기 기능을 삽입할 수 있는데 인터뷰 내용을 녹음으로 녹화할 수 있고, 컴퓨터가 음성인식 기능을 통해 해당하는 질문에 답할 수 있다.

표 7 후속 활동 질문 예시

Rainbow Fish To The Rescue!
Interview : If you can meet Rainbow fish what would you like to ask?

혹은, 다음의 스크립트로 애니메이션을 만들어 컴퓨터가 무지개색 물고기가 된 경우의 상황을 제시해 줄 수 있다. 즉흥적으로 무지개색 물고기가 되어 인터뷰에 대답하기 어려운 경우 학습자들은 이와 같은 샘플을 통해서 인터뷰에 사용되는 표현들을 미리 학습해 볼 수 있다.

표 8 애니메이션 학습 요소 예시

Rainbow Fish To The Rescue!(Sample answer)
1. If you could meet Rainbow fish what would you like to ask? *I: Hello, Rainbow fish. I'm so glad to meet you.* *R: Me, too.* *I: I heard your brave story. You rescued the little striped fish from the shark. Is that right?* *R: Yes, It is true. I rescued the little poor fish from the shark. It was too dangerous.* *I: What made you do that? Weren't you afraid of the shark?* *R: Oh, I am really afraid of the shark. You know, every fish is afraid of the sharks. It is our enemy. I am still trembling with fear of the shark. But I couldn't leave the little fish all alone. I just felt some strong feeling that makes me go out there. I can't tell the exact reason why I did that.* *I: Can you describe the situation when you faced the shark?* *R: Well, the shark was just right in front of my face. It could almost get my fin. It was dangerous. The shark got angry with me. While I swam right and left, the little striped fish escaped from that spot.* *I: Did you do everything all alone? Or Is there any other fish that help you?* *R: Sure, of course. If I were alone I couldn't have rescue the little fish and even could have died. My friends with a special scale came with me and helped a lot. They were all so brave. They confused the shark by swimming around it. I really thank them.* *I: So, what was changed after that incident?* *R: Many things have changed. In the past, we just played with the fish having a glittering special scale. We just ignored other normal fish but with this incident, we have a new friend, very normal fish. It has no special scale but it is our friend. From now we don't think we are special. We play together and eat together. We can fight against the shark if we do all together.*

또 다른 방법으로는 학습자가 상어가 되어 물고기 잡기에 실패한 느낌을 자신의 친구들에게 말하는 대화문을 작성해보게 할 수 있다. 학습자가 이야기 속 등장인물이 되어 그 상황에서 느끼는 느낌을 이야기해 보면서 간접 경험을 할 수 있게 해본다.

표 9 대화문 예시

Performing of the conversation between the shark and its friends after the shark failed to eat the little striped fish?
Shark: Oh my god. I still feel dizzy. You guys won't believe what happened to me today. *Friend1: What's wrong? You didn't eat any fish?* *S: No! You know I went out to the place where fish come together often. I expected to eat a fish with a special scale. I wanted it!* *F2: So? Did you find them?* *S: No, I just saw a little striped fish. I didn't want to eat it but I was hungry and I had no another choice. I approached towards it and at that moment it happened!* *F1: Happened what?* *S: First Rainbow fish appeared and swam straight for me. I was so glad to see that fish. You know, I want it. Next, other fish swam to me and confused me. I tried to catch and eat them all but I couldn't. They were too small to catch at once.* *F2: So, what happened next? Please don't say you ate nothing!* *S: I am sorry, but I caught nothing. I just had to give up on eating them. I could not stand their confusing action. I had to come back here.* *F1,2: Oh, my poor friend. Next time, you can go out there with us. We can help you and enjoy eating fish together.* *S: Thank you guys. You are really my good friends.*

5. 디지털 그림책 활동 개발의 장점 및 유의점

디지털 그림책 개발에서 가장 큰 장점 중 하나가 다양한 언어로 이야기를 읽고 들을 수 있다는 것이므로, 이 기능을 최대한 활용하여 이중 언어 혹은 다중 언어를 장려하며 모국어 이외의 언어를 습득하는 데 많은 도움을 줄 수 있다. 좋은 그림책은 특정 언어로 쓰였지만 다른 많은 언어로 번역되어 읽힐 수 있는데 이때 디지털 그림책을 통해 손쉽게 다양한 언어로 이야기를 제공할 수 있는 장점이 있다.

디지털 그림책은 독자의 개별적 욕구를 잘 반영할 수도 있다. 독자에 따라 개별적으로 내레이터의 언어, 성별, 나이 등을 선택할 수 있으며, 이야기책에 아이의 이름이나 얼굴을 불러와 새롭게 구성할 있는 기능을 부여할 수도 있고, 음성인식 기능을 활용하여 주인공과 예측 가능한 간단한 대화를 할 수도 있다.

이때, 디지털 그림책을 창작하기 위해 다양한 샘플을 고찰하는 것도 좋은 방법인데, 단순 상업을 위해 만든 앱도 있으므로 샘플을 고를 때에는 신중하게 고를 필요가 있다. 즉, 오락성만을 강조하여 학습과 연계되어 있지 않은 것들이 많으며, 언어 교육적 기능과 내용적인 면에서도 큰 소득이 없는 것들이 많이 나오고 있다. 그러므로 앱 프로그램을 개발할 때는 학습자의 학습 환경, 학습수준, 인지수준 등을 먼저 고려해야 할 필요가 있다.

디지털 도서 개발에 있어서 가장 중요한 것은 어떤 내용을 전달할지, 그 내용이 새로운 출판 모드와 잘 융합되고 있는지, 즉 테크놀로지 이용을 극대화하고 있는지를 검토하는 것이다. 즉, 테크놀로지의 발달에 주요 학습내용이 좌지우지되어서는 안 된다는 것이다.

참고문헌

Kim, Hyun Sook & Kwon, Chung Ja. (2006). A study on the effectiveness of English fairy tales through the Internet in elementary school. *Multimedia-Assisted Language Learning*, 7(3), 99-126.

Wright, A. (1995). *Storytelling with children*. Oxford.

강심호. (2005). 디지털 에듀테인먼트 콘텐츠를 위한 스토리텔링기법. 서울: 울림출판사.

김현숙, 권청자. (2006). 초등학교에서 인터넷을 활용한 영어동화의 효과성 연구. 멀티미디어 언어교육. 7(3), 99-126.

이지호. (2001). 그림 동화의 내용 구성 방법 연구, 국어 교육학 연구 제13집, 2001.

이은영. (2003). 디지털교과서를 활용한 웹 기반 교수; (A) study on Conditions and Development of the Multi Fairy Tales as Electronic Book Contents : Focused on Internet Multi Fairy Tales for Children, 세종대학교 영상대학원 석사논문, 2003.

진경애. (2007). 디지털영어교재개발, 한국교육과정평가원. p.1~5. 2007.

Chapter

08 e-영어 그림책 쓰기에 대한 평가

좋은 그림책을 만들기 위해서는 항상 그림책 선정 기준에 어떤 것들이 포함되어 있는지를 고찰할 필요가 있다. 그림책 작가들은 창작을 하면서 수시로 자신의 작품이 이런 기준들을 잘 맞추고 있는지 지속적인 확인을 한다. 디지털 그림책 창작에서도 마찬가지로 기존의 종이 그림책 평가 기준을 고려해면서 더불어 기술적으로 추가된 평가 기준들을 함께 고려한다. 여기서는 일반적인 종이 그림책을 위한 선정 기준을 고찰한 후에, 추가적으로 설정된 최근 디지털 그림책에 대한 선정 기준을 고찰해 보도록 하자.

1. 종이 그림책 선정의 기준

노턴(Norton, 1997)의 영어 그림동화 선정기준을 보면, 우선적으로 글과 그림 그리고 등장인물의 성격 등이 조화를 이루고 있는가를 검토한다. 또한 아이들은 그림책을 통해서 특정 신념 및 가치를 배우기 때문에 편견을 심어 주어서는 안 된다. 그러므로 인종차별, 남녀불평등, 장애차별 등과 같은 고정관념을 통해 편협한 가치관을 전달하고 있지 않는지 검토해 보아야 한다고 했다. 즉, 몸과 마음이 커가는 아이들의 정서에 사회가 갖고 있는 편견 및 고정관념이 아동의 정서 발달에 악영향을 미칠 수 있기 때문에 특히 주의해야 한다.

1. 그림이 이야기의 내용과 일치하며 조화를 이루는가?
2. 그림이 이야기의 배경, 줄거리, 그리고 분위기를 보충해 주는가?

3. 그림이 성격묘사를 강화하고 있는가?
4. 그림과 텍스트가 성별과 인종에 관한 고정관념을 피하고 있는가?
5. 그림책에서 가치 있는 주제를 다루고 있는가?
6. 줄거리가 아이들의 흥미를 끌 수 있는가?
7. 아이들과 이 책을 읽어야 하는 목적이 확실한가?
8. 작가의 스타일과 언어가 아이들의 관심과 연령수준에 적합한가?
9. 텍스트, 그림, 판형, 그리고 인쇄가 조화를 이루고 있는가?

엘리스와 브루스터(Ellis & Bruster, 1991)는 영어 그림동화 선정 기준에서 그림의 기준을 좀더 구체적으로 언급하였는데 앞에서 언급한 것처럼 그림과 글의 조화, 색채의 선명도 그리고 그림이 내포하고 있는 문화적 내용 반영에 대한 평가를 고려하였다. 그리고 종이 그림책을 위한 것이므로 그림책의 크기를 고려하고 있다.

1. 교재와 관련 있는 삽화가 상세하며 내용을 뒷받침해 줄 수 있는가?
2. 그림책에 포함된 삽화가 아름답고 선명한 색채를 가지고 있는가?
3. 크기는 학급어린이들이 모두 볼 수 있도록 충분히 큰가?
4. 언어의 문화를 배우기 쉽게 잘 묘사할 수 있는가?

2. 인물 설정에 대한 평가

아동들은 그림책을 통해서 사회적 가치관과 신념을 배우기 때문에 등장인물들의 성격에 다음과 같은 것이 포함되어 있는지를 고찰해 보는 것이 좋다.

1) 정직성 - 훔치거나 부정행위에 대한 것을 관용적으로 표현하지는 않았는지, 혹은 내가 말한 것에 대해 책임을 지고 있는지, 옳은 일을 하는 데 주저하지 않았는지, 가족과 친구들에게 호의적이어야 한다는 가치에 위배되지 않았는지를 고려해 본다.
2) 배려심 - 다른 사람에 대한 배려 즉 서로 다른 점에 대한 참을성을 키우고 올바를 예절과 언어사용, 친절하고, 상대방을 고려하고 있다는 것을 알리고, 다른 사람을 용서할 줄 알고, 서로 도울 줄 알며, 다른 사람을 위협하거나 모욕하는 행위 등이 정당화되지는 않았는지 고찰해 본다.
3) 책임감 - 자신이 해야 할 일을 하고 있는지, 최선을 다해서 노력하고 있는지, 자기 자신을 스스로 절제할 수 있는지, 자신의 선택에 대해서 어떤 일이 앞으로 일어날지 고려할 수 있는지를 고려하는 인물들이 등장하는가?
4) 공평성 - 일이 공평하게 진행되며, 다른 사람들의 상황을 열린 마음으로 들어주고 있는지, 다른 사람을 이용하거나, 탓하거나, 책임을 전가하지는 않았는지 고찰해 본다.
5) 시민의식 - 학교나 지역사회에서 협조하고 협동하며, 함께 지켜야 할 규칙을 지키며, 다른 사람의 존중하고, 환경을 보호할 줄 아는 인성 있는 인물을 지향하고 있는지 고려해 본다.

위에 제시된 등장인물의 성격은 내레이터에 의해서 주인공이 자세하게 설명되는 것보다는 등장인물의 행동과 등장인물이 사용하는 언어를 통해서 자연스럽게 보여야만 한다.

그림 1 • 등장인물 분석을 위한 학습 활동지

[그림 1]은 그림책이나 동화책을 읽고 독자들이 주인공 혹은 등장인물의 성격을 파악하기 위한 학습 활동지 중 하나이다. 학습지에서 볼 수 있는 것처럼 독자들은 등장인물의 성격을 분석하기 위해서 등장인물의 모습, 행동 그리고 언어를 분석한다. 좋은 동화책은 이러한 작품분석이 쉽게 이루어지므로 자신이 쓴 글을 분석해보고 독자들이 분석하기 힘든 점이 있거나 너무 설명으로만 등장인물의 성격을 기술하여 분석할 것이 없다면 수정을 고려해 볼 필요가 있다.

3. 글의 구성에 대한 평가

라이트(Wright, 2006)는 자신이 쓴 그림책을 스스로 평가해볼 수 있는 여러 가지 질문을 개발하여 그림책이 잘 쓰였는지를 저자 스스로 체크해 보도록 유도하고 있다. 여기서 제시하는 여러 가지 체크리스트 항목들은 이미 그림책 창작과정에서 언급한 것이지만, 그림책 창작 따라하기를 마쳤다면, 스스로 다음의 항목들을 체크해 보고 수정할 것이 있는지를 재점검해 볼 수 있다.

그림 2 • 이야기 구성 점검표 (wright, 2006)

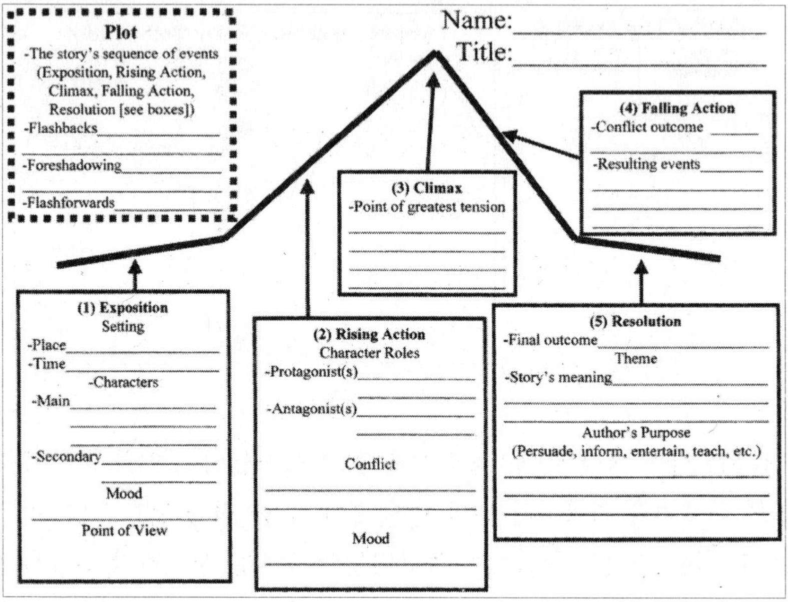

첫 번째로는 글의 구성차트(plot chart)를 그려 보는 것이다. 이야기를 읽고 이야기의 시작과 전개 그리고 갈등 및 갈등의 해결 과정이 이야기 구성 차트에 잘 맞게 이루어져 있는지를 평가해 본다.

두 번째로는 구체적인 분석을 해 보면서 어디에 결함이 있는지를 고찰해 보는 것이다. 우선 글(text)에 대한 것, 그림(illustration)에 대한 것, 그리고 주인공 개발(characterization)에 대한 것을 구체적으로 평가해 볼 수 있다. 자신의 글을 대상으로 다음의 질문에 답하면서 부족한 점을 수정해본다.

1. 글(text)

- 아동을 위한 그림책은 단순 명료한 문장으로 구성되어야 한다. 글이 전달하고자 하는 내용을 명확하게 잘 표현하고 있는가?

- 이야기의 생동감을 더하기 위해서 수사적 표현 기법을 효율적으로 활용하고 있는가?(Rhythm, alliteration, repetition, refrains, onomatopoeia, simile, personification, rhyme, and imagery) 이런 기법들이 어떻게 이야기를 효과적으로 전달하고 있는지 예를 찾기가 쉬운가?
- 각 페이지에서 독자가 발견할 수 있는 새로운 요소가 있는지? 독자가 책을 계속적으로 다음 페이지를 읽게 만드는 궁금한 요소를 삽입했는가?

2. 그림(Illustrations)
- 그림책의 표지 그림은 일반적으로 이야기의 주요 갈등과 핵심을 표시하고자 하는 경향이 있다. 표지 그림을 보면서 그림이 이야기와 어떤 연관이 있는지를 쉽게 기술할 수 있는가?
- 그림을 표현하는 주요기법 어떤 것인가? (꼴라주, 그림, 사진 등등)
- 그림이 효율적으로 이야기를 전개하기 위해 그림의 역할 및 특징들이 잘 살아 있는가?
- 그림에서 반복적으로 등장하는 가장 중요한 두 가지 요소를 선택하고, 그것이 이야기 전개에 특정 영향을 미치는지를 쉽게 기술할 수 있는가?

3. 주인공 성격 개발(characterization)
- 그림책의 주요 등장인물에게서 쉽게 찾아볼 수 있는 특징이 있는가?
- 글이 전개되면서 생긴 주인공의 성격 혹은 특성이 쉽게 포착되는가?
- 그림책의 그림에서 주인공의 특성이 명확하게 제시되는가?
- 아동 독자가 글을 읽으면서 공감하거나 감정이입할 수 있는

장치가 있는가?

- 주인공이 직면한 갈등의 요소가 일반 독자들이 경험할 수 있는 일반적인 것인가?
- 갈등을 해결하는 방법이 외부 조력자에 의한 것 혹은 자신의 내적 변화에 의해서 해결된 것으로 일관성 있게 제시되고 있는가?

세 번째 평가 방법으로는 자신이 쓴 글을 다른 사람에게 보여주고, 자신이 평가한 분석표와 다른 사람이 분석한 분석표를 비교해보는 것이다. 자기만의 논리가 다른 사람에게는 어떻게 받아들여지는지 고찰해 보면서 작품을 수정을 할 수 있는 기회를 가질 수 있다.

네 번째로 고려해야 할 점은 그림책이 아동을 대상으로 하는 동시에 어른들이 아이들에게 읽어주는 책이기 때문에 아동뿐만 아니라 어른의 취양도 고려해야 한다는 것이다. 배우가 아닌 엄마 아빠가 이야기를 사실적으로 읽어줄 때 전문가처럼 느끼게 만들기 위해서는 발음하기 쉬운 어휘로 구성하는 것이 좋고, 문장을 읽을 때 끊어 읽기가 쉬운 문장으로 구성하면 좋다. 또한 쉼표와 같은 문장부호들을 정확하게 표시하며 글이 매끄럽게 읽히는지 점검해 보아야 한다.

이미 앞서 언급한 것처럼 대화문이 잘 구성되어 있으면, 내레이터의 목소리가 어떤 어조인지를 추측하지 않아도, 주인공이 어떤 말을 표현하고 있는지 알 수 있어서 빠르고 명확하게 글을 읽어나갈 수 있으며, 의성어 및 의태어 등이 추가되어 있어서 아이들의 관심을 집중시킬 수 있다면 글을 읽어 주기가 훨씬 쉬워진다. 좀더 잘 쓰인 글들을 보면, 시를 읽듯 리듬을 갖는 것이 좋지만, 초보 작가들이 리듬을 살려 그림책을 쓰기란 쉽지 않기 때문에 많은 습작이 필요하다.

4. 디지털 그림책 선정 기준

요코타와 틸(Yokota & Teale, 2014)은 종이 그림책이 디지털 그림책으로 바뀌면서 그림책 창작에 새로운 요소들이 들어가므로 디지털 그림책을 위한 추가적인 기준을 제시할 필요가 있다고 했다. e-그림책의 경우는 추가적으로 디지털의 요소를 충분히 활용하여 학습효과를 극대화시켰는지를 고려해야 한다고 주장한다. 다음은 요코타와 틸(2014)의 평가기준에 대한 설명을 요약한 것이다.

1) e-그림책이 디지털 포맷에 잘 맞게 제시되었는가?

그림책에 등장하는 캐릭터의 생김새와 목소리가 독자에게 익숙하며 음향 및 배경음악이 그림책에서 제공하는 이야기와 맥을 같이 하고 있는지 그리고 그림의 크기와 형태가 어플리케이션 혹은 컴퓨터 프로그램에서 제시하는 프레임에 맞춰 균형 있게 제시되어 있는지를 고찰해야 한다.

어플리케이션용 그림책 즉, e-영어 그림책으로 먼저 출판된 *Peekaboo Barn*(2014)은 냇 심즈(Nat Sims)가 글을 쓰고 네이선 터버(Nathan Tabor)가 그림을 그렸다. 일반적으로는 유명한 종이 그림책들이 디지털 그림책으로 전환되는 경우가 많은데, 이 책은 디지털 도서로 인기를 얻고, 후에 종이 그림책으로 제작되어 팔리고 있다.

그림 3 • 앱용 그림책

스마트폰이나 아이패드에서 그림책의 그림을 클릭하면 동물들의 울음소리가 나오고 동물의 이름이 들린다. 전체 화면에서 아이들이 좋아하는 것을 선택하여 만지거나 클릭하면 각각의

동물들의 특징이 제시된다. 음향효과 동물들의 애니메이션, 팝업 형식의 정보 제공 등이 아동의 흥미를 고조시키는 것으로 디지털 기술을 효율적으로 사용하여 이야기를 전개하는 예라고 할 수 있다.

2) e-영어 그림책으로 디지털 도서만의 장점들을 잘 활용하였는가?

'*Green Eggs and Ham*'은 종이 그림책을 바탕으로 Best-Toddler-Apps.org에서 앱으로 개발하여 보급하고 있다. 종이 그림책을 스캔하여 디지털화하고, 여러 가지 멀티미디어 기능을 첨가하였다. 종이책과 다른 점은 재미있는 목소리로 책을 읽어주기 때문에 아동들이 흥미 있게 그림책을 보고 들을 수 있으며, 독자가 글을 읽으면 자신의 목소리를 녹음할 수 있는 멀티미디어 기능이 들어 있다.

단방향 디지털 그림책의 유형에 속하는 것으로 스캔한 동화의 주인공 캐릭터와 글씨에 애니메이션 효과를 첨가하여 내레이터가 글을 읽으면 목소리와 함께 글씨에 하이라이트 표시가 되는 것을 볼 수 있다. 아동이 스스로 책장을 넘길 수 있도록 (Swipe), 

(tap pictures)과 같은 아이콘을 삽입하여 앱과 독자가 상호작용할 수 있도록 했다. 그림을 만지면 그림에 해당하는 단어가 팝업으로 보이는 것도 독자의 흥미를 유지하는 방법이다.

Smart Apps for Kid에서 만든 '*Storm And Skye*'는 앱 동화이다. 그러나 이 책은 디지털 그림책이지만 기존의 그림책을 스캔하고 간단한 애니메이션을 삽입하는 수준을 넘어섰다. 이야기 전체를 만화영화처럼 만들고 음향효과 조절 및 배경음악을 잘 조화시켜 수준 높은 디지털 그림책의 장점을 잘 보여준다.

예를 들면, 주인공이 기계 세차를 처음 경험하면서 느끼는 느낌을 중심으로 이야기가 전개되는데, 실제 주인공이 기계 세차 속에 들어갔을 때 느끼는 어둠으로부터의 공포를 영상과 음향을 통해 사실적으로 전달해 주고 있다. 챕터별로 이야기를 선택할 수 있어 지루하게 이야기를 따라가는 것이 아니라 독자가 원하는 챕터 먼저 읽을 수 있게 되어 있다. 즉, 학습자의 의미형성과정에 선택권을 부여하고 있는 것이다. 각 챕터별 이야기에 부합되는 적절한 배경음악, 음향, 그리고 주인공의 목소리가 어우러진 애니메이션이 전개되면서 이야기에 대한 흥미를 고조시킨다.

3) 이야기가 디지털화되면서 상호작용기능을 통합적으로 활용하고 있는가?

디지털 그림책이 상호작용 활동을 포함하고 있는가에 대한 질문이다. 내레이터와 학습자의 상호 작용을 고찰해보면, 내레이터는 이야기의 배경 및 주인공의 심리상태만을 기술하는 것이 아니라, 디지털 그림책의 기능에 대해서도 독자에게 조언하거나 설명해 준다. 즉 이야기의 플롯에서 튀어나와 독자와 대화를 한다. 다음 페이지를 넘겨보거나 어떤 아이콘을 눌러 보라는 조언에 의해서 독자와의 상호작용을 시도하는 것이 기존의 종이책 혹은 단순한 디지털 도서와 다른 점이라고 할 수 있다.

예를 들면, 세서미 스트리트에서 만든 '*The Monster at The End of This Book*'은 1996년에 종이 그림책으로 제작된 그림책을 디지털 도서로 만든 것이다. 종이 책에는 없지만 디지털 도서에서는 내레이터가 그림책 한 쪽을 다 읽고 나면, 오른쪽 하단을 넘기듯 터치하여 다음 페이지를 볼 수 있다는 안내를 해 준다. 동화책은 아니지만 Until Dawn과 같은 디지털 게임을 고찰해보면 주인공이 독자에게 2인칭 시점에서 질문을 한다. 예를 들면, '당신은 이 그림을 보면서 우울한 느낌이 듭니까? 혹은 무섭습니까?' 라고 질문한다. 독자가 어떤 답을 선택하느냐에 따라 이야기의 줄거리가 달라질 수 있다. 즉, 독자와 이야기의 등장인물이 함께 상호작용을 하면서 글의 흐름을 전개하는 쌍방향적 상호작용을 고려 할 수도 있다.

4) 그림책과 함께 제공되는 다양한 부가적 활동이 있는가?

상호작용이 풍부한 e-그림책으로 개발된 것은 반드시 부가적인 활동을 수반하고 있다. 간단하게는 퍼즐, 메모리 게임, 색칠하기 등등의 것이 있고, 더 나아가서는 앞에서 언급한 것처럼 독자가 등장인물의 성격 및 배경을 수정하여 이야기를 재창조 할 수 있는 상호작용 활동을 포함하고 있다. 이러한 상호작용 활동은 e-그림책 평가에 아주 중요한 요소로 작용한다. e-그림책에서는 종이 그림책에서 제공하는 후속활동과는 다른 상호작용성 특성을 가지고 있어야 한다. 앞에서 언급한 것과 같이 독자와 컴퓨터 혹은 독자와 내레이터와의 상호작용이 많은 학습활동으로 개발할 필요가 있다.

5) 아동의 언어발달과 맥을 같이 하는 이야기와 활동으로 구성되어 있는가?

e-그림책은 문해(literacy) 발달 혹은 언어습득 과정 — 아동의 알파벳, 어휘, 유창성과 정확성과 같은 발달 — 과 밀접한 관계를 갖는다. 언어발달 과정을 이해하고 있는 앱 개발자가 만든 것과 그렇지 않은 것은 교육적 효과 면에서 차이를 보일 수 있으므로 앱 개발자들은 아동의 언어발달 과정을 이해하고 있어야 한다.

예를 들어, 가장 기본적인 것으로 내레이터가 이야기를 읽어줄 때 읽는 부분을 아동들이 쉽게 인지할 수 있게 하는 하이라이트 기능이 있다. 어휘학습을 위해서 어휘를 누르면 그에 해당하는 그림이 나타나거나 혹은 그림을 누르면 글씨가 나타나는 기능도 있다. 이들은 모두 아동의 언어발달과 관련된 요소를 고려한 기능이다.

어떤 앱에서는 내레이터가 글을 읽으면 그것에 따라서 단어들이 사라지는 것도 있는데 이것은 단어의 개념 발달에 도움이 될 수는 있지만 글을 발음하고 읽을 수 있는 유창성에는 오히려 장애가 될 수 있다. 반대로 유창한 읽기와 발음 학습을 위해서 어휘나 구문을 발음에 따라 나누어 사라지거나 하이라이트시킬 수 있는데 이럴 경우는 어휘의 개념과 달리 끊어지는 하이라이트 화면이 어휘 개념 발달에 모호성을 불러올 수 있다. 그러므로 디지털의 모든 기능들은 아동의 언어학습 목표와 관련된 지식을 바탕으로 아동의 언어발달에 긍정적 영향을 미칠 수 있는 쪽으로 활용되어야 한다.

특히 연령에 부합되지 못한 어휘 및 단어인지 게임, 파닉스 인지 게임들은 아동의 흥미를 상실하게 만들 수도 있다. 너무 화려한 폰트는 알파벳 인지하는 데 오히려 걸림돌이 될 수도 있기 때문에 e-그림책 개발 시 이 점도 고려해야 한다. 또한 그림의 배경에 글 박스를 올려놓으면 그림에 가려서 글의 가독성이 떨어지는 경우가 있는데 이는 의미해석에 장애를 줄 수 있다.

잘 디자인된 디지털 그림책은 그림, 글, 음향 그리고 애니메이션까지 조화를 이루고 있기 때문에 각각의 요소는 다른 요소들을 보완해주는 상호 보완적 관계에 놓여 있다. 멀티미디어 콘텐츠를 만드는 일은 21세기 언어교육에 큰 영향을 미칠 수 있으며, 그 중에서도 디지털 그림책은 아동의 문해 발달 능력 신장에 큰 영향을 미치므로 디지털 그림책 개발자들은 소명의식을 갖고 교재개발에 임해야 할 것이다.

참고문헌

Foster, Eugie. (2006). *Ten myths about writing for kids*. http://www.writing-world.com/children/myths.shtml

Junko Yokota & William H. Teale (2014). Picture books and digital world: Educators making informed choices. *The Reading Teacher Vol. 67* Issue 8 May 2014

Wright, Junius. (2006). *Children's book review guide*. http://www.readwritethink.org/files/resources/lesson_images/lesson1022/ChildrensBookReviewGuide.pdf

Chapter

09 e-영어 그림책 제작 과정 따라하기

본장에서는 영어 교수-학습 자료로서 'e-영어 그림책'을 만드는 제작과정을 샘플과 함께 소개한다. 'e-영어 그림책'을 써보고 싶은 사람은 컴퓨터 앞에 앉아서 다음에서 제시하는 단계별 과정을 샘플처럼 따라 하면 된다. 과정의 마지막에 이르면 어느덧 자신도 한편의 완성된 글을 가질 수 있으므로 지금 시작해보면 좋다. 본장에 제시된 샘플은 2014년에 예비 작가들이 제작한 작품을 중심으로 구체적인 설명을 첨가하였다.[1)]

1. 기존동화 고찰하기

– 창작을 원하지만 정작 머리에 아무것도 떠오르는 것이 없거나 마땅한 것이 떠오르지 않는다면 창작에 앞서 다양한 종류의 영어 그림책을 읽자.

자신이 살고 있는 지역의 어린이 도서관을 방문하면 다양하고 재미있는 그림책 및 동화책을 접할 수 있다. 특히 영어 그림책을 많이 읽고 동화의 구조를 분석하면서 자신의 작품을 구상하는 시간을 갖는다. 앞으로 진행될 단계에서도 계속적으로 기존의 동화를 참고하면서 비교하거나 수정하는 것이 좋다.

1) 덕성여자 대학교 2014년 2학기 수업에서 류가을 학생과 이신원 학생이 창작한 작품

표 1 소재와 주제 수록을 위한 메모장

책 제목	주제 및 소재

2. 이야기 소재 및 주제 정하기

– 내가 쓰고 싶은 주제를 여러 개의 종이에 적어 나열해보자. 그리고 그 중에서 가장 풍부한 이야깃거리가 있는 것으로 선택하고 왜 그것을 선택했는지에 대한 이유를 적어보자.

아동의 주변에서 쉽게 경험하거나 고찰할 수 있는 주제와 소재를 중심으로 여러 가지를 나열해본다. 보통 그림책은 교훈적인 요소를 가지기는 하지만 너무 드러내면 아동들이 흥미를 잃을 수 있기 때문

표 2 주제 및 소재 선정하기 예시

주제 및 소재	이유
– 애완동물을 키우고 싶은 아이 – 주사 맞기 싫어하는 아이 – 작은 것이 누적되면 큰 것이 된다. **– 자신이 할 일을 내일로 미루는 아이**	*실제로 주변의 초등학생들을 보면 자신이 할 일을 내일로 미루는 경우가 많다. 양치질, 공부 등 아이들이 싫어하는 일들은 사촌 동생들을 보면서 생각해 보았다. 실제로 8~10세의 나이를 거친 사람이라면 누누가 오늘 할 일을 내일로 미뤘던 경험이 있을 것이다. 이처럼 아이들이 쉽게 공감할 수 있는 '오늘 할 일을 내일로 미루지 말자'라는 일상적인 주제를 선택하였다.*

에 너무 드러나지 않게 간접적으로 전달하는 것이 좋다. 종이에 적은 주제를 다시 다방면으로 고찰해 보면서 가장 쓰고 싶은 주제를 이유와 함께 기술하면서 선정해본다. 실제로 최종 이야기의 소재와 주제를 선정하기 전까지는 비교적 많은 시간이 필요하다.

3. 그림책 장르 정하기

– 선택한 소재와 주제를 가장 잘 표현할 수 있는 소재와 주제의 특성에 맞는 그림책 장르를 선택해보자.

앞서 고찰한 종이 그림책의 장르 중 — 판타지, 생활동화, 정보동화, 전래동화 각색 — 자신이 선택한 소재 및 주제를 가장 잘 표현할 수 있는 장르가 무엇인지를 고려하고 선택해본다.

표 3 그림 장르 선정하기 예시

소재 및 주제	장르	선택의 이유
– 자신이 할 일을 내일로 미루는 아이	판타지가 삽입된 생활동화	*소재는 아동의 일상생활 속에서 가져왔는데 너무 일상적인 것이라서 아동의 흥미를 끌기 위한 장치로 판타지 요소를 삽입한 '일상생활과 관련된 판타지 장르'를 선택해본다.*

4. 이야기의 영어수준 정하기

– e–영어 그림책에 사용할 영어수준을 결정해보자.

이야기 쓰기 시작하기 전에 그림책을 읽을 가상 독자의 나이와 인지발달 수준 및 언어발달 수준을 미리 고려하면 글을 쓸 때 어휘 및 문장의 길이 그리고 표현의 범위를 설정하기가 수월하다. 앞서 고찰한 영어수준의 특징에 따라 자신이 쓰고자 하는 언어 수준을 선택한다. 지금까지 정한 요소들 — 주제, 소재, 장르, 언어수준 — 을 메모장에 적어 두고 글을 쓰는 동안 계속 참고한다. 자신이 설정한 주제 및 소재 그리고 언어수준과 일치된 작품을 쓰고 있는지 계속적으로 고찰하게 되면 삼천포로 빠지는 일을 방지할 수 있다.

만일 도중에 글의 소재와 주제 혹은 언어수준을 바꾸고 싶다면 그렇게 할 수 있다. 다만 글의 통일성을 위해서 메모를 해두고 계속적으로 기준을 참고하여 글을 써나가는 것이 중요함을 제시하는 것이다.

표 4 동화의 언어수준 선정하기 예시

소재 및 주제	언어 수준	연령	선택의 이유
- 자신이 할 일을 내일로 미루는 아이	*Level 3*	*유치원-초등학생 (8-10세)*	*- 현재형이 대부분을 차지한다.* *- 간단한 미래형까지 사용한다.* *- 한 문장 당 12단어 내외 'Because, So, When' 등의 이유 및 시간 절을 사용한다.* *- 접속사로 연결된 긴 문장을 사용한다.*

5. 이야기의 갈등 구조 만들기

- 이야기의 갈등 구조를 만들기 위해서 '갈등'과 '갈등 해결방법'을 생각한 후, 글로 적어보자.

이야기 구성에서 먼저, 갈등의 구조를 고려하여 이야기 속에 나타나는 갈등과 갈등을 해결하기 위한 해결 방법을 설정해본다. 아래의 표에서 제시하는 것과 같이 간단한 문장으로 갈등의 요소와 갈등 해결책만을 기술해본다. 이야기의 틀을 잡는 단계이므로 영어 표현의 정확함을 따질 필요는 없다. 글의 흐름을 이해하는 정도로 기술하면 된다. 그러나 e-영어 그림책을 창작할 것이라면 이 부분을 영어로 작성하는 것이 좋다. 글에 대한 브레인스토밍을 목표어로 할 경우, 이 글에 쓰일 수 있는 주요 어휘, 주인공 캐릭터, 이름 등을 영어로 생각해 볼 수 있기 때문이다.

표 5 갈등 구조 만들기 예시

갈등의 종류와 해결방법 고안하기	
Genre	Original story
English Level	3
Main character	A Hedgehog
Type of problem	Character transformation / Problem first
Problem	He always puts his things to do off to tomorrow.
Solution	– He get the wizard's magical necklace by chance. – With the necklace's power, everyone around him began putting everything off to tomorrow like he does. – After several incidents, he realized his mistake and begged for forgiveness. – Then the wizard broke the spell and everything turned back. – Since that day he was diligent.

항상 미루기를 좋아하는 아이가 자신과 똑같이 항상 무엇이든 미루는 사람들을 만난다. 자신의 일을 뒤로 미루는 사람들 때문에 자

신이 불편해지고 불행해지면서 '일을 미루는 것이 잘못'이라는 것을 깨닫는다. 즉, 주인공이 문제에 직면한 후, 마법의 힘을 빌려서 모든 사람들이 자신의 일을 미루는 습관을 갖고 있는 나라를 경험하고, 그 경험을 통해 자신의 잘못을 발견하며 스스로 내적변화 과정을 겪는다. 글의 장르는 일상적인 아이들이 겪을 수 있는 생활동화이지만 아동이 선호하는 판타지적 요소를 가미하여 평범한 이야기에서 벗어나 보고자 하였다.

이 작품은 '*Where The Wild Things Are!*'에서처럼 갈등이 이야기의 처음부터 제시되는 구성을 취한다. 초반에 갈등이 제시되는 작품을 보면 이야기의 갈등과 등장인물의 성격 및 행동이 처음부터 나타난다. 그림책에서 주의 할 점은, 난이도를 쉽게 하기 위해서 특정 상황에 대한 구체적 기술보다는 상황이나 행동으로 보여주는 것이 필요하다. 즉, 판타지의 세계로 떠나게 되는 계기와 인물의 성격은 긴 기술문 혹은 설명으로 보여주기 보다는 등장인물의 말과 행동으로 보여주는 것이 좋다.

6. 이야기 요약하기

– 갈등 구조를 바탕으로 이야기의 살을 붙이기 위해서 요약본을 만들어 보자.

다음 단계는 앞서 고찰했던 갈등의 구조 및 갈등제시의 시기 그리고 해결책을 설정한 후 이야기에 살을 붙이는 것이다. 이때 가장 좋은 방법은 이야기 구성 중 각 장에 구체적으로 어떤 사건이 들어갈 것인지를 생각하면서 이야기를 요약해보는 것이다. 요약본을 만든 후에는 다시 이야기 구성에 맞추어 이야기의 내용이 Act I, Plot Twist, Act 2, Mid-point, Plot Twist, Act 3 중 어디에 해당하는 것인지 표시를 해

보면서 이야기의 전체적인 윤곽을 잡을 수 있다.

표 6 이야기 요약하기 예시

Summary		Feedback
Act 1	There is a **hedgehog** named **Hayden**. He always *puts his things to do off* until tomorrow such as doing homework or cleaning his room.	이야기의 소재 및 주제는 좋다.
Act 2	In 'Tomorrow land', everyone around him puts their things to do off until tomorrow.	이야기가 잘 전개되기 위해서는 나중에 주인공의 성격이 바뀔 수 있는 사건이 일어나야 한다.
Mid-point	The wizard asked Hayden whether to stay or not in 'Tomorrow land' and Hayden decided to stay. From several incidents he realized his faults.	작품에 나타나는 Wizard와 목걸이 같은 것은 주인공의 일상생활에서 쉽게 접하거나 일상적인 것이라고 보기 힘들다. 판타지의 세계로 들어가는 도구를 다른 것으로 찾아보아야 할 것 같다.
Plot Twist	He cried and begged for forgiveness from the **wizard**.	그 나이 또래의 아이들이 겪을 수 있는 경험 혹은 공감할 수 있는 사건들을 통해서 주인공이 자신의 문제점을 깨닫고 자신의 행동을 고칠 수 있어야 한다.
Act 3	The wizard broke the spell and everything turned back. Since that day, Hayden was diligent.	주인공 스스로 경험을 통해서 내적 변화를 갖는 구조를 선택했지만 여기서는 외부 조력자인 Wizard의 도움으로 현실세계에 돌아오기 때문에 이곳을 수정할 필요가 있다.

위의 요약하기와 그에 대한 피드백 칼럼을 보면 저자는 자신의 사고의 흐름을 객관화시켜볼 수 있다. 주변에 자신의 이야기에 피드백을 줄 수 있는 사람이 있으면 제3자의 의견을 고려하는 것도 좋고, 그렇지 않다면 자신이 객관적으로 자신의 글에 피드백을 줄 수 있다. 이런 작업은 처음에 이야기를 느낌으로 시작할 때 보다 더 논리적으로 이야기를 고찰할 수 있기 때문에 글의 논리적 공백을 줄일 수 있다.

7. 초고 작성하기 I : 1-2막

– 이야기 요약본을 바탕으로 전체적인 초고를 쓰고, 글의 구조에 맞게 분석할 수 있는 분석표를 작성해 보자.

이야기 요약 단계에서 전체적인 글의 구조를 형성한 후, 글의 내용을 각 파트별로 구분해본다. 'Act 1 - plot twist 1 – 1st half of Act 2 – midpoint – 2nd half of Act 2 – plot twist 2 - Act 3'의 구조에 맞추어 구체적으로 이야기를 나누고 약 30-32쪽 가량의 분량에 어떤 사건들이 들어갈 것인지를 세분화하여 작성해본다.

아래의 예에서는 예비 저자들이 글을 쓰고 나서 Act 2에 해당하는 부분까지 마쳤다고 생각했다. 그러나 실제 분석을 해보니 Act 1의 plot Twist 1까지 쓴 것을 깨닫게 된다. 이처럼 자신의 글에 대한 분석은 자신의 논리적 오류를 찾아낼 수 있도록 도와준다.

표 7 초고 작성하기 예시

	〈Tomorrow Land〉	
Act 1	Tom was a naughty and cheerful boy like the other kids in his age. He was very ordinary, except, for just one thing. The thing is, several times a day he shout out. "I will do it TOMORROW!"	등장인물의 성격이나 문제점을 제시하기 위해 "I'll do it Tomorrow!" 구문을 반복 제시
	When his mom made him do his homework or set his room straight or brush his teeth or study mathematics He always shouted out. "I will do it TOMORROW!"	

<table>
<tr><td rowspan="3">Act 2</td><td>Because of this bad habit of Tom's, his parents always worried about him.
After Tom shouts out,
his mom always said to his dad with a sigh,
"He will not realize his fault until he meets people just like him."</td><td rowspan="3">일상생활에서 마법사의 등장이 어색하므로 Alice in Wonderland를 참고하여 일상에서 자주 볼 수 있는 애완동물인 고양이를 활용하는 것으로 수정</td></tr>
<tr><td>One day, Tom left home with his cat Tod after shouting his mom as usual.
He muttered to himself,
"Why do I have to do all the things today?
I don't want to do them today.
I will do it TOMORROW!"</td></tr>
<tr><td>Then his cat Tod suddenly ran away to somewhere.
"Where are you going? Tod!"
Tom followed his cat continuously.
He ran on and on until he caught his cat.
"I got you!"
As soon as he caught his cat Tod, Tom suddenly fell into deep hole.</td></tr>
<tr><td>Plot Twist 1</td><td>Tom kept screaming with his eyes closed, while he fell down.
BUMP!
He finally dropped onto the floor.
Surprisingly, he wasn't hurt at all.
He squinted his eyes and looked around.
And He saw his cat Tod had become a big cat the same size of him!
Tod stood up like a human being and said to Tom.
"Welcome to Tomorrow Land, Tom."</td><td></td></tr>
<tr><td>Act 2-3</td><td colspan="2">(1sthalf of) Act 2 시작에서 Mid point에 이르기까지 주인공이 싫어하는 일들을 자기 맘대로 미룰 수 있게 되어 행복한 시간들을 보낸다.
Mid point에서 심각한 문제가 생기고 그 이후로는 불행해지는 구성.
Mid point부터 (2ndhalf of Act 2에서)는 자신이 좋아하는 일들도 미뤄야 하는 것을 깨닫고 점점 즐거움을 잃게 된다. 결국 Plot twist 2에서 아무도 오지 않는 생일파티 후 잘못을 깨닫는다.
Act 3에서 주인공은 이곳에서 벗어나 집에 돌아간 뒤 성실한 아이로 바뀌는 것으로 이야기는 끝이 난다.</td></tr>
</table>

8. 초고 작성하기 I : 3막

– 글의 구성에서 제시된 3막이 제대로 조직되었는지를 확인하면서, Act 2와 Act 3을 완성시켜 보자.

전체적인 내용의 구성을 다 짜고 나서는 세부적인 이야기 구성에 대한 수정을 실시한다. Act 2 및 Act 3에 들어갈 각각의 사건들이나 기법 등을 자세하게 기술해본다.

우선적으로, 예비 저자들은 이 글의 수정을 시도하였다. 처음에는 주인공을 의인화된 동물로 설정했으나, 수정본에서는 사람으로 표현하고 있다. 인종, 사회 환경, 가족관계 등에서 나타나는 외부적인 문제를 차단하기 위해서 동물을 의인화하는 경우가 많이 있지만, 의인화가 절대적 해답은 아니기 때문에 주인공을 동물로 할 것인지 아닌지를 신중하게 고려해야 한다. 이 글의 경우, 사람으로 주인공을 설정해야만 독자들이 더 많은 감정이입을 할 수 있을 것 같아 동물에서 인물로 주인공을 수정하고 있다.

> *Tomorrow Land*에서 처음에는 동물을 아이들의 흥미를 고려하여 고슴도치를 주인공으로 설정했지만, 독자들이 주인공과 공감을 하거나 몰입하기 위해서는 또래의 아이로 설정하는 것이 더 적합할 것이며, 더욱이 조력자 역할인 애완동물이 나타나기에 더욱 사람으로 표현하는 것이 좋을 것 같았다. 애완동물은 흔하게 접할 수 있는 고양이로 설정해 보았다.
>
> - 예비 작가의 작품설명 중에서

초고 작성 II에서는 등장인물의 이름, 성격, 외모 등을 구체적으로 구상하는 기회를 갖는 것이 좋다.

> *Tomorrow Land*에서 Tom이라는 이름은 Tomorrow에서 앞 글자를 따서 만들고 또 글에서 판타지의 세계로 인도하는 고양이 Todd는 오늘의 중요성을 알려주는 역할이므로 Today에서 앞 글자를 따서 이름을 만든다. 등장인물의 이름은 단순하면서도 주인공과 고양이의 성격에 맞는 숨은 뜻을 부각시켜주고 있다.

이 부분에서는 제목도 설정해보는 것이 좋다. 제목은 거의 맨 마지막까지 고민하다가 마지막에 정하는 경우가 많다. 한두 번의 수정으로 좋은 글을 마무리할 수 있는 것이 아니므로 지금 제목을 정해두어도 나중에 또 바뀔 수 있다. 그러나 이 부분에서 제목을 고민하고 가제목을 정해보는 것도 좋은 일이다. 제목은 이야기의 초점 및 이야기를 예측할 수 있는 단서를 포함하는 것이 좋다.

> *Tomorrow Land*로 제목을 정한 이유는 이 글에서 주인공이 자신의 갈등을 해결할 수 있는 판타지 세계이기 때문이다. 이 글에 제시되는 거의 모든 사건이 이곳에서 일어난다. 한편, 독자들에게는 과연 Tomorrow Land가 어떤 곳일까라는 궁금증을 유발시킬 수 있기 때문에 제목을 *Tomorrow Land*로 선정하였다.

초고 작업을 할 때는 이야기와 함께 구성에 관한 메모를 하면서 실제 구성이 잘 되어가는지를 확인하는 작업도 중요하다. 아래와 같이 글 옆에 구성, 페이지, 특징 등을 메모할 수 있는 칸을 두어 메모해본다.

1. 'Three act'로 잘 구성되었는가?
2. 각 파트에 해당하는 특징을 잘 갖추고 있는가?
3. 각 파트에 해당하는 분량이 적절하게 배분되었는가?

표 8 초고 만들기 완성본

	Tomorrow Land	
Act 1	Tom was a naughty and cheerful boy like the other kids in his age. He was very ordinary Except for just one thing. The thing is, several times a day he shouted out. "I will do it TOMORROW!" When his mom made him do his homework, or set his room straight or brush his teeth or study mathematics, he always shouted out … "I will do it TOMORROW!" Because of this bad habit of Tom's, his parents always worried about him. After Tom shouted out, His mom always said to his dad with a sigh "He will not realize his fault until he meet people just like him." One day, Tom left home with his cat Tod after shouting out the word to his mom as usual. He muttered to himself. "Why do I have to do all the things Today? I don't want to do them Today. I will do it TOMORROW!" Then his cat Tod suddenly ran away to somewhere. "Where are you going? Tod!" Tom followed his cat continuously. He ran on and on until he caught his cat. "I got you!" As soon as he caught his cat Tod, he suddenly fell into deep hole. Tom kept screaming with his eyes closed, while he fell down. BUMP! He finally dropped on the floor, but surprisingly, he wasn't hurt at all. He squinted his eyes and looked around	이야기 전개가 3막으로 잘 구성되었는가? Tom의 문제 즉, 갈등을 제시해준다.

	and he saw his cat Tod had become big cat, the same size of him! Tod stood up like a human being and said to Tom. "Welcome to Tomorrow Land, Tom." **– Plot Twist 1**	
Act 2	Tom just looked up at Tod with his mind empty. "Come on. It's me! your cat, Tod!" said Tod pressing for his answer. "T … Tod? What's wrong with you? You look like a giant...talking...cat!" "Haha. Yes, you're right. I'm as big as you and I can talk with you. It's all possible in Tomorrow Land!" "Tomorrow Land?" "Yes! It's just the world for you. You can put off everything til TOMORROW!" "Wow, really? It's Great!" "Anyway, Quick, Let's go! I'd like you to meet someone." Tom followed Tod along a narrow street. Finally, they arrived at a small town. "Hey Guys! Come here and look who's here!" said Tod. Then suddenly, many animals came out from somewhere. "Wow! It's Tom!" Someone shouted, and everyone gathered around Tom. "TOM! TOM! TOM!" They started shouting together. "You're famous in Tomorrow Land, Tom." said Tod. "Me? Why?" "Because everyone loves putting off their things to do just like you!" Tom really liked new friends and new life in Tomorrow Land. He was really happy because he could put off everything in Tomorrow Land. When he woke up, he put off making his bed til TOMORROW.	Tomorrow Land에서 생긴 일

Act 2	When he ate some cookies, he put off brushing his teeth til TOMORROW. When he played with blocks, he put off arranging them til TOMORROW. With his new friends, Tom was the happiest boy in the world. He didn't need to go school. He didn't need to study mathematics. He didn't need to take a bath. Everything was perfect for Tom. One day, Tom went out to meet his friends as usual. "Hey! Scott! Hayden! Everyone!" His friends welcomed him. "Hi, guys! How about playing soccer today?" suggested Tom. "Not Today. Let's do it Tomorrow." Friends said. "What? Come on. It's really fun! It's not like studying or cleaning." Tom kept suggesting with a smile on his face. "We will do it Tomorrow." They repeated the answer with stiff faces. "Oh Come on. I want to do it Today!" **Then suddenly, his friends became angry face. (Mid point)** **"I'll do it TOMORROW!"** **They shouted out together.** **Tom was really surprised.** Friends gathered around Tom and kept shouting at him. "I'll do it TOMORROW!" Tom was really scared. Then suddenly Tod came out and brought Tom to his house. "It's okay now. They will put off being angry til	Tomorrow Land에서 생긴 일

	Tomorrow soon." "Thank you, Tod, but I don't understand what happened to my friends." "Tom. This is Tomorrow Land. Everyone here hates doing stuff Today." "But they put off playing soccer! Not studying or cleaning!" "You have to put off everything in Tomorrow Land. That is your thing! You always put off your things to do til TOMORROW." Tom couldn't say anything. From that day, Tom wasn't happy. He had to put off not only things he didn't like, but things he likes as well. He had to put off eating dinner He had to put off playing with toys He had to put off watching TV programs … until TOMORROW. Then Tom realized putting something off until Tomorrow was bad behavior. **(Plot twist 2)** "There're things to do today. Time of Today is precious." Tom really miss his parents.	
Act 3	Tom went to Tod and said, "I don't want to put off anything til Tomorrow anymore. Putting off stuff is really bad. I really miss my family. Please let me go back home, Tod." Tod listened quietly and said. "It sounds like you realized your fault, Tom. Never put off what you can do today til Tomorrow. I think it's time for us to go back home." Tom followed Tod along a narrow street.	판타지 세계에서 현실의 집으로 돌아옴

Act 3	Tod said. "Hold my hand. Tom" As soon as he held Tod's hand, Tom felt them swished to somewhere, and he couldn't see anything. He squinted his eyes and looked around. Then, he was in his room! Tom ran out of the room and found his parents. "Mom! Dad! It's me, Tom! Long time no see!" He ran to parents and hugged them. "What's wrong, Tom?" said his Mom. "We met just a few minutes ago." said his Dad. Tom was dumfounded. Then, he realized Tod had turned back into a small cat. "Tod!" Tom ran to Tod, and secretly whispered to Tod. "Thank you, my friend." From that day, Tom became a very diligent boy. Everyone around him was surprised, especially his parents. Tom never put off his things to do til TOMORROW and he became the happiest boy in the world.	판타지 세계에서 현실의 집으로 돌아옴

9. 초고 1차 내용수정 및 구체적 고려 요소

– 이야기의 구체적인 사건과 배경들이 논리적으로 전개되었는지, 이야기의 흥미를 높이기 위해서 갖추어야 할 장치 및 이야기가 주는 교훈을 고려해보자.

1) 이야기의 전개는 논리적 비약이 없어야 하며, 직접적일 필요는 없지만 간접적으로 교훈을 제시하고 있어서 아동들이 글을 읽고 느끼고 배우는 것이 있어야 한다.

2) 동화의 주요 배경인 'Tomorrow Land'는 모든 일을 내일로 미루는 허구의 세계이며, 의인화된 동물 친구들을 등장시켜서 판타지적인 요소를 부각시킨다.
3) 아이들의 상상력을 자극시키기 위해 다음 내용이 예상되도록 동물 친구들의 일부를 그림으로 미리 보여주거나 'Tomorrow Land'에서 앞으로 무슨 사건이 일어날 것인지, 혹은 내가 Tomorrow Land'에 가게 된다면 어떻게 될 것인지에 대해 생각해볼 수 있게 한다.
4) 이야기의 전환 부분인 Plot Twist 1은 'Tomorrow Land'로 들어서는 장면 Plot Twist 2는 'Tomorrow Land'에서 파티 이후 자신의 잘못을 뉘우치는 장면을 설정하여 동화에 긴장감을 줄 수 있도록 한다. Midpoint는 동물 친구들이 화내는 장면을 넣어서 갈등이 최고조에 이르도록 한다. 처음 설정에는 마법사의 등장과 도움으로 Tom이 자기 잘못을 뉘우치는 것으로 설정하였으나 일상에서 마법사 등장의 근거가 적절하지 않아서 스스로 깨우치는 것으로 수정한다.
5) 'Tomorrow Land'는 아이들에게 '오늘 할 수 있는 일을 내일로 미루지 말자' 라는 교훈을 준다. 아이들이 이 동화를 읽고 마지막 장면의 Tom처럼 부지런한 아이가 되어 과자를 먹고 이빨을 닦는다거나, 아침에 일어난 후 자신의 침대를 정리하는 등의 일상생활에서 스스로 해야 할 일들을 할 수 있다.

10. 언어적 특성 부각시키기

– 글의 구성이 완성되면 언어를 다듬어보도록 하자. 가상 독자의 연령, 인지, 그리고 특히 영어 수준에 맞게 기술되었는지 고찰해보자.

'Tomorrow Land'는 8세에서 10세까지의 어린이들을 위한 그림책으로 설정하였다. 언어수준 3단계에 해당하는 어휘, 구문의 범주 내에서 표현되었다. 언어수준 3단계에서는 일반적인 대화문과 설명문에서 간단한 현재, 과거, 미래의 시제들을 사용할 수 있다. 이유 및 시간의 접속사 사용이 가능하며 종속절이 들어간 문장을 사용할 수 있다.

예를 들면, '*Tomorrow Land*'에서는 'His parents worried about him.'과 'I will do it tomorrow!'라는 문장들을 통하여 과거와 현재의 상황들을 기술한다. 접속사를 사용하였는데 그중에서도 'Because, So, When' 등의 접속사를 이용해 원인과 결과 그리고 상황을 설명하는 데에 사용하였다. 예를 들어, 'When he opened his eyes, he was surprised because Todd became a big cat.'이라는 문장을 통해 Tom이 'Tomorrow Land' 도착했을 때의 상황을 설명한다.

'Tomorrow Land'에서처럼 내용을 환기시키거나 중요 상황을 강조하기 위해 여러 가지 수사법(Figures of speech)을 사용할 수 있다. '*Tomorrow Land*'에서는 3-4개의 수사법을 사용하여 이야기를 흥미롭게 전개시키고자 하였다.

1) 강조를 위해서 단어를 반복하는 반복법(Repetition)을 사용하였다. 특히 동화의 주인공인 Tom이 항상 외치는 'I'll do it Tomorrow' 라는 문장은 Tom의 성격을 드러내주는 것이므로 반복을 통해 강조하였다.
2) 일상의 모습을 강조하기 위해 'when'도 반복적으로 사용하였다.
3) 'Ticking'과 'bump'와 같은 의성어를 사용하여 아동이 이야기책을 읽으면서 좀 더 생생한 느낌을 받을 수 있도록 하였다.
4) 대화문에서 사용된 말줄임표는 잠시 정지하는 효과를 내기 위

해 사용하였다.

자연스럽고 사실적인 영어표현을 사용하는 것이 중요하므로 어휘 및 관용적 문법구조를 사용할 때 언어수준, 문맥에 맞는 어휘를 사용하고 있는지 재검토해본다.

초고에서는 'dumfounded'나 'squinted'등과 같은 단어들은 사용하였으나, 이는 8세에서 10세까지의 아이들이 어려워할 만한 단어들이므로 아이들이 쉽게 이해할 수 있는 수준의 어휘인 'surprised'나 'looked'로 바꿨다. 또한 이야기의 주인공인 'Todd'의 이름은 원래 'Tod'지만 이것이 실제로는 매우 어색한 이름이므로 원어민의 조언에 따라 이름을 'Todd'로 수정하였다. 그 외에도 어색하거나 불필요한 문장을 지우는 등의 작업을 통하여 계속 언어적인 수정을 하였다.

언어적 표현에서 주인공을 처음부터 'naughty'로 설정했으나, 자신의 일을 내일로 미루는 아이는 일반적으로 골칫거리 아이들이라고 생각할 수 있다. 그러나 실제 할 일들을 뒤로 미루는 것은 어떤 아이들이든지 공통적으로 일어나는 것이므로 'kind and cheerful'로 수정하고 있다.

강조의 표현으로 중간이 Except를 대문자로 시작하고 있지만 앞서 논의한 것처럼 영어 표준 맞춤법을 따라서 작성하는 것으로 간주하고 소문자로 수정하였다. 또한 'The thing'과 'That'은 큰 차이가 없어 보이지만 외국어 독자에게 구와 단어는 매우 큰 차이가 있다. 'The thing'은 문맥에서 무엇을 의미하는지 독자가 구체적으로 인지적 노력을 들여서 찾아야 하기 때문이다.

"Wow, really? It's Great!"

"Anyway, Quick, Let's go! I'd like you to meet someone."

표 9 언어적 수정 과정 예시

수정 전	수정 후
Tom was a naughty and cheerful boy like the other kids in his age. He was very ordinary **Except** just one thing. The thing is several times a day he shouted out …	Tom was a kind and cheerful boy like the other kids in his age. He was very ordinary **except** for one thing. Several times a day he shouted out …
Because the bad habit of Tom's, his parents always worried about him. After Tom shouted out, His mom always said to his dad with a sigh. "He will not realize his fault until he meet people just like him."	His parents worried about him. They said, "He won't change until he meets other people like him."
"Tomorrow Land?" "Yes! it's just the world for you. You can put off everything til TOMORROW!" "Wow, really? It's Great!" "Anyway, Quick, Let's go! i'd like you to meet someone."	"Tomorrow Land?" Tom said. "Yes! It's a world just for you. You can put off everything until *TOMORROW*!" Todd ran away again.
One day, Tom went out to meet was friends as usual. "Hey! Scott! Hayden! Everyone!" His friends welcomed him. "Hi, guys! How about playing soccer today?" suggested Tom. "Not Today. Let's do it Tomorrow." Friends said.	One day, Tom suggested playing soccer. "Not today. Let's do it tomorrow," his friends said. But Tom kept suggesting on and on.
Then Tom realize putting everything off until Tomorrow was **bad behavior**. "There's the things to do today. Time of Today is precious." Tom really missed his parents.	Tom was shocked and said to himself, **"There're things I have to do today**. Time is precious." Tom really missed his parents. He went to Todd and said, "Please let me back home, Todd."

위의 대화부분은 구체적으로 기술을 하는 것보다는 그림으로 전

달하면 글의 간결성을 추구할 수 있기 때문에 대폭 축소하고 'Todd ran away agin'으로 수정하였다.

There's the things to do today.와 "There's things I have to do today."는 별 차이가 없어 보일 수 있지만 앞의 문장은 간접적 표현을 사용하고 있다. 무엇인가 알 수 없지만 해야 할 일이 있다는 것이고, 뒤의 문장은 명시적으로 내가 해야 할 일이 무엇인지를 보여주고 있기 때문에 좀 더 직접적인 표현으로 간주할 수 있다. 그림책 수준에서는 명시적인 표현을 사용하는 것이 글에 대한 아동의 이해를 높일 수 있는 방법이기 때문에 간결하면서도 명시적 표현을 사용하는 것을 권장한다.

11. 삽화를 고려한 첫 번째 가제본 만들기

– 글의 전체적 느낌을 파악하기 위해서 가제본 그림책을 만들어 보자.

그림책은 글과 더불어 그림의 역할이 크기 때문에 글의 구성과 글이 어느 정도 이루어지면 어떤 부분을 글로 표시하고 어떤 부분을 그림으로 제시할 것인지를 고려해야 한다. 그러기 위해서는 가제본을 만들어 간단한 삽화와 함께 글을 배치해보면서 글을 수정하는 것이 중요하다.

그림에 소질이 없는 경우 삽화작업이 어려울 수 있다. 그러나 그림이 무엇을 말할 것인가를 설정하기 위해서 멋지고 아름다운 삽화가 아니더라도 삽화를 구상해보는 것 자체가 도움이 된다. 요즘은 인터넷에 다양한 사진 및 삽화들이 방대하게 수록되어 있으므로 키워드를 활용하여 유사한 그림을 찾고 연필로 기름종이를 활용하여 비슷한 삽화를 완성해내는 것도 하나의 방법이다.

그림 1 • 삽화 가제본과 완성본

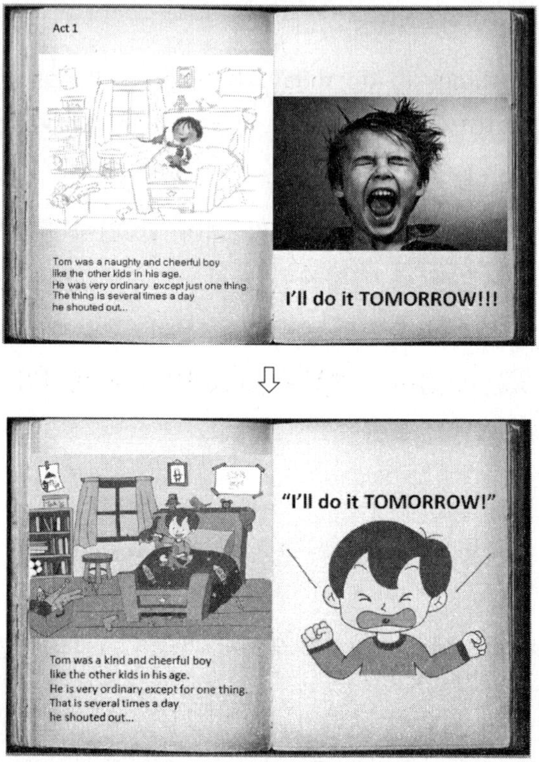

'*Tomorrow Land*'의 예를 보면, 그림책의 분위기 및 그림과 글의 배열을 고려하기 위해서 인터넷에 있는 그림들을 활용한다. 아래의 그림에서 제시된 '아이가 소리 지르는 그림'은 인터넷에서 찾은 것이며, 처음에는 글의 배치를 그림 아래로 배치하였다. 그러나 아래의 그림에서처럼 마지막에는 글과 그림의 배치가 수정되었다. 목소리가 위로 올라가는 느낌을 전달하기 위해서 'I'll do it Tomorrow!'라는 글을 그림 위에 배치했다.

'*Tomorrow Land*'에 활용된 그림 기법은 연필로 밑그림을 그리고, 펜으로 선을 딴 후, 채색을 하였다. 채색은 먼저 색연필로 시도하였

그림 2 • '*Tomorrow Land*' 수정 예시

으나, 스캔 작업 과정에서 너무 흐릿하게 나와서 포토샵을 이용하여 색칠을 하였다. 포토샵은 채색을 깔끔하게 색칠하는 데 많은 도움이 된다.

삽화를 넣을 때, 글과 그림의 내용을 일치시키는 것도 중요하지만, 글에는 없는 내용을 그림을 통해 보여주는 것도 중요하다. 예를 들어, 'Tomorrow Land'가 숲 속 동물의 세계라는 것은 그림을 봐야만 알 수 있는 내용이며, 글에는 전혀 명시되어 있지 않다. 아래의 그림에서 보는 것처럼, 초기 가제본에서는 글 옆에 동물세계인 'Tomorrow

그림 3 • 일상적 그림 수정 예시

Land' 그림을 배열해보면서 아이디어를 얻어 실제 삽화를 구상 하였다. 나무에 작은 집들이 있고, 고양이가 숲속 세계로 인도하는 모습 그리고 숲에는 작은 개울이 흐르며 버섯으로 만든 작고 예쁜 집들이 있음을 생각해보았다.

아이들에게 상상 속의 'Tomorrow Land'를 실감나게 보여주는 것도 중요하지만, 판타지 생활동화이므로 동시에 일상적인 생활의 모습도 구체적으로 보여주는 것도 중요하다. 또한 상황에 따른 분위기 및 캐릭터의 특성에 맞는 그림으로 계속적인 수정이 필요하다.

또한 동화의 중간에는 학습자들이 다음 장면을 예측할 수 있도록,

혹은 그들의 상상력을 자극시킬 수 있도록 다음에 등장할 동물들의 귀나 꼬리 등의 일부만 보여주기도 하였다. [그림 4]에서 보면 집안에 있는 호랑이의 꼬리가 삐쭉 나온 것과, 원숭이의 꼬리가 나무를 감고 있는 것, 창 안에 있는 토끼의 기다란 귀, 곰의 작은 귀, 그리고 새의 날개가 버섯 집의 지붕 위에 있다. 아이들은 책을 읽으면서 숨은 그림 찾기를 시도해볼 수 있는 즐거움을 느낀다. 즉, 힌트에 해당하는 부분을 터치하면 실제 동물들이 나와서 인사를 하는 것으로 재연되는 상호작용적 활동개발을 위해서 유용하게 쓰일 수 있는 부분이다.

그림 4 • 다음 장면이 예측 가능한 삽화 예시

스케치가 들어간 가제본과 거의 마지막 단계에 채색이 가미된 책의 모습을 비교하면 다음과 같다. [그림 5]에 제시된 왼쪽 컬럼 그림책은 가제본 형태이고 오른쪽 칼럼은 그에 상응하는 최종 수정본이다. 왼쪽과 오른쪽을 비교해 보면, 글과 그림에 대한 표현 및 생각들이 어떻게 발전되어 최종 수정본으로 나타나는지를 알 수 있다.

가제본에서는 이 페이지가 Act 1, 2, 3 중 어디에 소속된 것인지를 표시하는 노트가 있어서 글의 전개를 돕고, 글의 전개와 페이지 할당이 적절한지를 확인할 수 있도록 되어 있다.

삽화의 경우도, 저자가 표시하고 싶은 개념을 인터넷에서 찾아 유사한 그림을 배치한 정도이지만 삽화가 및 편집자가 어떤 그림이 들어갈 것인지를 가제본을 통해서 알 수 있을 정도가 되기 때문에 삽화가와 편집자에게 도움이 된다. 물론 저자 또한 어떤 부분을 그림으로 표현하고 어떤 부분을 글로 표현할 것인지 배치하면서 글의 전개에 도움을 받을 수 있다.

그림 5 • 가제본 및 완성 예시

첫 번째 가제본 / 최종 수정 가제본

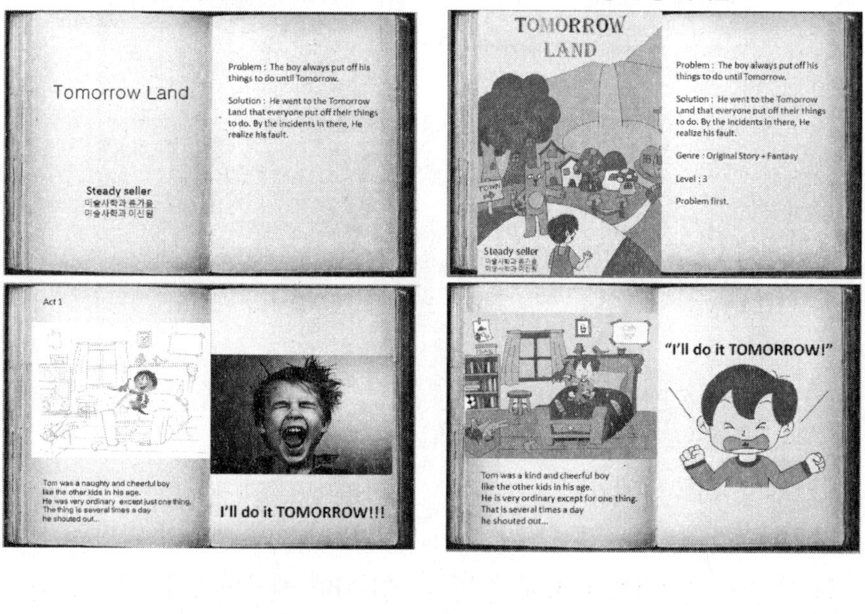

첫 번째 가제본

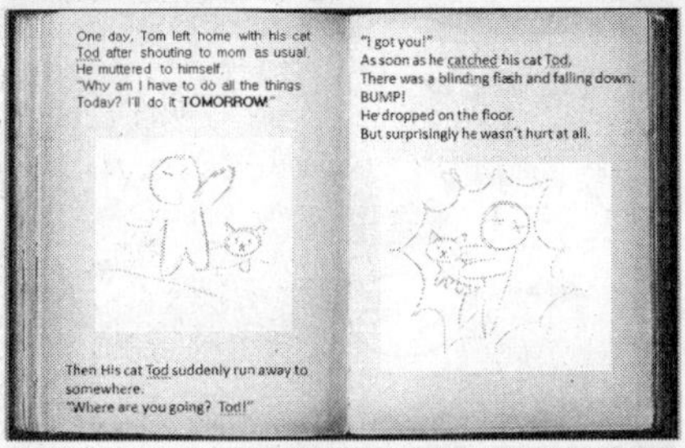

최종 수정 가제본

첫 번째 가제본 / 최종 수정 가제본

첫 번째 가제본

최종 수정 가제본

첫 번째 가제본

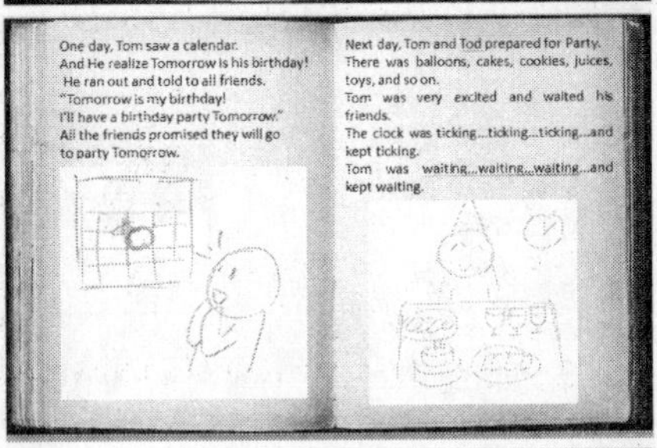

최종 수정 가제본

첫 번째 가제본

최종 수정 가제본

12. e-영어 그림책의 상호작용적 학습활동 만들기

영어교육의 교재로 사용하는 것을 목적으로 e-영어 그림책을 제작하는 것이므로 그림책이 완성되면 그림책을 활용한 다양한 후속 활동을 함께 제공해야만 한다. 활동의 종류와 난이도를 고려하여 학습활동을 구성한다.

'*Tomorrow Land*'에서는 네 종류의 상호작용적 학습활동을 구성한다. 첫 번째 활동은 '이야기 지도(Story Map)'이다. 연속적인 일련의 사건을 섞은 후에 이야기에 맞게 순서대로 맞추어 보도록 하는 학습 활동이다.

그림만 보여주고 순서대로 배치하는 것이 기본이지만, 아이들의 흥미를 일으킬 수 있도록 지도를 만들고, 이야기의 흐름에 따른 주요 사건들을 간단한 설명과 함께 배치하였다. 이 작업을 통해 아이들은 이야기의 주요 사건들을 인식하게 되고 동시에 전체 내용을 다시 이해하게 될 수 있으며, 원인과 결과적 차원에서 이야기를 재인식할 수 있게 된다.

그림 6 • Story Map 활동 예시

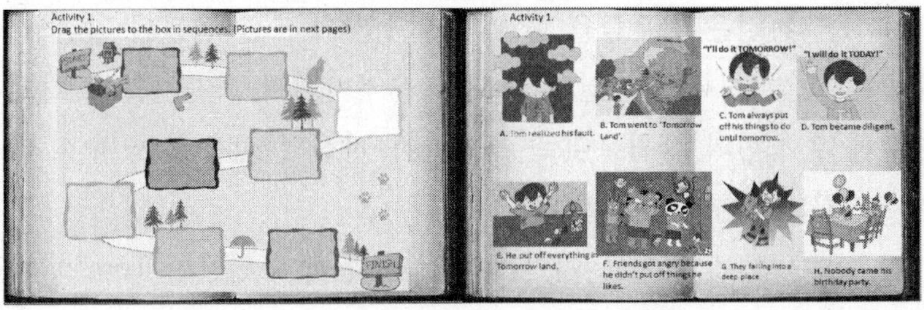

두 번째는 동화의 내용을 요약한 뒤에 빈칸을 만들고, 그 안에 들어갈 단어들을 예시에서 찾는 활동이다. 빈칸에 해당하는 단어는 요약본에서 이야기의 주요 흐름을 체크하는 어휘를 선정하여 빈칸을 만들었다. 활동은 이야기의 전체를 다시 이해할 수 있음과 동시에 주요 단어들을 복습할 수 있다. 활동의 연속성에서도 첫 번째 활동

그림 7 • 빈칸 채우기 활동 예시

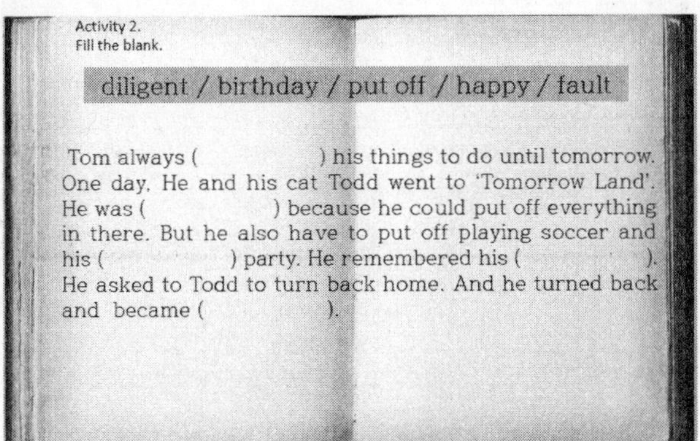

에서 글의 흐름을 그림으로 파악한 후 그 다음 단계에서는 그림 없이 글로 이야기를 이해하고 표현할 수 있는지를 점검하는 것이다.

세 번째와 네 번째 활동은 이해도와 관련된 질문이다. 먼저 세 번째는 스토리의 내용과 주제를 바탕으로 문제를 만들었는데, 동화의 주제와 관련하여 아이들이 스스로를 돌아볼 수 있는 "What did you put off?"과 같은 질문들을 함께 제시하였다. 또한 연결된 일련의 질문들은 닫힌 형태에서 열린 형태로 옮겨가면서 학습자들이 이야기 중심에서 자신의 생활무대로 옮겨가며 자신의 삶을 반영하여 대답할 수 있도록 구성되어 있다.

마지막으로 네 번째는 이야기가 끝난 후에 주인공인 Tom이 어떻게 행동할지에 대한 문제들을 만들어서 이야기를 읽고 어떻게 행동해야 하는지를 간접적으로 보여준다. 구체적인 설명은 다음의 인디자인 활용에서 제시하였다.

그림 8 • 닫힘(close)에서 열린(open) 유형의 질문 예시

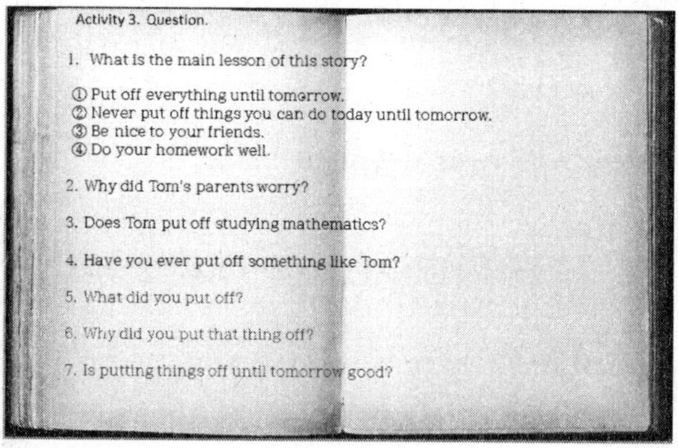
Activity 3. Question.

1. What is the main lesson of this story?

① Put off everything until tomorrow.
② Never put off things you can do today until tomorrow.
③ Be nice to your friends.
④ Do your homework well.

2. Why did Tom's parents worry?

3. Does Tom put off studying mathematics?

4. Have you ever put off something like Tom?

5. What did you put off?

6. Why did you put that thing off?

7. Is putting things off until tomorrow good?

13. 인디자인을 활용한 e-영어 그림책 제작과 관련된 기술적 특성

'*Tomorrow Land*'는 포토샵, 파워포인트, 그리고 인디자인 프로그램을 사용하여 제작하였다. 동화의 밑그림은 손으로 그렸지만 채색을 위해서는 포토샵을 사용하였다. 전체적인 내용 제작에서는 먼저 파워포인트로 가제본을 제작한 뒤에 인디자인으로 그 파일들을 옮겼다. 그리고 인터넷에서 볼 수 있는 e-영어 그림책 형태로 만들기 위하여 여러 가지 상호작용적 효과를 삽입하였다. 위에서 제시된 예들을 모두 파워포인트 버전의 것으로 소개되었지만 여기서는 인디자인을 활용하여 만든 앱을 중심으로 예시들을 보여 준다.

그림 9 • 애니메이션 활용 예시

파워포인트에서와 달리 인디자인 프로그램에서는 캐릭터 및 동화 내용의 세세한 효과까지 넣을 수 있다. 그림책 읽기 중에 그림이 움직이는 것과 흥미를 불러일으킬 수 있는 효과음인 '걷는 소리', '시

계 소리' 등을 삽입하여 아이들이 좀더 생생하게 관심을 가지고 그림책을 볼 수 있도록 하였다. 아래에서 볼 수 있는 것처럼 내레이터가 그림책을 읽어 줄 때, 화면의 글을 읽고 나면 Tom이 달려오며 Tom의 목소리로 말풍선에 들어있는 대사가 나타난다.

e-영어 그림책으로 만들기 위해서 '골드웨이브'를 사용하여 내레이터의 목소리를 제작하였고, 나머지 캐릭터들의 목소리는 직접 녹음하여 사용했다. 톰의 경우에는 어린아이라서 높은 음의 목소리를 가진 친구의 목소리를 녹음하였다. 다 같이 소리 지르는 부분은 여러 명이 동시에 외치도록 해서 동화의 생동감을 느낄 수 있게 한다. 아래의 그림에서처럼 말풍선이 하나씩 등장하며 서로 다른 목소리의 동물들이 인사를 할 경우, 여러 개의 음성을 차례대로 한 페이지에 재생시켜야 하는데 인디자인 프로그램은 이것을 가능하게 해 준다.

그림 10 • 애니메이션 동시 활용 예시

인디자인 프로그램에서 제작한 e-그림책의 또 다른 특성으로는 독자들이 듣고 싶은 음성부분을 다시 들을 수 있도록 재생 및 정지 기

능을 갖는다는 것이다. 인디자인에만 있는 단추기능을 사용하여 듣고 싶은 문장을 몇 번이고 재생할 수 있다. 아래의 그림에서 보여지는 것처럼 '재생'과 '정지' 버튼을 사용하여 특정 구문을 독자가 원하는 만큼 재생하고 정지시킬 수 있다.

그림 11 • 재생 및 정지 버튼 예시

Tom really liked his new life in Tomorrow Land. ▶ ❚❚

단추 버튼을 사용하여 캐릭터를 클릭하면 음성과 함께 애니메이션 효과를 보여줄 수 있다. 아래의 예에서 보는 것처럼 캐릭터를 클릭하면 BUMP!라는 글자가 확대되어 나타나며, 뒤의 별표 배경이 효과음과 함께 등장한다. 추가적으로 캐릭터가 빙빙 돌아가는 애니메이션은 실제 이상한 나라로 들어가고 있는 것처럼 느끼게 하여 독자들의 흥미를 높일 수 있다

그림 12 • 단추 누르기 애니메이션 예시

또한 후속 학습활동을 디자인할 때에도 인디자인 프로그램의 상호작용적 기능을 활용하면 아이들의 흥미를 높일 수 있다. 예를 들면, 아래의 예시에 보이는 것처럼 문제를 읽고 맞는 그림을 박스 안에 가져다 넣으면 그에 맞는 정답이 'Good Job!'과 같은 효과음이 함께 나타난다. 만일, 틀렸을 경우에는 'Think once more!'의 효과음이 나타나면서 한 번 더 생각할 수 있는 기회를 제공해준다. 기술이 허락된다면, 자신이 선택한 그림으로 짧은 버전의 이야기가 동영상으로 엮어서 나올 수 있게 하면 아동의 흥미를 더 높일 수 있다.

그림 13 • Story Map 애니메이션 예시

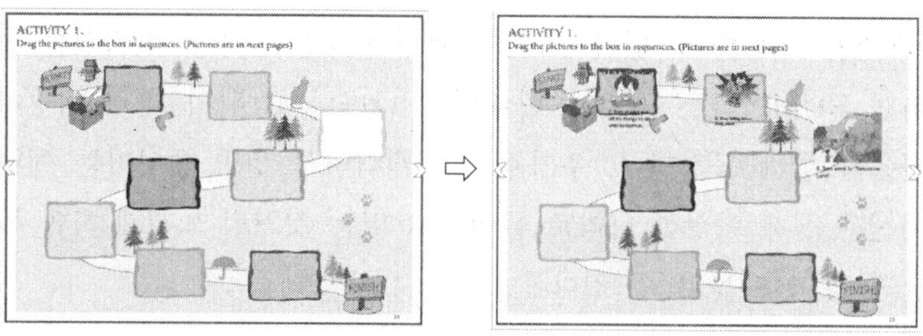

[그림 14]와 같은 학습활동에서는 학습자가 문맥을 읽고 정답을 선택하여 빈칸에 가져가면 된다. 이때도 마찬가지로 정답일 경우에는 단어를 읽어주는 음성이 나타나고 오답의 경우에는 오답을 알리

그림 14 • 빈칸 채우기 애니메이션 예시

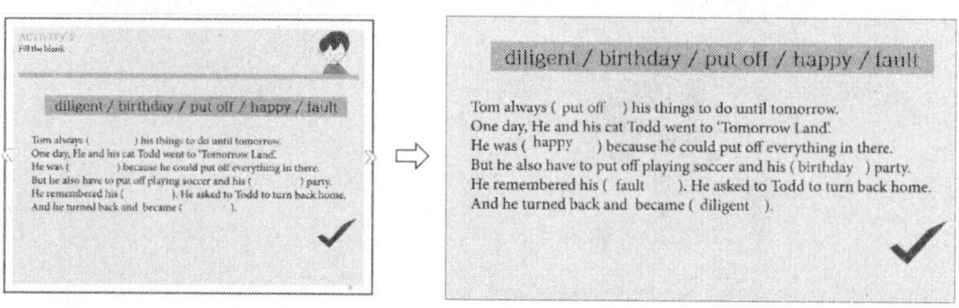

는 효과음인 '땡'소리가 나타나 다시 정답을 찾을 수 있는 기회를 준다. 밑에 정답 체크 버튼을 누르면 효과음과 함께 모든 정답이 차례대로 다시 한 번 하이라이트되면서 나타난다.

사지선다형의 문제에서도 애니메이션 효과를 추가하여 정답을 선택하였을 때, 동기를 부여할 수 있는 장치를 해두었다. 아래의 예에서와 같이 왼쪽 그림에 해당하는 것을 잘 기술한 답을 클릭하면 정

그림 15 • 사지선다형 애니메이션 예시

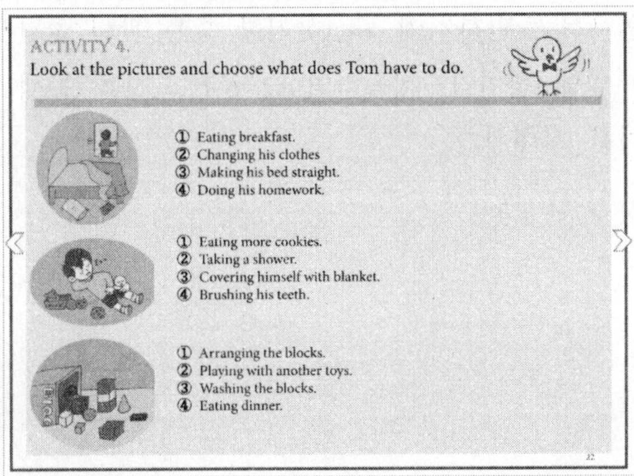

⇩

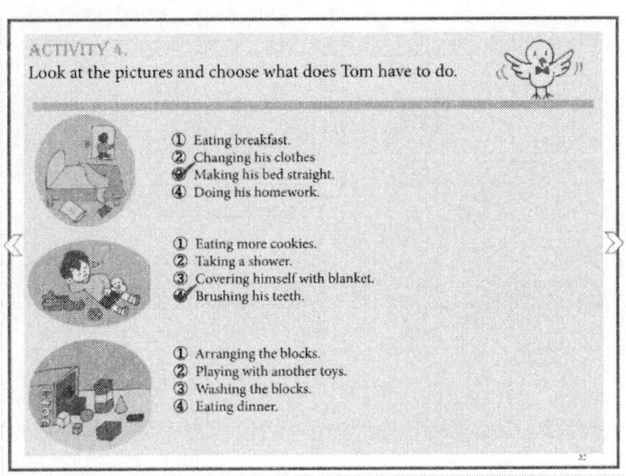

답 표시와 함께 새가 날갯짓하면서 'Well done!'이라고 소리친다. 오답의 경우에는 답이 체크되지 않는다. 이처럼 즉석에서 정답과 오답을 분류하는 것은 총괄평가보다는 형성평가를 위해서 제작된 문제이기 때문이다. 물론 음성으로 본문 읽어주기 및 단어 읽어주기가 가능하며, 단어들을 클릭하면 사전적 정의 및 예문들이 보이면 더욱 좋다.

드디어, 생소하고 어렵게 생각했던 e-영어 그림책 창작의 과정이 아주 구체적인 단계를 거쳐서 상호작용적 앱 동화로 완성되었다. 다음 단계는 혼자서 출판하기에 도전하거나 혹은 관련 출판사에 작품을 보내보는 일일 것이다. 계속적인 습작과 도전을 통해 성취감을 느낄 수 있기를 기대한다.

참고문헌

http://www.childrensbooksforever.com/Childrenpics/TOTALLY%20BORED%20BORIS.pdf

e-영어그림책 쓰기

디지털 그림책 창작 입문서

지은이 김영미
펴낸이 조경희
펴낸곳 경문사
펴낸날 2015년 2월 6일 1판 1쇄
등 록 1979년 11월 9일 제313-1979-23호
주 소 121-818, 서울특별시 마포구 와우산로 174
전 화 (02)332-2004 팩스 (02)336-5193
이메일 kyungmoon@kyungmoon.com

값 17,000원

ISBN 978-89-6105-900-8

★ 경문사 홈페이지에 오시면 즐거운 일이 생깁니다.
http://www.kyungmoon.com